本书受到“浙江省高校领军人才培养计划”资助

教学论研究的
坚守与变革

安富海 著

中国社会科学出版社

图书在版编目(CIP)数据

教学论研究的坚守与变革/安富海著.—北京：中国社会科学出版社，2022.10

ISBN 978-7-5227-0275-9

Ⅰ.①教… Ⅱ.①安… Ⅲ.①教学理论—研究 Ⅳ.①G42

中国版本图书馆CIP数据核字（2022）第091539号

出 版 人 赵剑英
责任编辑 高 歌
责任校对 李 琳
责任印制 戴 宽

出 版 中国社会科学出版社
社 址 北京鼓楼西大街甲158号
邮 编 100720
网 址 http://www.csspw.cn
发 行 部 010-84083685
门 市 部 010-84029450
经 销 新华书店及其他书店

印 刷 北京明恒达印务有限公司
装 订 廊坊市广阳区广增装订厂
版 次 2022年10月第1版
印 次 2022年10月第1次印刷

开 本 710×1000 1/16
印 张 16
插 页 2
字 数 247千字
定 价 88.00元

凡购买中国社会科学出版社图书,如有质量问题请与本社营销中心联系调换
电话:010-84083683
版权所有 侵权必究

序　言

教学论是一门以动态的教学活动整体为研究对象，探索教学一般规律的科学。历史和逻辑反复提醒我们，教学论研究必须体现时代精神、回应时代问题。只有 那些体现时代精神、回应时代问题的教学论研究才能推进教学理论和教学实践的和谐发展。审视教学论研究历程，我们发现，每个阶段的教学论研究都关注了时代问题，打上了时代烙印，并在解决时代问题的同时推进了理论和学科的发展。纵观教学论研究的历史，教学论研究的发展过程体现了以下几方面特点。第一，生产力发展水平决定着教学论研究范围。随着生产力发展水平的提高，社会对人才质量规格要求发生了重大变化，迫切要求人才培养系统进行适时调整，这种调整必然引起教学目标、教学内容、教学方法等变革，教学论研究必须关注时代对教学系统提出的新任务，积极回应教学面临的新问题，理性引领教学变革的方向。第二，人类理性思维发展水平决定着教学论研究的层次。教学论研究包含着一系列认知、判断和推理的思维过程，是人们对教学活动的理性认识和对各种教学现象及其隐藏其后的各种教学关系和矛盾运动自觉的系统反映。随着人类理性思维的发展，教学论研究者对教学的事实性认识和价值性认识也在逐渐深化。第三，文化变迁影响着教学论研究的内容。文化变迁是指文化内容和形式、功能和结构乃至因内部发展或外部刺激所产生的一切改变。教学源于文化传承的需要，并有效地促进了文化传承。教学与文化是相伴而生、相随而长。文化内容和形式规约着教学的形式与方法。传统文化为传统教学提供了生成、变化的理路，决定了传统教学的本质特点和基本内容。现代文化为现代教学价值的彰显、方法的变革搭建了平台、指明了方向。教学论研究的内容理应随着文化变迁不断变化。第四，教学论研究在坚守与变革中不断走向深入。教学论研究始终体现时代特点、蕴含时代精神。如农业时代的哲学家、思想家和教育家更加关注教育教学中人的德性的培养；工业时代教学论研究更加注重学习者认知发展的规律、学习材料的逻辑结构和教学方法的适时改革；信息时代教学论研究更加关注信息技术与课程教学深度融合和为学习者提供个性化学习服务等。然而，无论是古代的教学经验，还是工业时代教学理论和信息时代的教学变革，都是在坚守先贤们关于教学本质特征和内在规律认识的基础上，不断探讨新时代涌现出的新的教学现象和教学面临的新问题。

进入21世纪以来，随着云计算、大数据、智能识别、机器学习等新技术的快速发展，信息技术疾步进入智能化阶段，并开始以其强大的智能优势介入人类生活和工作的方方面面，改变着人们的思维方式、生活方式和工作方式。在社会需求与国家政策的双重驱动下，人类社会也逐渐迈向人工智能时代。随着人工智能技术与教育教学的深度融合，必然会引起教学形态的变革。人工智能时代教与学目标必将更加关注学习能力、创造能力和社会责任等综合素质的提升；教学内容更加强调针对学生学习特征和身心发展的特点的定制化内容；教与学的模式将会实现以人为主、人机协同的新模式；教与学的方式将会实现线上线下有机整合；差异化评价将成为教与学评价的主流；教与学的环境也由单一的物理空间拓展到虚拟空间；师生关系将会发展为现实教学中的师生关系和虚拟学习空间中的师生关系等多种关系类型。教学论研究者要深刻把握人工智能时代的特征，关注人工智能时代出现的新的教学现象和教学面临的新问题，创新教学理论，推进教学论学科的发展。

同时，我们也要清晰地认识到，在计算机、大数据、万物互联与人工智能等技术不断取得突破的过程中，产业界也从中嗅到了技术介入教育的巨大商机，大量的“企业”和“技术人”介人学校的教育教学系统，并以高度的热情投入了巨大的财力，促进系统的更新换代，智慧校园、智慧教室、翻转课堂、线上教学、移动学习和虚拟仿真等各种技术导向的教育与教学形态“你方唱罢我登场”。虽然“技术人”也强调他们以学生为中心，尊重教与学的规律，推进技术与教育教学的深度融合，但技术思维和利益驱动难免使他们自觉不自觉地将教学视为一项纯粹的技术性活动。2020 年，一场猝不及防的全球疫情，把长期以来一直不瘟不火的教育技术突然推到了前台，随着在线教学的大面积开展，“技术企业”和“技术人”正在想方设法逐渐放大技术之于教育教学的价值。他们似乎忘记了再丰富的学习资源和再便利的学习条件，都不会自动转化为学生的学习收获，更不会必然地带来学生心智结构的变化与能力的提升。面对这种技术高调介入教学并试图重构教学生态的现象，教学论研究者一定要秉持专业立场，坚守专业初心，深刻把握技术之于教学变革的价值和意义，深入研究技术介入教学的限度及路径，引导技术更好地为促进学生学习服务。

目　录

第一章 教学论研究的反思

反思是一种反复思考的过程，一种思想的自我运动，一种把握事物内在本质的方式。

——黑格尔

第一节 教学理论合法性问题反思

长期以来，我国教学论研究者以建立一劳永逸的、“大一统”的、能指导所有场域中发生的所有教学事件的普适性的教学理论体系为旨趣。这种普遍主义的思维方式使教学理论从体系框架到实践措施都遇到了生存困难，处在合法性危机之中。本章主要基于知识学的视角来讨论教学理论合法性问题。

一 普适性知识观及其对教学理论的影响

我国教学理论合法性遭遇危机的主要原因在于长期以来教学理论研究以构建客观的、普适性的教学理论体系为旨归，忽视了教学理论的场域合法性问题。事实上，自20世纪90年代以来，无论是教学实践工作者还是教学理论研究者都对教学理论的合法性提出了质疑。这一质疑的背后潜隐着对教学理论知识失效的关注。从知识学的角度分析，这种普遍主义的思维方式背后存在不证自明的假设——知识的普适性。“普适性知识，即普遍适用的知识。它是人类知识中‘公约’的知识，具有客观性、真理性及价值中立性等特点。在知识发展的长河中，人类总在追求一般、普遍和整体性的知识，并通过概念、命题、真理及规律等来表达这种知识，这就形成了普适性知识的盛行。”①

一种知识只适合于某一对象下的某一情景，当对象与情景发生变化时，知识原理运用的效果就会受到影响，也就是说知识具有境域性。境域性知识是指个别的、特殊的、多样的和不断生成的知识。境域性知识往往是主体参与的、在特定人文情境和范围内生成、确认并得到辩护的知识，它具有民族性、地方性、情境性及缄默性等特点，同时也存在着“场域合法性”问题。境域性知识是与普适性知识相对应的一种知识的存在形态。它否认放之四海而皆准的、普遍主义的知识。境域性知识不仅仅是指在一定地域中产生并得到确认的、具有地方特征的知识，更是一种新型的知识观念，而且地方性（local）或局域性，也不仅是在特定的地域意义上而言的，它还涉及知识的生成与辩护中所形成的特定的情境（context），包括由特定的历史条件所形成的文化与亚文化群体的价值观，由特定的利益关系所决定的立场和视域等。由于知识的生成是一种共同体的文化的生成，且总是在一个局部的地方性的文化语境下实现的，知识本质上是一种活动或实践的过程，因此我们对知识的考察就必须也只能从当事者的当下活动出发，或者从研究者从事研究活动的现场出发进行考察，对知识的辩护也只能伴随着知识的生成过程来进行，任何独立于知识生成过程的辩护都是无效的。从知识学的角度来看，我们认为教学理论不应追求普遍的绝对真理，而更应关注具体情境下的教学实践问题的解决和具体情景中教学理论知识的有效性问题。

二　普适性教学理论的危机及批判

（一）普适性教学理论的含义及特点

什么是普适性教学理论？普适性教学理论是指能指导所有场域中发生的所有教学事件的、具有普遍解释力的教学理论，它具有客观性、普遍有效性和价值中立等特点。普适性教学理论是实证主义和理性主义思维范式的产物，将客观性和普遍有效性作为自身的评判标

① 王鉴、安富海：《知识的普适性与境域性：课程的视角》，《教育研究》2007 年第 8 期。

准。“实证主义要求教学理论要像研究物那样研究人，像研究事实那样研究教学事件，像研究自然那样研究文化行为；要求主体在提出问题、分析问题、选择分析语言、得出研究结论时做到‘价值无涉’‘价值中立’；要求研究要获得客观可靠的结果，陈述普遍有效的知识命题。理性主义要求教学理论研究者使用的概念要清晰界定；要求概念和概念之间的关系按照严格的逻辑程式构造；要求陈述体系具有单一的性质，从而保证思想的明确性和普遍性。”① 教学理论这种唯科学主义的苛求，使教学理论的合法性受到质疑。

（二）普适性教学理论危机的表现及批判

过去很长一段时间，教学论或囿于经验科学范式之内追求知识的精确性和统一性，或游离于经验科学之外作形而上的思辨。前者强调价值与事实的区分和方法的普遍性，忽视现象背后的意义和价值；后者注重对教学本质的探求，无视教学客观事实的存在。两者的共同点都是追求一劳永逸的、放之四海而皆准的普适性教学理论。当前，普适性教学理论之所以受到人们的质疑和批判，主要因为其在现实中存在着这样几方面的问题：第一，不能有效地引领和指导教学实践。许多教学论研究者将教学论研究当作一种纯粹的知识活动去追求，试图建立一种普适化的、能解释一切场域中存在的教学问题的理论，而对教学实践中的问题或是搪塞过去或是避而不谈，出现了“理论工作者在天空自由翱翔，实践工作者在地上艰难蠕动”的尴尬局面。第二，不能与时俱进地进行自身的理论建设。在以建立一种普适化的教学理论为追求的研究者看来，他们时刻都致力于教学论的学科建设，但事实上这种无视教学实践的丰富多彩和复杂性的理论建构思路，恰恰忽视了教学理论发展的源头活水，因此它不但不能促进反而会阻碍学科发展。因为这种建构理论的思维是一种“将逻辑的事物当作事物的逻辑”的思维方式，这种研究范式所产生的研究成果也只能是关于“逻辑的教学”的理论，而非现实的教学的理论。第三，不能平等地与国外教学理论展开实质性的对话。当前，我国教学论研究还在对西方教学论者的观点做“非语境化”的处理，误以为西方教学论者的思想和

① 石中英：《教育学的文化性格》，山西教育出版社2000年版，第125页。

理论可以不受特定时空以及各种物理性或主观性因素的影响，或大量引进一些在本土还没有得到普遍认可和验证的西方教学论者的思想和理论。这种将教学理论做平面化处理的做法，不仅不能解决中国教学实践所面临的问题，还会造成教学实践领域的混乱，最终导致我们没有能力就我们所关注的理论问题与西方教学论者进行实质性的学术对话。

诚然，教学问题有它客观的事实基础，但在本质上不是一类客观问题，而是一类主观生成的问题，具有价值性、时代性、个性化特征。教学问题是教学世界的意义显现，是人们价值趣味的投射。教学活动是主体的活动，只有在情景中才能获得意义，这里的主体也不仅包括理智的主体，还包括日常生活中的主体，是完整的、历史的、文化的、社会的、独特的人的存在。教学活动每个环节都渗透着价值，体现着价值，追求着价值，从而与更为宽广深厚的文化背景相联系。任何一种教学理论作为一种理性的科学探究活动，都深受它所赖以存在和发展的民族文化传统的制约，从价值到目的，从内容到方法，从主题到范畴，从风格到理论演化，都打上了深深的民族文化的烙印。教学理论背后是文化传统，教学理论之中有文化传统，新的教学理论也必须立于新的文化传统之上。这是我们今天从事教学理论研究应有的意识。鉴于此，我们认为“教学理论具有境域性”，存在场域合法性问题。

（三）境域性教学理论提出的意义

普适性教学理论旨在强调教学理论的普遍解释力和逻辑合理性，这种思维往往会使人们用某一种抽象的标准来评价世界上不同文化背景的教学理论，也使人们特别是不发达国家的人们忽视或忘却自己本民族的文化传统、文化现实和当下的文化遭遇，在一种无限状态下从事教学理论的学习和研究。甚至可能滋长教学理论研究的“西方中心主义”。“境域性教学理论”的提出，有助于澄清我们长期以来把教学理论作为一种“唯科学”的、具有普遍适应性和有效性的活动来认识的误区；也有助于改变我们引鉴异域教学理论的态度和方法；更有助于我们在丰富的世界教学理论图景中寻找适合自己本民族、本地域文化特征的教学理论的发展之路。也只有这种建构教学理论的思维才能真正解决本土的教学实践问题和就我们所关注的理论问题与西方教学论者进行实质性的学术对话。

（四）普适性教学理论与境域性教学理论的关系

我们认为教学理论不是普遍适用的，而是存在场域合法性问题，但这这种认识并不是否认教学理论研究中关于教学的一般规律的探索，即教学形式理论的价值和意义。如教学永远具有教育性，教学过程是师生共同参与的、知情意相统一的智慧性活动，教学要注重学生创造性思维的培养，等等。这些都是教学理论研究者长期深入教学实践研究和探索的结果，我们应该汲取。但一门学科存在的必要性，归根结底在于它对于实践的影响程度，如果教学理论的研究仅仅停留在对教学一般规律的历史考证、修修补补上，不能及时从教学实践中汲取营养，把对教学理论的再研究作为教学理论的生长点，这只能使教学理论的研究渐渐远离教学生活世界，走向一种对纯粹的知识追求，这样的研究路向也在一定程度上否定了教学理论存在的价值和意义。因此，我们必须改变教学理论研究中这种“磨刀”过度，“砍柴”不足，把“磨刀”当作“砍柴”的研究范式，走出“书斋”，走向教学理论研究的场域——课堂，研究教学实践并进行教学理论的建构。当然，教学理论的研究除了指导教学实践以外，还要进行自身的反思与建设，我们把这种进行自身的反思与建设的教学理论称为理论教学论，也即扎根理论所讲的形式理论。普适性教学理论是关于教学的一般规律的理论。既然是关于教学的理论，就必须关注教学现象，至少也应该是对境域性教学理论的研究，只有那些综合了多种境域性教学理论的普适性教学理论，其内涵才更加丰富，才可以为一个更为广泛的教学现象领域提供意义阐释，也才能在学术界保持自己的自尊地位。在教学论研究中，境域性教学理论与普适性教学理论向来关系十分微妙，但并不是对立或不兼容的，而是相互依存和相互促进的。我们之所以批判普适性教学理论的一些研究传统，是因为普适性教学理论独霸了教学理论研究的主流及其存在着试图建立一种普适性的，能够指导所有场域中的教学理论的思维方式。虽然也需要对教学的一般规律进行探索，但也必须认识到：教学生活世界永远是教学理论研究者创造性地进行理论建构的源泉。

三　教学理论合法性问题化解的路径

教学理论应该关注具体情景中教学理论知识的有效性问题。因为不同的场域有不同的场域逻辑，每个教学场域都有其独特的实践逻辑，而以往的教学理论忽视了各个教学场域的独特逻辑，以寻求普适性和客观性的教学理论为旨归，并试图建立一种一劳永逸的教学理论体系，事实上，正是这种场域逻辑的根本冲突才导致了今天教学理论与实践的脱离问题。

长期以来，我国教学理论的研究，主要是以构建普适性教学理论体系为旨归的理论的再研究，教学理论研究者沉溺于对别人研究成果的再研究或纯粹理论的探讨，空谈一些形而上的问题，使教学理论研究存在明显脱离教学实践的倾向。这种企图通过对理论的再研究来指导教学实践的做法，不仅是徒劳的，也是不科学的。这种研究实质上是一种演绎体系的研究范式，当它面对复杂多样、丰富多彩的教学事件时，就显得力不从心、束手无策。实际上，现实的教学问题和现象很难或几乎不可能按照理论上的陈述分类、学科分类、价值分类出场，也难以用单一的因果关系来说明。教学实践本身具有多样性、情境性、不确定性、生成性等内在的特征。实际上，从某种意义上说，教学的逻辑就是生活的逻辑，它的价值和意义蕴含在偶然性和情景性的教学事件当中。因此，我们认为教学实践是教学理论的源泉，教学理论是教学实践的依据，试图从教学理论的再研究中找到解决教学实践的有效方法是自欺欺人的想法，不仅对教学实践没有指导意义，还会影响正常的教学实践的逻辑。事实上，致力于构建一种关于教学的系统的知识体系的教学理论只是对教学的现象及本质做了经验性、抽象性的分析，并未能提供富有成效的研究成果。

我国是一个多民族且发展不平衡的发展中国家，存在着不同民族之间的文化差异和东西部的地域差异。这就需要教学理论的研究者深入不同的文化和地域，直接从教学现象观察和教学问题的解决中归纳出概念与命题，然后上升到理论。这是一种自下而上的建立理论的方法，即在系统收集资料的基础上，寻找反映课堂教学中的核心概念与本土概念，然后通过在这些概念之间建立联系而形成理论，这种理论是一种反映不同民族和地域的个性化的境域性教学理论，它不仅具有较强的民族特色和地方性特色，而且对教学实践具有较强的解释力和引领作用。事实上，举凡有价值和产生重要影响的教育教学理论无不是研究者长期深入本土教学实践、潜心钻研而形成的。“赞可夫为了揭示教学与发展关系中客观存在的规律，进行了长达 20 年的实验研究。他的研究成果在苏联教学论发展史上占有很重要的地位，也是世界教学理论的主要流派之一。”① 巴班斯基也是从教学现象开始最终形成了影响世界教学实践的“教学最优化”理论，他们面对的都是同一“对象”——教学（不过是“境域化”了的教学），但却形成了不同的思想体系，并发生了意义，关键在于他们的思想植根于“本土”。鉴于此，我们认为，本土的教学现象是我们建构教学理论的基点和活水源头。教学现象发生在哪里呢？

教学现象当然存在于情景化的、丰富多彩的、鲜活的课堂教学活动的过程，这就需要研究者首先必须深入课堂观察教学现象，探寻这些教学现象背后的价值和意义。因为每一种教学现象的背后都理所当然地潜藏着这些教学场域的文化。其次，研究者也不能仅仅停留在对教学现象的观察和解释上，这样就又会陷入经验主义的深渊，而是要通过对教学现象解释和提升，进而总结出适合本场域的教学理论，即境域性教学理论。最后，通过对这些境域性教学理论的研究对象内部各种关系的揭示、提升和归纳，总结出具有普遍意义的教学理论，这样的研究路径所生成的教学理论也不是一成不变的，而是随着境域性教学理论的更新不断改进和完善。这种教学理论的研究路径可以归纳为教学现象——境域性教学理论——普适性教学理论。教学理论的生成路径是一个开放的系统，它不仅具有更强的实践张力和更大范围的有效性，而且永远处在不断发展和完善之中。

第二节 教学理论知识生产过程反思

自新中国成立以来，尤其是改革开放以来，我国教学理论知识生

① 吴文侃：《当代国外教学论流派》，福建教育出版社 1991 年版，第 57 页。

产者的队伍不断壮大，教学理论知识也在迅猛地增加。然而，日益丰富的教学理论知识并没有改变教学理论研究者与教学实践工作者相互责备的状态，也没有有效地改善和引领我们的教学实践。这究竟是为什么呢？本章将对这一问题进行分析并尝试作出回答。

一　教学理论知识及其生产方式

什么是教学理论知识？教学理论知识就是教学理论研究者对教学现象及活动的理性认识。需要强调的是，教学理论知识和其他的学科知识有一定区别。教学理论知识并不只是由一些普遍性的概念、命题和判断构成，而是由大量的“实践理性”“技艺”和许多难以言表、难以交流和共享的知识共同组成。它不仅关注“在场”的教学生活，还关注“未出场”的教学生活；它为“在场”的教学生活提供现实的指导，为“未出场”的教学生活提供思想的引领和启迪。

什么是教学理论知识的生产？有学者在研究科学知识生产时指出，科学知识的生产是一个系统结构，它不仅包括科学知识生产的认知方法和技术手段、科学知识生产过程中知识生产者与知识生产资料结合的方式以及与之相关联的不同行为主体之间的互动方式，还包括与科学知识生产相关联的社会组织和制度安排。① 据此，我们可以将教学理论知识的生产方式理解为：在内外部各种因素的影响下，在相关知识生产制度的规约下，教学理论知识生产者利用一定的认知方法和技术手段，深入教学实践所进行的知识生产过程。从概念界定中可以看出，教学理论知识的生产不仅要关注知识生产者的认知方法和技术手段以及他们处理知识生产资料的方式，还要关注知识生产过程中制度因素的影响。

二　我国教学理论知识生产的模式及其批判

教学理论知识的生产是一个系统的过程，它需要由知识生产过程中的认知模式和组织模式两个方面在合理互动的基础上共同完成。

① 李正风：《科学知识生产方式及其演变》，清华大学出版社 2006 年版，第 98 页。

（一）教学理论知识生产的认知模式

教学理论知识生产的认知模式包括认知方式和认知手段两个方面。认知方式是指获取知识的途径和思维范式；认知手段是指进行认识活动所需要借助的生产资料。王骥在研究大学知识生产的演变历程时，依据理想类型的方法和隐喻的手法，将大学知识生产的演变阶段划分为“书斋型”“实验室型”“企业型”三种类型。“书斋型”的认知方式主要是哲学思辨，认知手段主要是书籍；“实验室型”的认知方式主要是实验科学，认知手段主要是科学仪器；“企业型”的认知方式主要是应用导向性研究，认知手段主要是大科学装置（多种科学仪器和实验设施运用）。① 从大学知识生产的演进历程中可以看出，每一种新的知识生产类型的产生都是基于现实社会的发展变化而对传统知识生产方式的超越。教学理论知识的生产也理应随着教学实践的发展和学习者个体变化进行相应的变化和提升。然而，现实并非我们期望的那样。当前，我国教学理论知识生产主要遵循的仍然是一种“书斋型”的认知模式。这种认知模式是中世纪大学知识生产的主要认知方式，它是对古希腊哲学研究方式的继承，以理论的理性来解释世界。这种研究所运用的方法不依赖于任何经验，只进行纯概念和纯理论的思考，最后借助逻辑演绎进行推理。这种研究方法在哲学界已经发生了转化，即从思辨哲学转向了实践哲学。然而，孕育于哲学的教育学却仍然将这种研究视为最尊贵的研究，教育学的主流期刊仍然更青睐这种研究。我国相当一部分教学理论研究不去关注变化了的和正在变化的教学实践，不去挖掘真正存在于教学实践中并困扰着中小学教师的现实问题。其研究的问题主要来源于书本或期刊，有的是将先前教学理论研究中的问题“大题小做”或“小题大做”，有的是将媒体中所报道的个别的教学问题当成整体的教学问题去研究，有的甚至将国外教学中存在的问题直接拿来当本土的教学问题去研究。这种教学理论知识的认知方式和手段既与研究者本人不自律有关，也与教学理论知识生产过程中的组织模式有很大关系。

---

① 王骥：《论大学知识生产方式的演变：理想类型的方法》，《科学学研究》2011 年第 9 期。

（二）教学理论知识生产的组织模式

一般来说，知识生产中的组织维度包括组织结构和制度保障两个方面。组织结构能够为知识生产提供人力和物力。制度保障包括知识生产的规范制度和激励制度两个方面。规范制度主要用来规范知识生产的过程和成果的呈现方式；激励制度就是对知识生产的一种承认，包括学术共同体的承认和国家的承认。教学理论知识生产中的组织模式对教学理论知识生产起着非常重要的引导和保障作用。我国教学理论知识生产的机构不仅包括高等院校的教育学院、教育系、教育科学研究所，还包括国家层面的中国教育科学研究院、省级教育科学研究院（所）、市级教育科学研究所和县级教研室。虽然教研机构也在生产教学理论知识，但就目前状况来看，高等院校的教育研究机构仍然是我国教学理论知识生产的重镇。高等院校对于教学理论知识的生产存在特有的制度安排，如要求不同层次的教学理论知识生产者在不同级别学术刊物上发表不同数量的学术论文（先对每个层次的生产者有一个基本的发表论文的数量要求，超过这个基准会得到相应的奖励），申请一些有关教学理论研究的课题（课题申请也是对不同层次的教学理论知识生产者有一个基本的要求，超过这个基准也会得到相应的奖励）等。奖励不仅关系个人的物质利益，也关系个体的学术地位和职务升迁。上述发表论文层次和数量的要求是教学理论知识生产中的规范制度，而对于论文发表和课题申请的奖励就是教学理论知识生产中的激励制度。这种激励制度对教学理论知识生产有着极强的导向作用，甚至可以说直接引导着教学理论知识的生产方式和方向。

三　我国教学理论知识生产问题的反思

许纪霖在剖析当代中国知识分子时曾毫不留情地指出："20 世纪 90 年代中后期以来产生了一批在教育体制里面进行知识寻租、追逐文化利润的俗儒。"[①] 许纪霖对知识分子研究状态的这种判断，成为当代中国知识界对知识生产反思的主要动因。就教学理论界来说，起初关于教学理论知识生产的反思主要集中在理论知识自身的适切性问题

---

① 李琦：《审思中国法学：从知识生产到知识生产者》，《北方法学》2010 年第 5 期。

上，而理论知识的生产者几乎完全游离于这种反思之外。然而，在今天看来，教学理论知识生产者将教学理论知识作为文化资本充分融入交换机制进行知识寻租以获取最大限度的文化利润，却恰恰成为这个时代教学理论知识生产者的群体性行为选择。究竟是什么原因让那些充满理想、守持理念的教学理论知识生产者放弃自己的信仰，彻底走上“追求文化利润”的世俗轨道呢？

（一）教学理论知识生产者为什么要这样生产知识

长期以来，教学理论知识的这种生产方式不仅受到教学实践界的批评，也成为教学理论界批判的对象。但为什么这种现状没有发生实质性变化呢？教学理论知识的生产者为什么用这种连自己都在批判甚至唾弃的方式去生产教学理论知识呢？

改革开放以来，随着市场经济体制的引入，人们从思想的牢笼中解放出来，经济、社会走上快速发展的轨道，并且取得了举世瞩目的成就。然而，伴随着改革的步伐，功利主义文化开始盛行。功利主义文化特别强烈地关注生活实际或实利的直接现实性，以人的行为所获得的直接利益为道德判断标准和道德价值基础。这种思想常常成为经济、社会改革时期最富现实意义的道德理论。然而，如果制度建设和法律保障跟不上去，那么这种功利主义伦理学说就会成为经济、社会进一步发展的绊脚石。就教学理论知识的生产来说，“许多生产者没有把教学理论知识的生产作为一项严肃的科学活动。研究者常常无视或有意回避现实的教学问题去闭门造车，他们研究的目的不是解决实践中的教学问题，而是拿到学位、完成项目、获得津贴。当然，我国教学理论知识生产的这种功利化行为与我国现行的学术评价制度有很大的关系。教学理论知识生产者首先是一个活在现实中的人，因此，他不仅需要固守自己的专业理想，也需要生存、生活的基本的物质保障”①。

对绝大多数人来说，决定他们最终是否以及在多大程度上参与或支持某件事情的主要因素，并不在于对理念的守持，而在于对利益的权衡。倘若现实使“甘坐冷板凳，研究真问题”的教学理论知识生产

---

① 王鉴、安富海：《教学论学科建设 30 年》，《当代教育与文化》2010 年第 1 期。

者自身利益受到损害或减少，那么教学理论知识生产者不以“学科发展和实际教学问题的解决”为基点进行真正有知识增量意义的学术研究也就在情理之中了。我国现行的关于教学理论知识生产的评价制度，主要看发表论文的数量与级别、获得课题的数量与级别、出版著作的数量与级别等。在这种评价制度和标准的引导和规训下，教学理论知识生产大多局限于文本，话语制造和文字游戏成为主要的生产方式，经院化的玄思与论证取代了对现实教学问题的思考与回应。这最终使教学理论研究深陷于由文本、期刊和学术会议组成的知识生产的封闭体系中，创设出一个又一个的语言幻象，炮制出一波又一波语出惊人的高谈阔论。这种评价制度有效执行的结果又与知识生产者生活近况的改善发生直接勾连。正是在这一系列评价制度的激励下，许多学者开始异常关注论文发表的数量和学术期刊的级别，对学术成果的实际效应却显得漠不关心。在某种程度上，学术期刊“沦落”成知识生产者个人“琢磨”如何能够发表论文的参考工具，而不再是知识生产者个人进行学术研究的实质性的知识参照，甚至不再是知识生产者个人展示研究成果的重要平台。总之，教学理论知识生产活动经由“评价制度”“出版制度”“职称评定制度”“项目申报制度”的炮制后已不再是一种单纯的“智性活动”，而成为寻求文化利润的重要途径和手段。

对于教学论学科来说，真正有知识增量意义的知识生产一定是基于教育教学实践的。也就是说，只有深入研究教学实践才有可能进行有知识增量意义的知识生产。这一观点已为广大教学理论知识生产者所认同。然而，毫不夸张地说，我国当前有相当一部分教学论学者不知道怎样才是有知识增量意义的知识生产。事实上，如果了解我国教学论研究者的成长路径，那么就不会觉得这是一个问题，因为我国教学论研究者传统的研究“场域”是图书馆，研究的内容是古今中外的教学论著作，他们将其主要精力和时间集中在对国外教学理论的引介和对传统教学理论的重组与反思方面。然而，教学论著作中的教学现象是单一的，教学问题或是历史的，或是异域的，总之都是以静态的方式呈现在研究者面前，而教学实践却具有情境化、个性化等一系列特点，它往往是以复杂多样的面貌呈现的。面对丰富多彩的教育教学实践，教学理论知识生产者常常会有一种力不从心的感觉。

（二）教学理论知识生产者如何才能进行有知识增量意义的知识生产

如前所述，要进行真正有知识增量意义的教学理论知识生产，首先必须对现有的知识生产方式进行深入的反思和批判。这种反思和批判的对象绝不是个别知识生产者和个别知识生产机构，而是整个教学理论知识生产系统，要对其进行整体反思并“连根拔起”。只反思和批判知识生产的认知方式和手段或者只反思和批判知识生产的组织方式和评价制度，都不能彻底改变当前教学理论知识生产的这种现状，因为“对于特定科学场域的科学活动，组织结构和制度安排会对认识模式产生强烈的影响”①。就教学论学科来说，改革教学理论知识生产者的成长路径和教学理论知识的评价方式，是引导我国教学理论知识生产走上科学化道路的有效途径。

一个知识生产者在其专业学习过程中所受的理念和方法训练决定着他今后进行知识生产的路径选择方式。我国高等学校教学论专业研究者的培养方式和成长路径对教学论研究者的研究路向和关注焦点有着非常重要的影响作用。这种影响不仅表现在研究方式层面，而且已经渗透到观念和思维层面。第一，传统的教学论研究者已经形成自己一套便捷而有效的研究方法及研究成果的表述方式，这种研究方式因省事、省时、省力且容易出成果而为大部分受过“专业”训练的研究者所掌握。第二，经过教学论研究者导师长期的宣讲、反复的强调和身体力行的示范，这种传统教学论的研究指向和研究范式已经沉淀，进而形成“定势”。第三，传统的教学论研究范式为大多数教学论研究者所推崇。传统的教学论研究是一种理论指向的研究，研究成果表达的是研究者基于理论的一种“美好愿望”，一般不直接指向实践，当然也不需要接受实践的验证。这种研究要承担的风险和遭到的质疑往往要小于“实践指向”的研究，因此得到许多教学论研究者的拥护和坚守。要想改变教学论研究者的研究路向和关注焦点，首先必须改革教学论研究者的培养方式和成长路径。

---

① 刘小玲、曾国屏：《科学研究：在认知导向与组织制约之间》，《科学技术与辩证法》2008 年第 1 期。

就教学理论知识生产的评价制度而言，首先必须确立评价体系的公平性，以公正的同行评议作为评定教学理论成果最重要的依据，重视知识发现的质量与个体差异。目前，我国许多科学基金的配置主要基于对知识生产的输入评审（即立项评审）而不是结果评审，这种方式偏离了知识生产的激励原则，容易滋长投机行为。对社会而言，重要的是发现知识而不是谁发现知识。对个体而言，谁发现知识则至关重要，因为它不仅涉及发现者的生活境遇，也涉及发现者的职业地位。一个健康的、导向正确的知识生产激励制度，可以使研究者最大限度地持有实事求是的研究态度，因为它“本身就包含着既定的信息，告诉人们是创新有利还是守成有利，是采取创新的活动方式还是采取守成的活动方式更能与现行的关系相吻合”①。鉴于此，笔者认为，我国应从评价主体和评价程序两个方面对教学理论知识的评价制度进行改革。一是对评价主体的改革。当前我国教学理论知识的评价主体主要是教育行政部门，是一种政府主导的评价。这种评价容易导致行政化倾向和学术腐败，常常会出现“外行评内行”的问题。因此，教学理论知识的评价应该由政府主导向学界自主评价转化，至少也应该是政府和学术共同体联合进行评价。另外，还应该成立评价监督机构，即对评价的评价，最终形成一个相互制约、彼此监督的良性评价系统。二是对评价程序的改革。人文社会科学的评价很难做到客观标准，但这并不意味着人文社会科学的评价就没有标准。就教学理论知识的评价来说，学术共同体的承认应该成为评价的主要组成部分。从西方各国关于人文社会科学研究成果的评价来看，研究者最终追求的目标就是赢得学术共同体承认。先有学术共同体的承认，再有国家（政府）的承认，这种评价程序才符合学术评价的规律。

第三节　关于“国外教学理论诠释中国教学实践”现象的反思

第八次课程改革以来，到中小学去做研究已经成为这个时代教学

① 颜晓峰：《创新理论的若干问题》，《上海社会科学院学术季刊》2002 年第 2 期。

论领域的最强音。稍作梳理我们会发现，近十年来（过去也有，近十年更加明显）无论是在关于教学论的论著中还是报刊中，无论是在关于教学论的讲座上还是研讨会上，也无论是教学论领域的专家还是初学者，几乎都在异口同声地强调：教学论是一门实践性很强的学科，教学论研究不是一种纯粹的知识追求，而是一种知情意行相统一的智慧探索活动；教学论研究要关注教学实践、走进教学实践，教学理论的活水源头是中小学的教学实践。许多研究者还以杜威、赞科夫、陶行知等著名教育家深入实践研究教育教学理论的事例为佐证，号召和呼吁教学论研究者“走下去”（“走下去”指的是深入中小学实践）。做研究。然而，号召者和呼吁者在号召和呼吁聆听者的时候似乎没有将自己考量在内，或者说似乎将自己置身于行动之外，因为他们中的大多数并没有为那些虔诚的聆听者提供实践示范，而是在号召和呼吁后仍然将自己“宅在图书馆”里继续他们认为“更划算”的研究。究竟是什么因素导致教学论研究者“走下去”做研究成为一个需要关注的问题，本章拟对我国教学论界这一奇特的现象进行一些探索。

一　教学论研究者为什么不到中小学实践中去做研究

我国教学论研究群体包括高等学校课程与教学论专业的教师，中央、省、市、县的教研员，还有一部分中小学教师。虽然教研员队伍中也有一部分教研员已经成为优秀的教学论研究者，但从目前的状况来看，我国教学论研究的主要力量仍然是高等学校课程与教学论专业的教师。这些课程与教学论专业的教师无论是在课堂上还是在著作中几乎都认为“在书斋文献中研究教学现象及其规律的教学论研究如同农业科学家不深入田间地头而在文献中研究农业科学一样”①，不会生产出真正有利于实践变革和学科发展的教学理论。那么究竟是什么原因致使教学论研究者“明知不可为而为之，明知可为而不为”呢？带着这个问题，我们采用开放式访谈的方法访谈了12位教学论研究者。他们的观点主要集中在以下几个方面。

---

① 王鉴：《从“教学论”研究到“教学”研究》，《教育研究与实验》2003年第2期。

（一）成长路径的影响

我国高等学校教学论研究者大多数都是沿着“本科—硕士—博士”这样一条路径成长起来的，只有极少数研究者有中小学工作经验。在这种成长路径中，经教师的耳提面命和亲身示范，他们自然而然将关注的焦点锁定在理论的分析与建构上。因此他们中大多数专注于研读古今中外各种各样的教育教学理论，很少有人对实践中的问题潜心数年进行追踪观察、实验、总结和提升。当然，数年“象牙塔”中的苦读，他们也“生产”出了许多教学理论知识，但这些理论知识不是生发于对中国的丰富多彩的教育教学实践的认识，而是来源于他们对国外既有的理论成果的断章取义、引申发挥，或是复制、模仿，或是从既定方针、政策中的推导。他们大多数始终在自己的“单位”中从事研究工作。当然，有一部分研究者时而也会下到中小学去“镀镀金”，但大都是走马观花或浅尝辄止。这种教学论研究者的成长路径注定了他们不会对教学实践给予更多的关注，反而会进一步加深教学理论与实践的对立。这种对立不仅造成了教学实践因缺乏科学、有效的理论引领和指导而失去生机和活力，造成中小学教育实践者教育教学思想的贫乏和教育教学行为的呆板、随意与轻率，更为严重的是，造成了整个教学论学科因在教学实践中无实质性的发言权而逐渐萎缩，合法性受到质疑，最终沦为一门被人“看不起”的学科。

（二）评价体制的导向

对绝大多数人来说，最终决定他们是否以及在多大程度上参与或支持某件事情的主要因素，并不在于对理念的守持，而是对利益的权衡。倘若权衡之后认为这件事将使自身利益受损，那么，不参与乃至竭力阻抗当在意料之中；倘若许多教学论研究者都认为“走下去”做研究的结果将使自身利益受损，则实践指向的研究路径长期以来得不到教学论研究者的认可也就显得理所当然了。就目前的情况来看，高等学校的教学论研究者一般都不愿意全身心地、长期地、持续地深入中小学开展研究，现存的评价体系的导向应该说是一个非常重要的因素。在现有的评价制度下，科研仍然是大学教师获得晋升和奖励的最基本、最重要的条件。能否在专业领域赢得学术地位主要看其研究的成果和发表文章的数量和级别，而不是看其为中小学提供了多少帮助。在这种评价体制的规约下，大多数的高校教学论研究者，尤其是想获得更高职称、更高威望的中青年教学论研究者，往往会选择宅在书斋认真阅读有关教育、教学的文献，而不是深入中小学了解问题、分析问题，进而用自己所学的理论去解决问题。因为他们通过纯理论的研究更容易达到制度的要求。即使偶尔去中小学，关注点也自然而然地集中在影响他们前途和声誉的科研上面。因此，当前许多高校教学论研究者即使下到中小学，主要考虑的仍然是“掠夺”鲜活的教育教学案例，为学术论文的发表和科研项目的完成积累资料。这种功利性的研究不仅影响大学与中小学合作的成效，而且会失去中小学对大学研究者的信任。实际上，高校教学论研究者在中小学的这种“失信”现象已经存在，且影响范围正在扩大。

（三）中小学不欢迎

当谈到关于深入中小学实践做研究的问题时，大多数教学论研究者都认为，“现在中小学教师都比较忙，上面的检查多，我们下去做研究人家根本不欢迎，主要怕你影响人家的正常教学。即使你想办法进到学校去，他们对你的研究也只是随便敷衍而已”。不仅教学论研究者感觉到中小学不欢迎他们下去做研究，事实上中小学教师从内心深处也不欢迎教学论研究者来他们学校做研究。就这一问题，笔者访谈了三所小学的8位老师和4位校长。

问：你们欢迎大学研究者来你们学校做研究吗？

答（教师）：实事求是地说，我们根本不希望大学研究者来我们学校做研究。我们学校几乎每周都有不同研究机构的研究人员来发问卷、做访谈、听课等。因为他们来主要是为自己研究课题找一些数据和访谈资料，对我们的教学没有任何帮助。

问：你们为什么不喜欢大学研究者来你们学校做研究呢？

答（教师）：说实话，起初我们很希望大学研究者来帮我们解决一些长期困扰我们的教学问题。但慢慢我们发现，他们研究和关注的问题几乎与我们教学没有多大关系，他们研究的都是一些关于课程与教学的高深的问题，说得直白一点就是理想化的教学问题。这样的研究听起来让人热血沸腾，但基本上不能帮助我们解决一些现实问题。所以，现在我们听到他们要来，都不是很愿意接受。即使来了，对于他们的访谈我们也只是随便应付一下而已。

问：你对教学论研究者来你们学校做研究持什么态度?

答（校长）：从理论上讲，教学理论研究者深入中小学做研究对中小学来说应该是一件非常好的事，可以帮助中小学教师解决课堂教学中一些问题和指导教师进行更加有效的教学。然而，事实却和理论的假设不一样。因为他们每次来都要发放问卷，但问卷反映出来关于学校教学或其他一些问题他们从来不给我们反馈，还有他们似乎对中小学面临的实际问题不感兴趣，一提到具体的问题，他们不是随便搪塞过去，就是说这是体制问题，不只是你们学校存在这种问题，到处都一样。久而久之，我们从内心深处开始怀疑他们的研究能力。当然，有时迫于领导的压力，也不得不逼着教师和学生做问卷。

访谈发现，教师和校长的内心深处都不欢迎高校教学论研究者“深入”他们学校做研究。不要批评教师不懂教学研究和教学实践之间相互促进的关系，因为研究者去中小学所做的研究没有促进他们的教学实践；也不要抱怨校长认识不到教学研究对教学实践的引领作用，因为研究者“下去”所做的教学研究没有引导他们的教学实践向更好的方向发展。作为高校教学论研究者，我们应该反思，究竟为什么中小学不欢迎我们去做研究。事实上，教师和校长的谈话中已经流露出对我们研究目的、研究内容、研究方法和研究能力的抱怨、质疑和批评。

（四）“下去”不会做研究

研究发现，教学论研究者不到中小学去做研究的一个主要原因是去中小学不会做研究。虽然访谈中只有个别教学论研究者承认“自己已经习惯这样思辨的研究方式，真不知道该怎样去研究中小学的课堂教学实践”，但现实告诉我们，这种教学论研究者不会研究中小学实践的现象不是个别现象，而是当今我国教学论界普遍存在的问题。当然，如果了解我国教学论研究者的成长路径，我们就不会觉得这是一个奇特的问题。因为我国教学论研究者传统的研究“场域”是图书馆，研究的内容是古今中外的教学论著作，他们将其主要精力和时间集中在对国外教学理论的引介和对传统教学理论的重组与反思方面。然而，教学论著作中的教学现象是单一的，教学问题或是历史的，或是异域的，总之都是以静态的方式呈现在研究者面前，我们可以提出将这个因素控制住，教学就一定会变得高效；或提供更先进的教学设备，学生的发展就一定会更加好等一系列假设。然而“教育教学实践却具有情景化、个性化等一系列特点，它常常是以复杂多样的面貌呈现出来的，这样一来，教育学研究者在置身实践诠释、说明教育教学场景时，常会有一种力不从心的感觉。在当今的教育学研究队伍中，在学校及课堂中对所看到的现象能够做出确切诊断者寥寥，‘不敢’、不愿亲历课堂教学情景的人为数也不少。这些研究者擅长在书斋里‘坐而论道’，在书本上对教育教学诸多问题的分析‘鞭辟入里’，而对教育实践却缺少必要的感知与体察”。[①] 在我们看来，教学论研究者“不敢”亲历课堂教学情景的主要原因是“不会”研究课堂。

诚然，教学论研究者不能长期、持续地深入中小学做研究，制度导向是一个重要的方面。但教学论研究者自己不愿意去中小学也是一个非常重要的影响因素。毕竟在中小学实践中去做研究要比“宅在图书馆”里做研究辛苦得多。

二　为什么会出现“国外教学理论能诠释中国教学实践”的现象

国外的教学理论为什么能够成为诠释和指导中国教学实践的理论呢？这与我国教学论作为“舶来品”的历史渊源有关，但更重要的是我国缺乏能够指导自己教学实践的教学理论。

（一）教学论作为一个学科是“舶来品”

我国对教学理论进行专门的、系统的研究肇始于19世纪末20世纪初国外教学理论的输入。作为“西学东渐”的一个主要组成部分，教育教学理论的学习与介绍成为这一时期教育教学研究者的主要活动。首先是19世纪末20世纪初我国留学生从日本带回了赫尔巴特的

① 郑金洲：《中国教育学研究的问题与改进路向》，《教育研究》2004年第1期。

“教学理论”，为我国教育学的发展注入了新鲜的血液。其次是五四运动前后我国的一批留美学生，如陶行知、蒋梦麟等从美国带回了杜威的“教学理论”。杜威的实用主义教学理论、克伯屈的设计教学法、道尔顿制教学法、文纳特卡制教学法一度兴盛，甚至达到狂热的程度。再次是新中国成立以后，由于意识形态的影响，苏联的凯洛夫“教育学”独占我国教育学课程的鳌头，被奉为社会主义教育学的“经典”，最终演化成唯一正确的“马克思主义教育学”，其教学理论体系便成为我国教学理论的一种固定模式。改革开放以来，我国进入了一个持续不断的教育教学改革过程。每一次改革都有令人耳目一新的理念和方法，有令人神往的目标，尤其是许多来自别国的、引领世界教育发展潮流的理论和方法，不断更新着我们的观念，改变着我们的教育教学行为。仅 10 年时间，被引入的国外各种教学论流派就达十余种之多。“凡是西方有的各种思潮和思想，无论历史的和现在的，基本上都可以在我国的教育理论话语中找到，早期的如人本主义、要素主义、存在主义、实用主义等，晚近的如后现代主义、建构主义、现象学、解释学、校本研究等”① “出现了国外各种教学理论在我国都可争一席之地的‘集会’局面，国外各种教学理论流派在我国均有市场，且有解决我国具体教学问题的可能性，这种‘繁荣’局面的背后恰恰表明我国教学论的薄弱和整体的贫穷。在什么教学理论都有解决我国教学问题的可能性的时候，实质上也正是什么教学理论不可能管用的时候”②。

教学论作为“舶来品”的历史渊源，使得我国相当一部分教学论研究者在一定程度上毫无反思和批判地接受国外的教学理念或理论框架，而这实际上给西方对我国教学论研究者的“理论示范”注入了某种合法性意义。反过来说，也正是在这种示范下，我国教学论研究者将毫无批判地向国外舶取经验和引进理论的做法视为合理的甚或正当的。③ 事实上，萨德勒早就提醒我们：“不能随意地漫步在世界教育之

---

① 王彦明：《本土的抑或本土化的——我国教学理论研究的路径抉择》，《教育发展研究》2010 年第 22 期。

② 徐继存：《教学理论的反思与建设》，甘肃教育出版社 2000 年版，第 175 页。

③ 安富海：《中国教育学的当下使命》，《国家教育行政学院学报》2009 年第 7 期。

林，像小孩逛花园一样，从一堆灌木丛中摘一朵花，再从另一堆中采一些叶子，然后指望将这些采集的东西移植到家里的土壤中便会拥有一棵具有生命的植物。”① 这种“随意采集”的后果，不仅使得我们成为国外“文化霸权”的被支配者，更紧要的是，它还使得我国教学论在具体研究的过程中完全丢失了中国现实，进而使得我国教学论在国际向度上的学术自主性化为泡影。

（二）中国缺乏能够诠释自己教学实践的教学理论

从赞科夫、布鲁纳、巴班斯基、维果茨基、苏霍姆林斯基、皮亚杰、布卢姆、科尔伯格、加涅、奥苏贝尔，到目前十分流行的加德纳的多元智能理论、建构主义和后现代主义等，这些耳熟能详的人物和理论，伴随着我国教育教学理论研究和改革的整个过程。事实上，许多教学论研究者都不同程度地意识到“一个社会中教育家所关注的问题，建构的理论以及采用的方法都会受到他所处的社会的文化力量的影响。西方学者的教育理念与方法是西方文化的产物，是与西方社会文化和价值体系具有同构性的”②。当对这一研究范式进行跨文化推论时，文化作为一种干涉变量，会大大降低推论的效度。但由于种种原因，我国教学论研究者没有深入我国的教学实践生成本土的教学理论，而作为教学论研究者又有进行教学理论研究和指导教学实践的职业责任，所以只能用国外的教学理论来诠释中国的教学实践。但我们必须清醒地认识到，“‘有意义的’教育思想的产生绝非信手拈来之举，而是必须建立在对实践需求的深刻洞察、历史脉络的准确把握及理论论证的充分展开的基础之上，而且是思想提出者本人也应该准备身体力行的。随意提出一些不面向实践、完全不考虑实践可能性的所谓‘教育思想’，这不是哗众取宠，便是自作多情，都是对实践的一种不负责任的行为”。③ 历史上一些具有强大的生命力教学理论，就在于它是为现实服务的理论。夸美纽斯历时 10 年完成的《大教学论》，虽然注重用“先验的”“从事物本身的不变的性质”去推论教育教学

① 王承绪：《比较教育学史》，人民教育出版社 1999 年版，第 66 页。

② 万明钢、王平：《教学改革中的文化冲突与文化适应问题》，《教育研究》2005 年第 10 期。

③ 吴康宁：《有意义的教育思想从何而来》，《教育研究》2004 年第 5 期。

事实，[①] 但其落脚点主要在“教学艺术”上。并且其著作中包含了为数不少的教育经验的总结，使教学方法更加条理化，对整个世界的教育教学实践都产生了重大的影响。因此，要想不沦为国外教学理论的附庸，摆脱国外教学理论的束缚，不能希冀对方的“友善”，而只能通过自己的实力去争取。只有不同于他者研究的研究，有支持研究的优秀实践，才有可能平等对话和交流。走到中小学实践中去做教学论研究是摆脱束缚、提升势力、建立自信、展开平等对话与交流的第一步。

三　教学论研究者怎样才能走进中小学做研究

（一）改革高校教学论研究者的培养方式和成长路径

我国高校教学论专业研究者的培养和成长路径对教学论研究者的研究路向和关注焦点有着非常重要的影响。这种影响不仅表现在研究方式层面，而且已经渗透到观念和思维层面。第一，传统的教学论研究者已经形成自己一套便捷而有效的研究方法及研究成果的表述方式，这种研究方式因省事、省时、省力且容易出成果而为大部分受过“专业”训练的研究者所掌握；第二，传统的教学论所关注的焦点和研究范式，经过教学论研究者的导师长期的宣讲、反复的强调和身体力行的示范，使得这种研究指向和研究范式已经沉淀，进而形成“定势”，最终内化于研究者的日常研究行为之中；第三，传统的教学论研究范式为大多数教学论研究者所推崇。传统的教学论研究是一种理论指向的研究，研究成果表达的是研究者基于理论的一种“美好愿望”，一般不直接指向实践，当然也不需要接受实践的验证，这种研究要承担的风险和遭到的质疑往往要小于“实践指向”的研究。因此，它得到了许多教学论研究者的拥护和坚守。要想改变教学论研究者的研究路向和关注焦点，首先必须改革教学论研究者的培养方式和成长路径。第一，高校应将深入中小学实践观察、学习和研究作为教学论专业的一门必修课开设，并且要在其参与实践过程中注重研究方法的训练。第二，教学论专业的导师要通过反复的强调和身体力行的

① ［捷克］夸美纽斯：《大教学论》，人民教育出版社 1984 年版，第 3 页。

示范将实践指向的教学论研究沉淀在教学论学习者的观念和思维深处。如果教学论专业的导师自己不深入中小学实践做研究，只是一味地强调深入中小学实践做研究对学习者个人的成长和对教学论学科的发展的价值和意义，那么这种强调越是频繁就越会显得苍白，甚至会遭到质疑。教学论专业的导师是影响教学论学习者研究路径和关注焦点的“关键人群”。第三，高校应将教学论学习者学位论文的选题规定为必须要基于中小学教学实践中存在的现实问题进行研究。总之，如果高校教学论研究者的培养方式和成长路径发生了变化，其培养的研究者的研究路径和关注焦点也必然会发生变化。

（二）改革教学论研究成果的评价方式

教学论研究者为自己的研究成果纷纷付梓而欣喜和自豪之余，也逐渐意识到教学理论成果“数量繁荣”背后掩盖着教学理论的“质量危机”“实践困境”和整个教学论学科的合法性危机。造成教学论领域这种奇特的现象的原因除了传统的教学论研究指向和研究范式的影响之外，还有一个非常重要的因素就是教学论研究成果评价方式的导向作用。这里的评价导向包括两个方面：一方面是对教学论研究成果的评价。现行的教学论成果评价体系主要关注论著的数量，而不是对学校提供帮助的情况，因此，教学论研究者为了提高论著的产出效率不得不选择走书斋文献研究之路。而且，“我国教育界的课题审批、成果评价、权威期刊的论文发表都更青睐于宏大的研究”。[①] “现行教学论的学术成果评价制度没有为优秀的研究成果的产生提供必要的政策保障，在某种程度上可以说是制度阻碍了优秀成果的生成。要改变教学论研究的功利化倾向，必须变革现行的学术成果评价制度，为优秀成果的生成提供相应的制度支持，而不是对教学论研究者进行放弃物质享受追求学术理想等的政治化说服。因为教学论研究者首先是一个体制内的人，也需要生存、生活的物质保障。”[②] 因此，我们应该积极探索教学论实践成果的评价方式，提高实践成果在教学论研究者职称晋升和成果评奖中的比重。另一方面是对教育教学专业期刊的评

① 马勇军：《我们该怎样做研究》，《课程·教材·教法》2011 年第 7 期。

② 王鉴、安富海：《教学论学科建设 30 年》，《当代教育与文化》2010 年第 1 期。

价。我国许多教育教学专业期刊评价研究成果的主要标准还是理论性的强弱，对于研究方法和研究成果的实践价值关注不够。这与我国的学术传统有一定关系，但主要还是受现行教育教学专业期刊的评价体制的影响。因此，只有对教学论研究成果的评价方式和教育教学专业期刊的评价方式同时进行相应的改革，教学论研究成果的评价方式变革才能真正落到实处，否则，教学论的研究永远会陷入泡沫理论的虚假繁荣的研究怪圈而不能自拔。

（三）加强教学论研究者实践研究能力的培养

从上述的研究中我们可以发现，教学论研究者“走不下去”的一个非常主要的原因就是“走下去”不会做研究。关键是他们在专业学习的过程中没有人教给他们怎样深入中小学做研究的方法，或者说对怎样深入中小学做研究的方法重视不够，关注不多。许多学校虽然也为教学论学习者开设了方法类的课程，但理论层面的讲述偏多，操作和应用层面的指导缺乏。然而，教学实践毕竟是流淌的，与书本上所假设的“符号化了的教学实践”有非常大的区别。这些“学艺不精”的教学论学习者面对纷繁复杂的教学实践显得力不从心，以至于怀疑自己教学论学习成效和教学论学科本身的合法性。这种情形不是表现在个别教学论学习者的身上，而是教学论领域普遍存在的现象。鉴于此，我们有必要进一步加强教学论研究者实践研究能力的培养。这一点我国不仅有深刻的教训，也有先进的经验。欧美一些国家以及我国的港台地区在课程与教学论研究者的培养过程中非常重视研究方法的训练，研究方法在整个研究者学习过程中占有很大的比重。因此，国内未来教学论研究者的培养一定要委派具有丰富研究经验的教师或教师团队，对教学论研究者进行系统的方法训练，不仅要让教学论研究者了解各种研究方法的理论渊源和适用范围，还应创造条件让他们不断在“研究现场”中练习和体验研究方法，从而为工作后能够下到中小学去做研究和会做研究打下坚实的方法和方法论基础。

第四节　教学论研究中的本体论思维反思

人类关于教学现象的认识并不是一蹴而就的，在人类进入文明历史的一段很长时期里，由于受到当时认识水平、社会条件的制约，人们对教学现象的认识经常处于一种自在的状态。虽然也意识到了教学现象与一般的社会现象不同，有其区别于其他社会现象的独特性，但对于如何把握这种独特性，这种独特性究竟包括怎样的内涵，人们的理解不可避免地具有极大的猜测性和独断性，往往不能真正反映教学的本质属性，经常以非教学的逻辑去认识教学，以非现实的方式去把握教学中的各种关系。站在历史的角度，我们应该承认这是人们认识发展中不可避免的过程。然而，这种认识如果不随着教学实践的发展而进一步深化，就会对教学实践的发展产生负面影响，也会将关于教学的理论研究引向歧途。教学论研究中的本体论思维就是这样一种既有其历史合理性又有其现实局限性的认识教学现象的思维方式。

一　本体论思维的内涵及特征

（一）本体论思维的内涵及渊源

从历史渊源上来讲，“本体论”这一概念存在着两种既互相区别又紧密联系的含义。首先，它是指一种研究的领域和对象。另外，它也可以看作是对待事物和问题的一种特定的理解方式和认识方法。就前者而言，作为研究对象，“本体论”主要与认识论、方法论、人本学等以研究主观精神活动的有关现象的理论相区别，它属于研究“存在”本身本性的客体理论。在前者的用法里，“本体”与“存在”具有同样的意义，本体理论也就意味着关于存在和客体的专门理论。就后者而言，“本体论”则代表一种哲学原则，属于依据先在的预设本质去理解和把握事物规定的特种认识方法和思维方式。作为认识方式和思维方式的本体论已超越了研究的领域和对象的意义，而具有人们认识问题时以之作为前提和出发点的思维方式和认识方法的意义①。按照这种思维方式和认识原则，对象被理解为有某种先在的本质所规定，必须深入到“事实后面去”，发现决定它存在和状态的那个终极

① 高清海等：《人的“类生命”与“类哲学”——走向未来的当代哲学精神》，吉林人民出版社 1998 年版，第 98—99 页。

性实在，才能理解和把握这个对象。考察哲学史，我们发现，本体论的思维方式根源于传统哲学“本体论”的理论形态。在哲学产生以后的很长一段时间里，本体论一直是其中占主导地位的研究领域和理论形式。然而，本体论这一理论形式在哲学史上的地位，不仅体现在“本体论”曾是哲学长时期关注的研究领域，也不仅体现在它曾占据的重要地位和曾获得的那些理论荣耀，更体现在它对哲学思维所产生的深刻而持久的影响。在几千年的发展过程中，它逐渐积淀成一种固定的、自成一体的思维方式，构成哲学家们一进入哲学境界就无条件地遵循的“先验”性的前提、出发点和难以突破的思维约束。这种思维方式就是我们所说的“本体论思维方式”。可以说，正是这种思维方式构成了整个传统哲学的思想内核和理论灵魂。正是在此意义上，本体论思维方式甚至已经超越了本体论哲学的形式，超越了它作为研究领域所具有的含义，而成为许多领域和许多人思考问题时不自觉遵循的根深蒂固的思维模式。

（二）本体论思维的基本特征

1. 预设前提，追求终极实在

本体论思维在研究问题之始便已经预设世界有一个本原、“始基”的存在，预设了主体与客体、主观与客观的分离，乃至二元对立，预设了与主体及其实践绝对无涉的“事物本身”，而其后的分析思考就是在答案已被预定的前提下展开的。本体论作为思维方式得以成立的一个基本前提就是，认为我们的感官所达到的经验对象并非真正的实在，因此，才需要从现象背后去寻找本体。本体论的另一个思想前提，通常是把最先存在的东西看成是最真实的、最好的、最实在的东西。按照这种理论，一个事物从何产生、由什么构成，它一般地就是什么性质、什么状态，即属于什么样的事物。所以，要了解一个事物，首先就是去追寻它的原处存在、初始状态、原始构成。进一步推演，我们发现“本体论”还是一种还原论的思维。无论是解释现实还是理解未来，本体论思维都要求把现实和未来还原成某种前定的更为“在先”的存在，然后从这种在先的存在出发演绎和推论现在和未来。本体论思维属于演绎思维，它最看重的是“第一原理”，认为只要确立了第一原理，其他一切都可以从这里引申出来。

2. 封闭性和静止性

本体论思维方式的封闭性和静止性的特征主要源于它的前提预设品性和从两极对立关系中把握事物本性的绝对一元论的思维品格。首先，本体论思维的封闭性根源于其逻辑上的封闭性。它在问题之始已经预设了终极性本原，这就使得本体论思维的一切思考都是在一个封闭的逻辑下，围绕着那个已被预设的终极本原而展开。其次，本体论思维的封闭性源于“本体”的封闭性。因此，无论人们把世界的本原终结为物质实体还是精神实体，都是一个封闭的、排外的实体，这就使得当本体论思维确定了要研究的对象时，便不自觉地把自我独立出来，从而先行地陷入主客二分的、封闭的认识论模式中去。再次，本体论思维统摄下的研究往往以追求“超现象的本质”“超感觉的概念”“超个体性的普遍性、同一性”为旨归，其结果也必然把人们引向一种抽象的概念世界和本体世界。本体论思维的静止性主要表现在其理论形式上的静止性和思考方法的思辨性。终极性本原的预设、封闭的逻辑推演、简单的还原归化，都决定了本体论思维只能依托于抽象、孤立、静止的思辨，无法感受活生生的千姿百态的生活世界。最后，本体论思维在逻辑上是一种形式逻辑。形式逻辑在前提中默认了概念、命题与实在现象之间的对应关系，它在自然科学中是有效的，但在人文社会科学中存在着效用限度。因为人文社会科学中的很多概念是虚指性概念，它们所指的不是实在对象，而是思维的抽象。而当这些虚指概念应用于形式逻辑时，就不自觉地割裂了概念与现实的关系，从而使概念间的连接成为空洞的联系，使判断与命题成了一种形式化、机械化的纯粹逻辑的联系，而不能真实地反映现实事物之间的感性联系。

二　本体论思维在教学论研究中的表现及批判

（一）本体论思维在教学论研究中的表现

1. 教学论研究的目标方面

本体论思维的一大特点就是相信世界有其终极性本原的存在，并把追寻这种本原作为自己的目标。这一特点体现在教学论研究中，就是人们首先相信教学有“本质”“规律”等关于教学的“普适性解读”的存在，并把其作为教学论研究的目标，进而对其进行固执的追求，期望能从抽象的概念、逻辑的推演中获得关于教学的真理性的认识，而忽视了对教学中那些现实的、具体的、偶然的事件和现象的关注。这种思维是一种从抽象原则出发、追求彼岸世界的思维，是一种远离现实存在、不顾教学的现实性、复杂性、多样性等特征的思维。当然，对教学本质、规律的追求在某种意义上说是必要的，因为教学作为一种伴随人类始终的社会现象，必然存在一些确定性的因素。但是，如果因为对这些所谓“永恒的”“普适的”规律和本质的执着而放弃对教学中那些鲜活的、具体的、偶然事件的关注的话，就有顾此失彼之嫌。而且这种主观臆造式的思维所得到的关于教学的认识，也只不过是“逻辑的教学”而非“现实的教学”。

2. 教学论研究的范式方面

在本体论思维的影响下，我国教学论研究习惯于采用思辨的研究方法，以建立普适性的、能解释一切教学场域中发生的教学现象的宏大体系为旨归，其一般程式是：先确认哲学具有普遍的方法论意义，之后，论证这一普遍方法必然适用于作为具体现象的教学，然后，再把一般哲学原理转换成教学命题，进而得出关于教学的理论。这一简单的套用方式在过去被视为天经地义，然而在目前则遭遇生存危机，因为它对教学要素的分析局限于少数变量和因素，是一种原子分析，揭示的是静态的、线性的因果关系，不能解释和解决不断发展变化的教学实践问题。这种用观念来代替实际事物、把自己的想象当作事物实质的研究范式，所生成的理论也是关于“逻辑的教学”理论，这种理论不仅不能有效地引领和指导教学实践，而且对教学论自身的发展也是十分有害的。

（二）本体论思维下教学论研究的困境及原因

1. 本体论思维下教学论研究的困境

一是教学理论发展僵滞。教学理论的活水源头是丰富多彩的教学实践。不关注或忽视教学实践的教学理论存在合法性的危机，必然受到质疑。本体论思维指导下的教学论研究追求教学中终极的、永恒的“教学规律”“教学本质”的存在。这就使得教学论研究的逻辑起点更多倾向于某一理论或者某一概念，而不是现实的教学问题、教学现象。以理论和概念为逻辑起点进行的研究在某种程度上对理论发展是必要的，但本体论思维下的教学论研究是以这种研究路向为主体的。它忽视现实的教学问题和教学事件，较多地以概念和理论为研究的起点，通过抽象逻辑推演来建构教学理论。这样，教学理论的建构就是在无视教学实践和现实的基础上，在一个封闭的、抽象的逻辑路径下完成的。30 年的教学论研究实践已经反复证明，这种教学理论的建构路径不仅对教学实践的指导性不强，而且会导致教学理论的封闭和僵滞。

二是教学实践得不到有效的引领和指导。教学理论不可能像“药方”一样作用于教学实践，但教学理论必须引领和指导教学实践。否则，它存在的合法性就会受到质疑。本体论思维指导下的教学论研究在理论建构时对实践的无视和忽略，使得本体论思维指导下形成的理论在逻辑上可能是严谨的，但面对实践时，就显得苍白无力。我国教学理论研究者与教学实践工作者长期以来处于相互责备的状态。虽然第八次新课程改革以来，这种相互责备的声音有所缓和，但依然存在。教学实践工作者认为教学理论是空洞的，没有实际价值，教学理论研究者大多都是纸上谈兵。面对他们的抱怨，教学理论研究者只能以教学实践工作者的理论素养不够、对理论的领悟不深刻来草草作答，这不仅仅是因为教学理论研究满足不了他们的要求，更重要的是，教学理论研究者自身的教学也无法作为他们的榜样。多少年来，教学理论研究者为消解理论与实践的对立付出了很大的努力，但“即使不说倒退，至少并无多大长进”①，教学实践工作者仍然以怀疑的目光来审视教学理论。教学理论与教学实践之间鸿沟的长期存在，使得教学论学科的发展依然处于十分尴尬的境地。我们认为，教学理论研究和教学实践工作者的这种互相责备的状态与教学论研究中的本体论思维有很大关系。

2. 本体论思维下教学研究困境的原因

首先，本体论思维方式是一种否认人的创造性、超越性的思维方

① 陈桂生：《“教育理论与实践关系问题”的再认识》，《湖南师范大学教育科学学报》2005 年第 1 期。

式。本体论思维方式所承诺的“本体”作为一种在现象背后并主宰着现象的终极存在，构成了一切从之出发的逻辑出发点[①]。按照本体论思维方式的这种理解，教学的本质并不在教学现象之中，而是被规定在先在的本质里。从本体论思维方式出发，本体始终作为教学现象之外或之上的支配原则和左右力量存在着。本体论思维统摄下的教学论研究也必然在教学现象之外或之上去关注教学问题。很显然，这种思维方式关照下的教学论研究，所看到的人的形象是一个“工具”般的、被动的存在。然而，教育界已经达成的共识是，教学活动是一种“人”在其中的创造性的实践活动。否定人的创造性，也就等于否定教学的创造性，依次推演，教学实践就只能是一种技术性实践。因此，关于教学的理论研究也就只关注“物”的因素，而疏于关注“人”的因素，进而形成了“无人”的教学理论。

其次，本体论思维方式是一种瓦解教学世界的多重矛盾的单向性思维方式。本体论思维追求的是一元化的绝对本质，在这种思维方式的支配下，一切矛盾都消解于理论的阐释层。“本体论”思维面对多重矛盾的解决办法是，寻找到一种起决定作用的、充当中心和权威的一方面，并从这方面出发来支配和控制另一方面。依此办法去理解和解决教学问题，就是要寻找教学中最根本的成分和因素，一旦找到了教学中起决定作用的东西，就从它出发来解释一切场域中发生的教学现象和问题。这是本体论思维方式的理论定式。显然，这种理论定势与教学由多重矛盾关系构成的本质是内在冲突的。如果按照本体论的思维定式去理解和解释教学问题，教学必然会失去其矛盾本质而成为“平面化的”存在。单方面强调教师的教和学生的学的思维正是这种本体论思维在教学论领域的体现。

最后，本体论思维方式是一种无视教学的历史性、发展性的思维方式。本体论思维方式总是从先验的本体出发来理解教学现象和问题，它预设了一个本体论上的双向度世界，如现象与本质、变动与永恒、假象与真相等。由于本体自身是超历史、超时间的，是始终“在

---

① 高清海等：《人的“类生命”与“类哲学”——走向未来的当代哲学精神》，吉林人民出版社 1998 年版，第 108—109 页。

场的”万变中之不变者。所以，本体论思维下的教学是一个单向性的、非历史的、失去自由和创造性的、虚幻的存在。教学的这种存在形态必然使教学忘记历史、无视当下、忽视发展，一味地去关注和反复阐释本质、概念、原则、体系等问题。现实的教学问题永远进不到本体论思维统摄下教学论主流研究的视域之中，不同场域发生的教学问题也将永远得不到理论的支持和指导。

三　实践思维：教学论研究的思维趋向

本体论思维在特定的历史时期指导教学论研究取得成绩的同时，也使教学论研究陷入了困境和尴尬。因此，探寻一种新的教学论研究的思维方式——实践思维，是实现教学论研究新突破、新发展的需要。所谓实践思维，就是自觉地把人类实践活动本身各种内在要素及其动态关系直接看作思维应当遵循的逻辑理路的思维方式。实践思维是以全面、真实地认识事物为研究旨归，以多元视角、多元方法为研究途径，以开放性、复杂性、过程性和生成性为特征的立体式的思维方式。它充分表现了实践活动的本性，以理论形式全面地揭示了人类特有的生存活动方式与存在状态。它按照“实践活动的本性及其方式去观察、理解和认识世界，去思考、处理和解决问题”①。实践思维立足于现实的人和人的实践，立足于人的动态的实践过程，直接实现了主体与客体、主体与主体、主观与客观、目的与手段、理想与现实等矛盾关系的辩证的动态统一。因而，实践思维是人的实践活动必然派生的思维方式，是真正体现人类实践活动精神本质的方法论结晶。其特征有：第一，实践思维是主体性思维。实践思维是对主体、人的实践活动自始至终贯彻着主体原则的理论表现，体现着主体的目的、需要和本性，实现着对现实世界的理想改造。实践思维所具有的主体性，是在现实基础上对自身充分尊重的表现，是对自身价值的高度认可，因而是在尊重其客观性的基础上，不是思辨地而是具体地谈其主体性。第二，实践思维是多维关系型思维。实践是人特有的存在方式，而人始终处于人与自然、人与物、人与人相互交错的动态关系之

① 崔秋锁：《马克思的实践思维方式及其在中国的历史发展》，《攀登》2002 年第 5 期。

中，因而实践思维所揭示的实践本性就是各种复杂关系的集中表现，是实践活动中主体与客体、目的与手段、理想与现实、需要与可能等矛盾关系不断发展变化的表现，尤其是在更复杂的实践活动中涉及多个实践主体共存现象时，更涵盖了复杂的主体间关系（即主体间性）。第三，实践思维是动态性思维。实践活动是实践主体——人特有的感性动态活动，在整个实践过程中，实践主体——人在与事物、对象的直接感性互动中，一方面通过自身不断影响客观事物以实现对客观事物的认识，不断由浅入深、由表及里，另一方面随着实践工具的更新、自身能力的提高和价值取向、审美情趣的变迁及各种偶然因素的出现，不断调整着实践目标和实践方案。①

本体论思维统摄下的教学论研究关注的是教学中上位的和静态的东西，所以，也就不可能从丰富多彩的教学活动出发来理解教学，而只能求助于外，试图在教学活动之外寻找教学存在的依据，以至于窄化或误解了教学的含义。实践思维的确立为理解教学中各种二元矛盾关系的辩证统一找到了一个现实的基础，从而为克服教学论研究中的本体论思维方式提供了切实可行的途径。实践思维立足于实践基础之上，揭示了实践本身不断运动变化的辩证性质。因此，贯彻实践思维，就能使教学活动中的主体直面现实问题，用批判精神直接根据教学活动中各要素矛盾发展的现状与趋势，突破理论上的条条框框，做到具体问题具体分析，从而实现对现实教学问题的解决，进而促进教学理论的发展和创新。理论和经验都告诉我们，教学问题虽然有它客观的事实基础，但在本质上不是一类客观问题，而是一类主观生成的问题，具有价值性、时代性、境域性等特征。教学问题是教学世界的意义显现，是人们价值趣味的投射。教学活动是主体的活动，只有在情景中才能获得意义，这里的主体也不只是理智的主体，还包括日常生活中的主体，是完整的、历史的、文化的、社会的、独特的人的存在。教学活动每个环节都渗透着价值，体现着价值，追求着价值，从而与更为宽广深厚的文化背景相联系。任何一种教学理论作为一种理性的科学探究活动，都深受它所赖以存在和发展的民族文化传统的制

① 鹿林：《论实践思维》，《郑州大学学报》（哲学社会科学版）2004 年第 2 期。

约，从价值到目的、从内容到方法、从主题到范畴、从风格到理论演化，都打上了深深的民族文化的烙印。教学理论背后是文化传统，教学理论之中有文化传统，新的教学理论也必须立于新的文化传统之上。教学理论不应追求普遍的绝对真理，而更应关注具体情境下的问题的解决。鉴于此，教学理论应该关注具体情景中知识的有效性问题。因为不同的场域有不同的场域逻辑。每个教学场域都有其独特的实践逻辑，而以往的教学理论忽视了各个教学场域独特的实践逻辑，以寻求普适性和客观性的教学理论为旨归，并试图建立一种一劳永逸的教学理论体系，事实上，正是这种场域逻辑的根本冲突才导致了今天教学理论与实践的脱离问题。总之，教学活动是一个“人”在其中的实践活动。所以，只有运用实践思维，才有可能真正地理解教学、把握教学、逼近教学的内核。

诚然，无论哪一种思维范式都有其自身的局限和不足，都不足以独立承担研究复杂的教育教学的任务。我们强调实践思维，批判本体论思维，并不是说实践思维就一定能解决教学中的所有问题，也不是说本体论思维对于教学论研究一无是处，而是旨在说明本体论思维在教学论研究中存在许多缺陷和不足，这些缺陷和不足需要借助实践思维去克服。

第五节 教学论研究中的“体系”与“问题”关系反思

回顾我国教学论的发展历程可以看出，问题意识淡漠对教学实践关注不够是制约我国教学论学科发展的突出问题。问题意识淡漠既有学科自身的原因，也有特定的政治根源和社会历史根源。就学科自身来说，我国传统的教学论研究习惯于采用思辨的研究方法，以建立普适性的、能解释一切教学场域中发生的教学现象的宏大体系为旨归。其一般程式是：首先，确认哲学具有普遍的方法论意义；其次，论证这一普遍方法必然适用于作为具体现象的教学；再次，把一般哲学原理转换成教学命题；最后，得出关于教学的理论。这一简单的套用方式在过去被视为天经地义，然而在目前则遇到生存危机，因为它不能解释和解决不断发展变化的教学实践问题。严格地说，这是一条用哲学研究代替教学论研究的路线，故而常使人感到教学论空疏无用。这种简单的理论移植是一种用观念来代替实际事物，把自己的想象当作事物实质的研究范式，它所生成的理论是关于“逻辑的教学”的理论，这种理论不仅不能有效地指导教学实践，而且对于教学论自身的发展也是十分有害的。

对我国来说，现代教学论是“舶来品”。20 世纪上半叶，我国教学论研究大致经历了两个阶段。第一个阶段为 20 世纪初—20 世纪 20 年代，主要是对从日本引进的以赫尔巴特为代表的传统教育派的教学论，或者说日本化了的教学论进行研究；第二个阶段为 20 世纪 20 年代到新中国成立以前，主要是从美国直接引进以杜威为代表的进步教育派的教学论和桑戴克的学习理论。① 新中国成立以后，受意识形态的影响，几乎所有领域都完全照搬苏联模式，教学论也不例外，至今在我国教学论中仍然可以看到苏联印痕。党的十一届三中全会以后，政治领域迎来了思想大解放，许多错误的思想和方法得到纠正，与此同时，教学理论界首先开始在反思中引鉴国外理论，于是国外大量的教育教学理论被介绍进来，当时“国内许多知名的教育报刊和师范院校的课堂对国外教学研究的信息从内容到方法、从理论到技术，进行了广泛的介绍，如苏联苏霍姆林斯基、赞可夫、巴班斯基等人的教学理论和教学实验，新近关于合作教育学的论争，美国程序教学的理论与技术，布鲁纳的结构—发现教学理论，保加利亚卢扎诺夫的暗示教学法”②，这些引鉴对中国教学论发展具有建设性意义。因此，从 20 世纪 80 年代末开始，在不断引鉴国外理论和反思我国教学领域的内外部环境的基础上，我国教学论研究者逐渐意识到开展教学实验对于改进本土教学状况的重要性。20 世纪 90 年代后期，教学研究与实验不断深入、不断系统化，也不断创新，既考虑了我国中小学的教学实际，又吸纳了其他学科和其他国家先进的做法。教学论研究者从大量

① 董远骞：《中国近代教学论教材编写史略》，《课程 · 教材 · 教法》1994 年第 1 期。
② 王策三：《教学论十年》，《教育研究》1988 年第 11 期。

的本土教学实验中总结和提升出了许多有价值的教学理论[①]，但这种研究路向并没有成为教学论研究的主流。当前，这种以本土教学实验为研究对象的研究队伍仍然存在并不断发展，但只属于教学论研究中的星星之火。从20世纪末开始，教学论学科的科学化与本土化研究逐渐受到我国教学论研究者的普遍重视。1995年全国教学论专业委员会专门召开了主题为“教学论跨世纪的思考”[②]的座谈会，这次会议以后，如何建构跨世纪的教学论学科体系、如何建立具有中国特色的社会主义教学论体系等成为教学理论关注的焦点。第八次课程改革以来，无论是政策层面、理论层面还是实践层面都对教学论关注教学实践的呼声愈来愈高，也有一部分理论研究者身体力行、深入教学一线帮助教师研究和解决具体的课堂教学问题，但这支队伍也仍然只是一个支流。回溯我国教学论发展的历史我们发现，我国教学论自建立以来一直处于亦步亦趋的盲从状态，它经历了从20世纪30年代盲目借鉴西方的教学思想和教学方法，到20世纪50年代全盘照搬苏联的教学思想和教学模式，再到20世纪80年代有选择地介绍与引进国外研究成果几个阶段[③]，虽然到了80年代，在介绍和引进国外教学思想和研究成果的方式方法上，完全照搬的状况有所减少，但依然存在食洋不化的现象，特别是对异域教学理论产生的文化背景、历史条件、理论基础和适用范围缺乏具体分析和整体把握，过分强调教学理论的技术性，忽视了教学理论赖以生存的文化环境。可以说，多年来我国教学论一直未能从根本上解决立足本土文化传统的问题。从我国教学论学科发展的历程来看，有两个明显的特点：第一，我国教学论不是在深入研究本土教学实践的基础上产生的一门学科，而是在引鉴国外教学论的基础上建立起来的，教学论的理论框架完全是依照异域的理论而搭建的。当然，这里有着深刻的历史原因。第二，我国教学论自建立始，就有深刻的“体系”情结，即更多关注的是学科的概念体系、研究对象、学科性质以及范畴间的逻辑关系，而教学的实践问题却没

---

① 王鉴、安富海：《教学论学科建设30年》，《当代教育与文化》2010年第1期。

② 郭道明：《跨世纪的思考——教学论学术研讨会综述》，《教育研究》1995年第9期。

③ 王鉴、安富海：《教学论学科建设30年》，《当代教育与文化》2010年第1期。

有给予应有的重视。

我国教学论学科发展存在问题的原因是多方面的，这其中既有深刻的历史原因，也有现行教育科研体制以及与此相关的一系列制度的弊端，还有教学论研究者本身存在的问题。而在这种种原因中，一个内在的、起着直接制约作用的因素就是模式化的思维范式，它认为教学论研究必须首先建立“教学论体系”，否则无法进行关于教学的研究，这就是通常所说的“体系意识”。所谓“体系意识”，是指在学科研究中，更多地关注概念、范畴本身的确定性，更多地关注概念与概念、范畴与范畴之间的逻辑关系，更多地关注学科体系的严谨、完整和包容性。具体言之就是，在研究工作中，无论是研究课题的确定还是课题研究所要达到的目的，都主要是以学科本身的需要为出发点，都主要是为了学科自身的建设。[①] 从今天我国教学论发展的繁荣状况来看，以构建体系为知趣的教学论研究取向已经极大地促进了我国教学论学科的发展，这一点不可否认，因为体系意识是重建、创立和反思学科建设时不可缺少的基本思维方式。但如果这种意识逐渐演化成一种无意识的集体“行为”，“体系构建”就会形成一种研究范式，这种研究范式必将对该领域的学术共同体产生规训，在这种规训作用下，很可能逐渐产生一种“为体系而体系”、把体系当作学科建设的全部的“集体意识”，从而忽略了学科存在的原因和所要关注的问题，也忽略了构建学科体系所要达到的最终目的。因为，社会在发展，教学的客观条件在变化，教师和学生的心理状况也在不断地发展变化，这些变化仅靠“构建体系”是无法顾及的。

“体系意识”的规训使得研究者们往往主要从学科的逻辑关注学科的建设，从学科知识的体系考察学科的发展，更注重从学理的角度考虑学科的需要。这种关于学科的研究实质上是以一种封闭、静止的观念和较为狭窄的眼界来构思学科发展的未来。在这个过程中，受到关注的主要是概念、体系、范畴、逻辑以及学科自身的知识积累，而构成教学论学科发展客观前提的鲜活的教学现实则得不到应有的重

① 张斌贤：《从“学科体系时代”到“问题取向时代”——试论我国教育科学研究发展的趋势》，《教育研究》1997 年第 1 期。

视，甚至视而不见。在这种情况下，教学论学科的发展便不可能从教学实践中获得灵感、得到启迪，因而也难以获得实质意义上的发展。教学活动是复杂的、多变的、生成性的人对人的实践活动，这就需要教学论研究者深入具体的教学场域中研究教学现象和教学问题，揭示教学规律。以往的教学论却恰恰没有从教学现象发生的情境中去发现、思考、分析和解决教学实践问题并在此基础上进行理论提升和体系构建，而是遵循传统的学术自生路径，仿效传统学科建制模式，演绎出一套自认为合乎事实的独特的概念范畴体系和知识系统。这种研究范式所依赖的是一种将“逻辑的事物当作事物的逻辑”的思维方式。

我们认为，无论何种学科体系，都必须有自身独特的价值，能够通过本学科的发展来推进实践，这样才有其存在的合理性。对于实践性很强的教学论学科来讲，更应如此。一种关于实践的理论如果解决不好实践问题，就会遭到学术界的批评和嗤笑，那么一种关于实践的理论如果不去思考和关注实践问题就应该受到唾弃。教学论是研究教学现象、揭示教学规律的一门学科。教学现象发生在哪里？当然发生在教师和学生共同活动的课堂教学过程中。我们无法想象一个从来不进学校、不研究课堂的教学理论工作者是怎样建构自己的教学论体系的。当前，我国教学论研究者一味地致力于学科体系的建设，试图建立一种普适化的、能解释一切场域中存在的教学问题的理论，对教学实践中的问题，或搪塞过去，或避而不谈，从而出现了“理论工作者在天空自由翱翔，实践工作者在地上艰难蠕动”的荒唐局面。有学者专门撰文批判过这种坐在扶手摇椅上建构教学论体系的研究路径及其产生的不良影响。[①] 这种建构学科体系的思维就是迪尔凯姆所讲的“主观臆造式”的研究。这种研究范式所产生的研究成果也只能是关于“逻辑的教学”的理论，而非“现实的教学”的理论，能够指导的教学实践也只能是“按照逻辑进行的教学实践”。

---

① 王鉴：《课堂研究概论》，人民教育出版社 2007 年版，第 3—15 页；徐继存：《教学理论反思与建设》，甘肃教育出版社 2000 年版，第 132—146 页。

(一) 我国的教学论研究始于"体系"

考察我国教学论的发展历史，我们不难发现，我国的教学论研究是从接受国外教学论体系起步的，这一点毋庸置疑。这种学科发展的背景就使得我国的教学论研究者从骨子里潜藏着一种"体系意识"。这种"体系意识"在一个学科建立之初有着至关重要的作用。但通过移植和借鉴所建立起来的教学论体系，是一个封闭的、远离本土教学实践的、纯粹理论演绎的、僵化的理论体系，这种教学论体系在我国是没有源头活水的。而这种理论框架一旦形成，就会产生一定的思维定式和排外性习惯，凡与这一理论框架的宗旨相悖的或不接近的，全部视为不合理。当前出现的和形成的新的教学问题，是很难完全纳入既成的知识和概念框架的，更不可能运用原有的理论体系来认识和解决。这并不是说原有的理论体系对研究、解决这些问题完全没有作用，相反，无论问题多么新颖和富有时代性，都必须借助某些现有的概念、范畴和知识体系，只是我们不能停留于此。第八次课程改革以来，课堂教学中出现的一系列新现象和新问题使许多一线教师感到迷惑不解，需要新的教学理论去解释。而事实是，新的教学理论没有应需而生，原有的理论又因无力解释而回避推诿，这时侯教学理论研究的作用难免令人质疑。在这样的情况下，再谈学科体系建设和理论研究也就得不到公众的认同、理解和支持，这也是人文社会科学长期遭到社会轻视的一个主要原因。关键在于我们不能从教学理论著作中和其他学科中寻找研究问题，如果教学论的研究问题是研究者坐在办公室里思考出来的，这种问题其实不需要解决，因为提问的时候已经有了答案，只是需要找一些理论依据而已，这种研究表面上看起来似乎很热闹，实质上是始终在一个圈子里打转，并不触及深层的、现实的教学实践问题。这种体系堡垒使得教学论面对课程改革中暴露出的教学实践问题力不从心，而课程改革以来教学实践活动中总结和提升出的合理成分又无法被科学地纳入既有的教学论框架中去。

(二) 我国的教学论研究受到了功利化的影响

功利化倾向是当前人文社会科学研究中或者是整个学术界普遍存在的一个问题。市场经济鼓励人们追求个人利益，这符合市场经济的要求，但是，在良好约束机制尚未建立的情况下，过分强调追求个人利益，容易导致浮躁和急功近利。近年来，学术界频频发生的弄虚作假、粗制滥造、抄袭剽窃等现象引起了广泛关注。我们认为，这种现象在很大程度上也是市场经济体制不完善在学术领域的表现。在利益的驱动下，相当一部分学者不能严格遵守学术规范，求数量而不重质量，注重论文发表而不关注现实问题的解决。究其深层次的原因，似乎也不能全怪研究者个人，因为现有的学术激励制度、成果评价体系过于急功近利，它侧重的并不完全是学术成果的质量和对现实问题的解决，其间隐含着许多来自学术外部的需要，同时我们还可以看到，这些评价制度有效执行的结果直接关系研究者自身生活境况的改善，正是在这一系列制度的非学术因素的影响下，学术研究被迫走向了功利化。就教学论学科来说，许多研究者并没有把教学理论研究作为一项严肃的科学活动，这个问题不仅出现在研读教学论的硕士、博士身上，一部分长期从事教学论研究的副教授、教授身上也存在类似的问题。他们常常无视或有意回避现实的教学问题，闭门造车；他们研究的目的不是解决实践中的教学问题，而是为了拿到学位、完成项目、获得津贴。当然，教学论研究的这种功利化行为与我国现行的学术评价制度有很大的关系。现行的学术成果评价制度没有为优秀研究成果的产生提供必要的政策保障，而在某种程度上可以说是制度阻碍了优秀成果的生成。要改变教学论研究的功利化倾向，首先必须变革现行的学术成果评价制度，为优秀成果的生成提供相应的制度支持，而不是对教学论研究者进行放弃物质享受、追求纯粹的学术理想等政治化说服。

一般来说，在学术研究中，与问题研究相对应的是体系建构。因此，很多人往往认为这二者是互不相容乃至对立的，即注重问题研究就意味着必须反对体系建构。这种现象首先出现在哲学领域。M. 怀特认为，“几乎20世纪的每一种重要的哲学运动都是以攻击那位思想庞杂而声名赫赫的19世纪的德国教授的观点开始的”[①]，这里的德国教授就是指哲学家黑格尔。黑格尔一向以其恢宏而庞大的体系著称，

① ［美］M. 怀特：《分析的时代——二十世纪的哲学家》，商务印书馆1981年版，第7页。

“他在自己的体系中以最宏伟的方式概括了哲学的全部发展”①。因此可以认为，对黑格尔的批判也就是对建构体系哲学的批判。这一批判的影响是如此之深远，以致它在相当程度上左右了中国学术界对体系的看法。我国许多学者甚至将“‘体系崇拜’视为理论界最大的障碍”②。这种一边倒的研究范式使得任何建构体系的尝试都被视为一种“不自量力”的狂妄和无知。事实上，从学科发展的角度来说，彻底否定体系既无必要，也不科学。我们批判和分析教学论体系构建中存在的隐忧，并不是要全盘否定在教学论学科建设过程中的种种尝试和探索，而是要提醒研究者注意这种研究方式对教学论学科发展和现实教学问题解决的弊端，强调我国目前教学论研究必须实现从体系构建向问题意识的转变，旨在传达这样一个立场：对教学论学科来说，关注现实的教学问题是这一学科研究获得发展和得到承认的突破口，而教学论学科体系的构建有赖于对具体教学实践问题的研究。总之，本土的教学实践永远是教学论发展的活水源头。

问题是研究的起点，也是学科持续发展的生长点。体系都是学科的体系，学科也都是面向问题的学科。任何学术研究都是对问题的研究，没有问题，也就没有学术研究。所以必须首先重视对学科理应关注的问题的研究，在此基础上进行体系构建，只有这样，才符合学科体系建立的逻辑。所谓问题研究，就是从本学科所关涉的实践问题出发，采用适合本学科的研究方法进行研究的一种研究类型。其目的不在于学科知识的积累和学科体系的建构，而在于深化对特定现实问题的认识，拓展解决现实问题的空间。这种研究有助于人们对该问题的了解、评价、判断和进一步的思考。对于教学论研究而言，忽视现实的教学问题、轻视不断变化的社会文化环境，无异于切断了它们发展的源头，它只能是无源之水、无本之木，其持续发展的生命力必将枯竭。从发生学的角度看，任何一个学科领域形成的初始原因都是现实中的种种问题和现象累积到一定程度并且出现了加以认识和解决的客

---

① ［德］恩格斯：《路德维希·费尔巴哈和德国古典哲学的终结》，人民出版社1993年版，第9页。

② 范景中等：《理想与偶像》，上海人民出版社1989年版，第24页。

观需要，而不是始于建立学科体系的需要。目前，教学论学科的状况之所以不尽如人意，一个内在的基本原因就是混淆了学科存在的原因、建设的意义、发展的必要与终极目标之间的逻辑关系，从而把教学论学科体系当成了研究的出发点和目的。

一个科学、合理的学科体系的建构是不可能仅靠“体系研究”而完成的，还必须关注具体的现实问题，但也不能只研究问题，不进行理论总结和提升，不关注学科体系的构建和完善。那样的话，我们就会被现象所牵制，成为具体微观问题的注释者。研究并解决问题是理论创新的动力源泉，教学论研究要寻求理论创新，必须强化问题研究意识，增强对现实教学问题的研究能力。对现实教学问题的研究还必须同时关注两个方面的问题：一是力所能及地引领教学的发展和解决现实中的教学实践问题；二是在此基础上进行理论生成和理论提升。这里所说的理论生成或者理论提升，指的是一种从微观的课堂教学个案出发，并在个案中进行概括和总结，最后达到更为广泛的解释和更为抽象的分析活动。至此，我们可以这样认为，所谓教学论研究就是一项在对具体教学问题研究的基础上形成新概念、新理论，同时又将这些新概念和新理论用来引领和指导后续教学活动的进一步研究的持续并不断循环的活动。我们将此称作“问题—体系”的研究路向。“问题—体系”的研究路向有利于推动教学论研究方法的多元化。研究方法的变革与创新往往是推动科学研究不断向前发展的重要动力。从当前的情况看，我国教学论研究的方法仍然比较单一，占统治地位的还是思辨法，很多学者认为这是导致我国教学论学科停滞不前的重要影响因素。在“问题—体系”研究模式下，由于“问题域”比较广泛，涉及的领域也相对较多，加之要真正探索教学现象背后的意义和价值，就必须在这个社会大背景下和教育与社会各方面的联系中去认识和研究教学实践，这必然要涉及众多学科知识的融入和众多研究方法的运用，从这个角度讲，“问题—体系”研究路径有利于推动教学论研究方法的多元化。

第二章　教学论研究的坚守

先圣法度，所宜坚守。

——《后汉书·李固传》

第一节　教学实践是一种创造性实践

教学实践是一种面向生命主体、体现生命意志、彰显生命本性、促进生命发展的实践，实践对象的多样性、可变性、复杂性和发展性等特点决定了教学实践不能简单地复制先前的实践目标、实践形式、实践方法和实践路径，而应根据实践对象的需求和外界的变化不断更新。这种更新不仅包括目标的调整、内容的整合、方法的调适、路径的革新，还包括实践主体——教师用以把握、描述、理解和建构教学活动的观念体系、逻辑形式、运作方式的与时俱进。

一　创造性实践的内涵及其特点

"人类的社会生活在本质上是实践的。"① "实践是主观见之于客观的能动的活动，是人类社会发展的普遍基础和动力，也是认识产生和发展的基础。"② 人类总是根据自身的需要和客体的规律，借助于自己的理性设定一定的目的（或蓝图），然后借助一定的物质力量，发挥自身的主观能动性去达到目的。主体的自身需要和客体的运行规律

① 俞吾金：《如何理解马克思的实践概念》，《哲学研究》2002 年第 11 期。

② 辞海编辑委员会：《辞海》，上海辞书出版社 1999 年版，第 2884 页。

是人类实践考量的两个基本要素。在实践的过程中，当主体根据自身的需要，按照客体“理应如此”的理想模型建构客体、实现自己目的的同时，客体也在按照自身的逻辑形式运行着。客体按照自身逻辑运行的过程又会给主体提出新的需要解决的矛盾。人类的实践活动就是在这种主观与客观、思维与存在相互作用、相互转化的过程中不断获得发展和更新。主观与客观、思维与存在的矛盾贯穿于一切形式的实践中，它是构成主体和客体关系的本质内容，正是这一矛盾推动了实践的发展，决定了这一发展的本质是主客观关系的不断自我调节和更新。

然而，在不同的实践中，这一矛盾的表现形式和解决程度会存在一定的差异，这种差异使实践呈现出创造性和重复性的区别。在实践中，这种区别主要表现在实践观念、实践方法、实践结果等方面。在创造性实践中，支配实践的观念和方法是未知的，它是在实践过程中逐渐被发现和发明的，实践结果和实践观念之间往往存在许多不一致之处。创造性实践的结果不仅改变原来的实践对象，而且改变原来的实践观念，形成新的知识。在重复性实践中，支配实践的观念和方法是已知的，它以一种完成了的形式先于实践过程而存在，实践结果和实践观念之间保持一致，很少有偏离，实践观念也基本保持不变。

什么是创造性实践？“创造性实践是指实践主体在理性思维的基础上所预设的新的目标或蓝图的指导下，在充分认识和遵循客体的特点和运行规律的基础上，突破以往的思维定式，打破传统实践的行为模式和规范，按照新的理念和手段变革和促进客体发展以达到理想目的的活动过程。”① 其特点主要表现在两个方面：一是创造性实践的实践观念、实践方法和实践过程具有明显的不确定性，不确定性是创造性实践进行的必要条件，也是创造性成果生成的充要条件；二是创造性实践的实践结果具有独创性、新颖性和发展性，这些特性是判断创造性实践的主要依据，也是创造性实践区别于重复性实践最主要的特征。

创造性实践这两个方面的特点相互联系、相互影响，共同诠释创

---

① 蔡英田：《创造性实践和重复性实践》，《吉林大学社会科学学报》1993 年第 2 期。

造性实践的内涵与价值。实践观念和方法的不确定性制约着实践结果的独创性、新颖性和发展性，而实践结果的独创性、新颖性和发展性则体现着实践观念和实践方法的不确定性。创造性实践是人类实践的高级形式，也是人类社会不断进步和发展的源泉，教育教学活动作为人类实践活动的高级形式理应具备创造性的特征。

二 重复性教学实践及其批判

重复性实践是一个与创造性实践相对应的概念，它是指在一定时期内，人类实践的深度、广度和结果大体保持在同一水平，依据大体相同的目的和实践程序，周而复始地重复生产着相同的结果，以满足层次相同的需求活动。① 重复性实践是实践的低级层次，与创造性实践相比，其特点也表现在两个方面：一是重复性实践观念和目标是确定的。重复性实践的观念，包括实践的方法、规则、程序等是事先严格规定并被检验过的。二是重复性实践的结果是重复的。在重复性实践中，主体的作用主要不是发现事物运动的新规律，制定改造客体的新方法，而是严格监视客体的变化，不折不扣地执行原来的计划和方案。② 作为实践观念的目的、计划、方案在重复性实践中具有决定性意义，它规约着“实践产品”的规格和质量，引导着实践结果的最终走向。

重复性教学实践是指教师在日常生活理论的影响下，在教学传统和惯习（或教学习性）的规约下，通过模仿和经验，日复一日、周而复始地重复进行教学的实践活动。重复性教学实践在现实教学活动中的表现，主要集中在教学准备的重复性、教学过程的程式性、教学结果的同质性三个方面。

（一）教学准备的重复性

教学准备包括拟定教学方案（确定教学目标、组织教学内容、选择教学方法、布置课堂作业等）、准备教学用具、选择教学场所几个

① 杨延浦：《论实践方式：创造性实践与重复性实践》，《中共天津市委党校学报》2000 年第 1 期。

② 蔡英田：《创造性实践和重复性实践》，《吉林大学社会科学学报》1993 年第 2 期。

方面。教学作为一种人为的、为人的实践活动，涉及的双方都是具有鲜活生命的个体，这就要求教学准备一定要充分关注变化了的或者正在变化着的学生群体、学校文化、社会文化以及教师自身的状况。然而，现实中许多教师面对这种现状时出现了两种倾向：一是没有能力关注这种变化。许多教师特别是新进教师仅仅处在熟悉教学流程的阶段，他们关注最多的是怎样才能完整地展现每一个教学环节，根本没有时间和精力顾及那些不断变化的影响教学质量、学生发展和自身专业发展的课堂因素。二是不愿意关注这种变化。一种有目的实践行为背后必然会有一套系统的知识基础存在。教师现有的知识影响、支配并已内化为教师的日常教育教学行为，因此要想让教师改变他们原有的教育教学行为，就必须让他们学习新的知识并将其内化为自己的行为，而这种改变对一部分教师来说是十分困难的。

事实上，很多教师都是凭借自己继承来的教学经验、教学习惯、教学常识拟定教学方案，有的教师直接借用教学参考书上的或者别人的教学方案。教师在教学惯习（或教学习性）的规约下，根据教案事先规定好的内容自在地与学生一起上演“教案剧”。教案就像写就的剧本，安排好了“局中人”的一切活动，课堂上师生之间、生生之间因思维碰撞而生成的智慧没有受到应有的重视。总之，重复性的教学准备因其忽视学生群体的差异性，简单套用固定程式而使课堂缺乏应有的张力，学生因被程式所束缚而无法实现个性发展，教师也因墨守成规而使自身的专业发展受到限制。

（二）教学过程的程式性

在日常教学思维的影响和制约下，教学过程正在蜕变成重复的、自在化的日常实践过程。“这个星期四与上个星期四或去年的某个星期四毫无区别。”① 教师在这种思维的规约下，日复一日、周而复始地重复进行着每天的教学生活，教师的每一堂课都可以换为相应一天的另一堂课。内容相同的课程，昨天的课堂与今天的课堂或者明天的课堂并没有实质性的差别。“教学过程的复杂性和丰富性消失殆尽了，没有了思想，没有了情感，没有了智慧，教学过程实际上只不过是不

① 衣俊卿：《现代化与日常生活批判》，人民出版社2005年版，第315页。

得不经过和履行的单一阶段和程序了，其本身似乎无足轻重。如此，日复一日，年复一年，在自觉或不自觉中，教学过程便程式化了。"[①] 程式化的教学过程使"教师的教学活动演变成一种自在化、无意识的适应性活动。各种固定的教学模式、教学技术宰制着教学生活实践，教师的实践智慧、教学生活的人文价值与人文意蕴逐渐消解，教师也缺乏生命激情与活力，缺少新奇感与敬畏感，难以真正体验到因从事教学生活而带来的欢乐与尊严"[②]。

诚然，程式化的教学过程可能很有效地达成了有限的、具体的、可操作的教学目标，但它同时也造成了教学活动的平面、线性、单调和贫乏。在这种教学过程中，师生双方主体性的发挥只能循规蹈矩，不敢或无力越雷池一步，实际上这样的主体性也就不成其为主体性了。教学成了"目中无人"的机械性活动，缺乏个性和生机。教师像工人一样按照设计好的程序，按部就班地生产着他们理想的产品。马克思曾说过这样一句非常深刻的话："一窝蜜蜂实质上只是一只蜜蜂，它们都生产同一种东西。"[③] 试想，如果一个民族的教学遵循的是程式化的同一过程，那么这个民族接受教育教学的人数再多，实质上也只是"一个人"，这样的民族必然缺乏创造能力，其未来自然令人担忧。

（三）教学结果的同质性

教学准备的重复性和教学过程的程式性必然导致教学结果的同质化。重复性教学实践实质上是在运用"传送带的原则，用批量生产的方法，把一年级的学生造就成中学毕业生，再把中学毕业生造就成大学生，儿童天资的不同水平被淹没在泥浆之中"。[④] 这样的教学"也许仍然能冒出一些天才，但他们绝不是这种教学本身所造就的，而仅仅是这种教学的'幸存者'"。[⑤] 在传送带模式下四处碰壁、艰难成长

---

① 徐继存：《教学技术化及其批判》，《教育理论与实践》2004 年第 2 期。

② 罗儒国：《日常化教学及其批判》，《南京师大学报》（社会科学版）2009 年第 3 期。

③ 《马克思恩格斯全集》（第 46 卷），人民出版社 1979 年版，第 46 页。

④ ［苏联］M. H. 斯卡特金：《现代教学论问题》，张天恩译，教育科学出版社 1982 年版，第 50 页。

⑤ ［美］菲利普·库姆斯：《世界教育危机》，赵宝恒等译，人民教育出版社 1990 年版，第 4 页。

的孩子痛恨这种无视多元、压抑个性的重复性教学实践，所以才会出现这样的场景：“当苏联话剧《聪明误》的一句道白‘学习——这是瘟疫’借演员之口讲出来时，全场响起了雷鸣般的掌声；当中国最年轻的摇滚乐队‘花儿’唱起《放学了》时，台下也齐声高呼‘放学了’。”①

教学本是开启人们通向光明前程的天堂之门的钥匙，然而，当下这种围绕分数进行的重复性教学实践，用分数把天真无邪的孩子分成三六九等，用分数来遮蔽学生的兴趣、压抑学生的个性，使学生厌倦蕴含许多奥秘的、有趣的知识世界，甚至厌倦人生，教学最终演化成了开启人们走向冷酷、进入无个性之荒野的黑暗之门。这种教学不仅扼杀了学生敏锐的洞察力、丰富的想象力，也使学生失去了正确的学习动机、浓厚的学习兴趣、热烈的学习情感和坚强的学习意志。长此以往，就导致课堂教学效率低下、教学质量不高、学生发展缓慢、教师专业成长滞后等问题。

三　教学实践是一种创造性实践

从一般意义上说，人的每一次实践活动都具有一定的创造性，因为实践活动都是通过能动的活动改变客体，以合目的性的实践成果来满足自身的需求。但是，由于受主客观条件的影响和制约，人类在一定时期的实践往往大体保持在一定的水平、范围和规模，由此形成了实践的相对稳定性，使实践的创造性本质在一定的水平上以重复的方式来表现。事实上，人类实践的重复性也是人类实践继承性特征的一种表现形式，也体现着实践“主观见之于客观”的实践过程，它把主体的目的通过能动活动作用于客体，变革客体的形式、结构和功能，以满足主体的需要。但就实践的方式来看，重复性实践仅仅局限于大体相同的目的性，按既定的程序和手段，在相对固定的对象范围内去模仿和重复先前已有的或别人曾进行过的实践，它对以往的实践既没有突破和提升，也不产生具有新质的事物。教学实践作为人类特殊的实践形式，其实践对象在本质上是多样的、可变的、发展的，他不可

① 裴娣娜：《现代教学论》（第二卷），人民教育出版社2005年版，第326页。

能像动物一样，在消极、被动的适应性行为中得到本能式的满足，他能够自觉意识到自己的需要，而且能够能动地开拓和发展出新的需要。这就决定了教学实践必须随着实践对象的需要和外界的变化而不断更新，也决定了教学实践应该是且只能是一种创造性实践。

（一）实践对象的复杂性

教学实践的对象是具有多样性、可变性和发展性的人，而不是属于自然规定的，具有前定性、普适性和凝固性的物。对于个体的物来说，这种规定是给予的，只能现成地接受，不能自行改变，而且其种性普遍存在于个体身上，为一切个体所共有，不同个体是同质存在的，彼此间不会有根本的差异。然而人跨越了自然“物”的规定，“人的本质并不是给予的，不是前定的，也不是固定不变的，而是处于历史变化的‘自我规定’中”①。马克思从人的主体性向度揭示了人是“为自身而存在着的存在物”。② 与其他自然物不同的是，人除了自身的恒定性、确定性，即“是其所是”，人还在寻求自身的“是其所应是”。人能按自己的需要，通过对象性的活动，去超越各种被给定的对象性关系，去打破那种预成的、宿命的生存方式，去实现其所“应是”的目的。人虽然也是自然与历史的一部分，具有自然与历史所赋予的给定性，但人之为人最主要的是人能通过自身的自由自觉的实践活动，不断超越这种给定性与自在性，扬弃其自身的现存状态。③

教学实践的对象——学生是复杂的，他们带着习惯、经验、情感、思想，富有个性、充满幻想地走进实践场域，而不是将头脑中原有的东西“格式化”后“整整齐齐”、毫无反思地“驶入”实践场域。况且学生也有认识自我、认识他人和周围世界的内在需要，忽视了这一点，忽视了对其进行“可能性筹划”，学生只能做缺乏生机的聆听者，始终沉浸于对他人、对世界甚至对自身未知的莫名恐惧与焦虑中。久而久之，学生将失去思考的热情和活力，更谈不上“灵魂转

① 高清海：《找回失去的“哲学自我”》，北京师范大学出版社2004年版，第242页。

② 《马克思恩格斯全集》（第42卷），人民出版社1995年版，第169页。

③ 鲁洁：《实然与应然两重性：教育学的一种人性假设》，《华东师范大学学报》（教育科学版）1998年第4期。

向”。创造性教学实践应正视教学实践对象的复杂性，以尊重师生生命的整体存在为前提（这里的生命不是某种虚幻的、固定不变的人的生命，也不是抽象的人的生命，而是指处在现实中的、动态发展的、活生生的、具体的人的生命），以师生共同“在场”进行积极体验与感悟为手段，引导和促进他们最大限度地获得发展。

（二）实践目的的过程性

教学实践不是以活动以外的目的为依据的，而是以活动的自足和自我实现为目的的，这种以自足和自我实现为目的的实践活动，蕴含着许多创造性的活动内容和尊重差异、彰显个性的活动形式。虽然随着人类认识的不断提高和经济文化的不断发展，教学实践的目的也发生了很大的变化，较之古代的教学实践，现代教学实践的内容和形式更加复杂多样，多维发展性成为现代教学实践最主要的特征。“一方面，从培养对象来说，现代教学扩大了学生人群，并且形成了不同的培养方向，既要培养高层次的精英人才，又要实施旨在提高劳动者基本文化素质的大众教育。另一方面，从人的素质结构来看，现代教学关注的领域更加广泛，强调在发展理性能力的基础上，全面提高人的道德修养、智慧水平、身体素质、审美情操和劳动能力。”①

然而，无论是古代教学实践、现代教学实践还是未来教学实践，其实践的目的都是希望实践对象在多种因素的作用下，身心都得到应有的发展。教学过程是一个动态发展的过程，这个过程在不断接受和化解内外矛盾中达到新的状态，获得新的发展；教学过程也是一个关注意义的创造过程，然而意义不是由主体对客体的认识产生的，而是在参与体验和公共性对话中自然生成的。以过程本身为目的的创造性教学实践超越了分数至上的教学目的对过程的束缚，以流变的教学过程为中心，为师生创造性的发展提供了无限可能的空间。

（三）实践方案的调适性

一般来说，人的实践活动都不是盲目的，而是有目的、有意识的自觉活动。教学实践作为一种人为的、为人的实践，虽然我们可以从宏观上认为它的目的是让学生在每个阶段都获得应有的发展，然而，

① 裴娣娜：《现代教学论》（第一卷），人民教育出版社 2005 年版，第 162 页。

学生的个性千差万别，究竟哪些学生在哪些方面，在多大程度上获得发展，我们不能用一个标准去衡量，只能根据学生的发展状态随时调整实践方案。因此，我们认为，教学实践方案具有预设和生成的双重特性，需要根据变化了的和正在变化的实践对象和实践情境及时调整，而不是前定的、凝固不变的。教师应在师生互动的过程中，根据互动的状态及时调整教学思路和教学行为。

教学实践前，教师要在综合分析教学实践对象的基础上，依据教学实践对象的个性特征，在理论的指导下预测性地设计实践的过程和结果，这个预案对于实践有一定的导向作用，但不会限定实践的最终走向。因为每个教学实践的对象在与具体教学情境的种种际遇中会产生新的个性化表现，教学实践应根据变化了的实践对象和其表现出的新的个性特征及时调整实践方案。在不同外界因素的不断刺激下，实践对象会不断显示出新的个性倾向性。教学实践需要有预设的方案，但不断变化的实践对象更需要教师智慧地不断调适实践方案与实践对象的动态关系。因此，教学实践的方案应该是一种“虽有框架却又非凝固化的、善于捕捉变革中涌现出的事物、敏锐判断其具有的整体性价值，进而修正原有理论框架的能力”① 的方案。这是一种关注教学实践对象主体性及其最优发展、不断彰显教学实践对象生命意义和价值、兼有预设与生成双重属性的动态方案。

（四）实践内容的开放性

在主客对立思维的支配下，人们把自身之外的他者视为自己实现目的的手段，认为教学的目的就是为了让学生掌握知识，进而认识世界或者能动地改造世界。在这种认识的影响下，教师、教学内容和学生是相互对立的状态，师生之间因为思维碰撞而生成的智慧和情感被“悬置”，掌握知识变成教学的唯一目的。而在创造性教学实践中，师生不再把知识作为教学的唯一目的，不只以认识的方式参与教学，还以体验和批判的态度介入教学，达到学生、教学内容和教师三者之间的对话和交融。创造性教学实践也将作为教学实践内容的课程界定为

① 叶澜：《思维在断裂处穿行——教育理论与教育实践关系的再寻找》，《中国教育学刊》2001 年第 4 期。

一种相对比较科学的教学和学习材料，而不是教学实践内容的全部，并且认为课程的学习也是一个主动建构的过程，而不是简单的“授—受”过程。后现代主义课程观的主要代表小威廉姆·E. 多尔提出的“4R”教学原理即丰富性（Richness）、循环性（Re-cursion）、关系性（Relations）、严密性（Rigor）就是这种主张的典型。①

多尔认为，课程是通过参与者的行为和交互方式生成的，而不是通过教学计划预先设计的。教学内容也不是一成不变的，而是生成的。“教学内容在宏观方面据社会历史变化及人的认识水平不断提高而变化。在微观方面，具体到每一堂课，教学内容不可能完全镜像式地反映在学生大脑中，它必定要与个体自身经验、经历相结合，生成新的知识，在这一过程中，一些必然与偶然、理性和非理性的因素加入进来。”② 创造性教学实践要求选择教学内容的过程不仅要考虑人类文化的传承性问题，将人类文化的精华纳入其中，还要考虑人类文化的创造性和学习者的发展性问题，为优秀文化进入教学视域提供合理空间，这样才能使人类文化既得到传承又获得创新，也才能使学习者既熟悉了过去，又为他们创造未来提供无限可能的空间。

（五）实践方法的多元性

实践方法是由实践目的和实践对象的特征决定的。生产实践对象的前定性和凝固性的特点决定了生产实践的方法是预设的、前定的。生产实践有明确的起点、确定的方向、统一的方法，它是线性的、程式化的。而教学实践不仅要面对具有鲜明个性特征的实践对象，还要面对混沌的、复杂的、不确定的、紧迫的实践情境，没有可以预知的明确结果，也没有一种固定的指导原则，既没有确定的起点、终点，也没有可供复制的中间途径，它是复杂、流动的、易变的。教学实践对象和实践情境的流动性和易变性的特征，决定了教学实践的方法也是多元的。“教学有法，但无定法”是对教学实践方法特征的最好诠释。倘若教学实践的方法和生产实践的方法一样也是给定的、凝固的

---

① ［美］小威廉姆·E. 多尔：《后现代课程观》，王红宇译，教育科学出版社 2000 年版，第 250 页。

② 王鉴：《课堂研究概论》，人民教育出版社 2008 年版，第 316 页。

和确定的话，教学实践过程就会出现无视实践对象和情境的变化，用一种方法应对全部教学事件的现象，同时也会导致教学实践对象表现出工具色彩浓厚、人文关怀缺失等问题。教学实践在目标上的多样性和个性化、在内容上的丰富性和选择性，必然要求教学方法具备自主、探究、合作和体验等方面的特点。尊重差异、鼓励多元、倡导创造、突出关爱、主张平等，应该成为这一教学实践方法的方法论原则。

教学实践过去是、今天是、未来依然是教育实践活动的基本构成部分，肩负着传递知识、增强能力、启迪心智、培养感情的重要使命。“课堂教学空间不仅具有物质特征，还彰显着生命气息。”① 这就要求我们不仅要深刻认识教学实践有别于其他实践的特殊性，还应正视教学实践的特征，尊重教学实践规则，根据教学实践的这种特殊性调整以往教学实践的目标、内容、方法等方面存在的问题，还教学实践本来的面目，使教学实践能够更好地促进学生的发展和教师的专业成长。

教学实践应该是而且只能是一种创造性实践，这一命题使教学从其内在的、深层的精神方面摆脱了主客对立的状态，消解了主客对立的争论，转而寻求一种生命的表达、一种主体的呼唤、一种意义的阐释、一种价值的建构，成为一种处处体现尊重差异、张扬个性、关爱生命的多元范畴体系，为师生的成长提供了各种可能的空间。

第二节　教学论研究的理论自信及实现路径

我国教学论自 1981 年成为教育学中一门独立的二级学科以来，历经四十多年的发展，研究队伍空前壮大、研究领域不断拓展、研究成果极大丰富。按常理，随着自身的发展和日臻完善，教学论学科在面临教学理论和实践问题时理应显得更为坚毅自信。然而，我们发现教学论学科所谓的繁荣和丰富实质上是一种“低俗的繁荣”和“贫

① 徐冰鸥：《课堂空间精神性探寻》，《西北师大学报》（社会科学版）2013 年第 2 期。

乏的丰富”①，这种“低俗的繁荣”和“贫乏的丰富”当然不可能带来教学论学科威信的提升，教学论依然面临着一些学科科学性的危机和来自实践的质疑。究竟是什么原因导致教学论研究“繁荣”和“丰富”的背后仍然面临危机和质疑呢？教学论研究主体对其所从事的教学理论研究和教学实践研究缺乏应有的自信是造成这种尴尬局面的原因之一。

一　教学论研究的理论自信的含义

何为“理论自信”？理论自信是理论主体对自身以及自身研究的一种反思性认识。具体来说，“理论自信是指理论主体对自身的一种自觉的积极的肯定性评价，包括对其真理性的评价和价值性的评价两个方面。真理性评价强调的是理论的正确性问题，价值性评价强调的是理论的有用性问题。理论主体既包括理论本身，也包括建构并应用理论的人”②。

什么是教学论研究的理论自信？教学论研究的理论自信主要指建构并应用教学理论的人，即教学论研究者对其进行的研究问题、方法、过程、结论以及研究结论的实践效果的积极的肯定性评价。这种积极的肯定性评价也包括真理性评价和价值性评价两个部分。教学论研究的理论自信强调的是教学论研究主体对其所从事的教学理论研究和教学实践研究应有一定的专业自信，包括确定研究问题的真实性、选择研究方法的合理性、执行研究过程的规范性、得出研究结论的科学性以及所得出的研究结论对于我国教学理论发展和教学实践改善的建设性等几个方面。进一步理解教学论研究的理论自信的内涵，需要把握理论自信所强调的两种评价。一种是关于教学论研究的真理性评价。教学论研究的理论自信强调的首要问题是教学论研究者所研究的理论与它所反映的客观教学现象或问题之间相符情况，也就是说教学论研究者的研究结论是否客观地反映了中国教学理论和教学实践存在

① 张广君：《教学论研究和发展的困境、盲点和误区》，《教育研究》1998 年第 11 期。

② 田心铭：《论马克思主义的理论自觉和理论自信》，《马克思主义研究》2012 年第 10 期。

的问题。另一种是关于教学论研究的价值性评价。教学论研究的理论自信不仅强调教学论研究成果的正确性和科学性，还强调研究成果对于教学理论发展和教学实践改善的建设性。我国教学论研究的价值性评价是指教学论研究者所取得的研究成果对中国教学论学科的发展、对于中国教学理论的完善、对于中国教学实践的改善是否有利？在多大程度上有利？另外，教学论研究的理论自信还要求教学论研究者要有强烈的专业情感，即专业认同感和责任意识。专业情感强调教学论研究者应把教学论研究当作一种精神上的志业，自觉遵守各种学科规范。责任意识要求教学论研究者要站在学术研究的立场，通过科学的研究方法不断探求科学真理，将教学论研究不仅看作是自我思想的表达，而且要看作是一种自我批判和自我完善的过程。

二　教学论研究的理论自信的内容

如前所述，教学论研究的理论自信指的是教学论研究主体对自己所进行的研究的一种肯定性评价。从主体存在的状态看，主要包括个体主体和集团主体两种类型，教学论研究的理论自信的主体也包括个体主体的理论自信和集团主体的理论自信两个方面。个体主体的理论自信程度决定着集团主体理论自信的程度，集团主体的理论自信状态及方式对个体主体的理论自信有一定的导向作用。本研究认为，教学论研究的理论自信的主体应该包括从事教学论研究的个人和整个教学论研究的团队两个方面。教学论研究的理论自信实质上是教学论研究者个人和整个教学论研究队伍在从事教学理论和实践研究过程中，对自己所确定的研究问题的真实性、选择研究方法的合理性、执行研究过程的规范性、得出研究结论的科学性以及所得出的研究结果对教学理论发展和教学实践改善应有的专业自信，体现的是教学论研究者个人和整个教学论研究队伍之于教学论研究和中国教学论学科发展的一种本土意识、本土情怀和本土责任。其内容主要包括以下四个方面。

一是对研究问题自信。对研究问题自信要求教学论研究者对自己所研究的问题应持一种积极的肯定性评价。这种积极的肯定性评价主要表现在对自己所研究的问题本身对教学理论发展与教学实践改善的价值和个人驾驭问题的能力两个方面。有些问题在中国的教学理论和教学实践发展表现得比较突出，亟待研究，但研究者个人的能力不足，驾驭不了这类问题，这类问题就不会使研究者感到自信；有些问题虽然研究者觉得自己研究起来游刃有余，但这个问题是一个不证自明的或常识性的问题，这类问题也不会使研究者感到自信。也就是说，只有那些既符合社会需求，又符合个人能力的问题才会成为研究者感到自信的问题。

二是对研究方法自信。对研究方法自信强调教学论研究者对自己所选择的研究方法的认可和笃信。这种认可和笃信表现在教学论研究者是基于问题的性质和类型去选择研究方法，而不是看哪种方法“时尚”就选择哪种方法。我国教学论研究长期以来一直存在方法选择和应用上的“跟风”现象。过去我们批评无视教育教学实践、空中楼阁式的思辨研究，提倡解决实践问题的实证研究，结果大家一哄而上，迷信问卷调查和统计软件，一大堆数字后面跟了几条常识性的结论和对策建议。近年来，我们发现许多实证研究压抑了研究对象个体的声音，于是叙事研究跑步进入了我们的研究视域，且形成了独霸整个研究方法之势，似乎一夜之间其他研究方法都变得一无是处。这种研究方法引导研究问题的研究形式，无论从逻辑上来看还是从实践效果来看都是十分荒谬的。只有基于问题性质和类型的研究方法才能更好地促进研究，也才能获得较为科学的研究结论。

三是对研究过程自信。研究过程自信是针对一部分研究的研究过程“虚假”或“虚无”而言的。当前部分教学论研究者只去过一两所学校，听过一两节课，就得出我国某类学校教育存在的诸多问题并提出了一些大而空的策略建议。这种研究过程是一种“虚拟”或“炮制”的研究过程。它的研究结论当然值得怀疑且对实践的发展有一定的误导性。研究过程自信要求教学论研究者对自己所开展的研究的每一个环节的真实性和规范性都持一种积极的肯定性评价。也就是说教学论研究者对自己所开展的研究在哪个地区进行，在哪些群体进行以及用什么方法进行等问题不仅能够说清楚，而且能够客观判断它的优势和局限。

四是对研究结论自信。研究问题的自信、研究方法的自信、研究过程的自信必然导致研究结论的自信。研究结论的自信要求教学论研究者对自己研究结论的客观性、科学性以及研究结论对本土教学理论的发展、本土教学实践的改善乃至对凝聚中国元素、具有世界眼光的中国特色的教学论的生成持一种肯定的态度。也就是说，教学论研究者应该能够理直气壮地告诉同人，我是怎样确定研究问题、怎样选择研究方法、怎样展开研究过程、最后得出一个能自圆其说的客观结论的，即使这个研究结论是错误的也是有价值的，对于教学理论的发展和教学论学科的发展来说，这种错误的研究结论依然是建设性的。

三 我国教学论研究为什么要强调“理论自信”

对自己的研究“不自信”是我国教学论研究中长期存在的一个问题。这个问题不仅影响了我国教学论学科的发展，也影响了我国教学实践的改善和教师专业的成长，还影响了我国教学论学科在世界课程与教学论领域的话语权。其主要表现在以下两个方面。

一是我国教学论对异域研究活跃，对本土研究不足。纵观我国教学论学科的发展历史，我们发现，理论研究的“移植”现象伴随着我国教学论发展始终。大多数教学论研究者对这种现象都深恶痛绝、不断批判，在改革开放三十年的回顾中，许多学者更是集中对这种现象进行了深入的反思和批判。虽然近年来这种纯粹“移植”的现象有所“收敛”，但没有发生根本的改观。有学者统计发现，近三十年来我国教学论领域“对国外教学理论研究比较活跃，三十年来刊发的相关文章多达117篇，占总数的9.6%，且大多数文章过多注重简单的直线的移植和引进，缺乏结合我国教学改革实践的重新构建。相比之下，关于我国传统教学理论研究的文章数量则比较少，仅占总数的3.4%”。①“毫不夸张地说，无论基本概念，还是话语表达，当今我国的教学论都没有很好地体现中国特色。”② 教学论作为“舶来品”的历史渊源注定了我国教学论中借鉴研究的必然性，况且这种借鉴研究的确在短期内缩短了我国与西方国家教育理论的研究水平，促进了我国教学论

① 苏丹兰：《我国教学理论研究主题的变迁：特点、问题与前瞻：基于1981—2012年实证研究》，《课程·教材·教法》2013年第3期。

② 容中逵：《教学论学科发展的尴尬境遇及其生存之道》，《课程·教材·教法》2012年第7期。

的发展。然而，如果这种借鉴变成了“毫无反思和批判地接受和移用国外的概念或理论框架”，[①] 就会影响我国教学论的发展方向和路径。我们强调教学论研究的理论自信不是不要借鉴异域先进的教学理论，而是要以一种开放的、自由的心态批判地吸取异域先进理论。但我们必须清醒地认识到，西方理论是以西方人特有的生命形态和生存经验为基础的，它的问题意识和思想旨趣基本上生成于西方人特有的生命历程之中，我们不可能期望让他们代替我们去理解、反思我们自己的生命境遇和生存意义，仰仗他们的理论解决中国教学理论与教学实践的问题。因此，我们应结合本土的实际，理性辨识和引鉴异域的“先进理论”。

二是我国教学论研究中的“跟风”和“追新”现象明显。“跟风”和“追新”现象在当前我国教学论研究中也表现得较为突出，主要表现在两个方面。第一，理论和方法的借鉴方面。今天，系统论出来了，教学就变成了工程、系统工程；明天，电子计算机科学大发展，教学又变成只是信息加工和改造的活动；[②] 后天，“生活世界理论”成为显学，教学又要回归生活世界。教学论变成了其他学科理论的“销售市场”和“试验场”。诚然，教学活动作为面向生命主体、体现生命意志、促进生命发展的一项实践活动，与其他人文社会科学都有千丝万缕的联系，教学论应该理性借鉴其他学科的研究成果。在过去的一段时间，教学论在借鉴其他学科的理论和方法方面取得了不少成果，促进了教学论学科的发展。但借鉴不是“生硬地套用其他学科的理论与方法来说明教学问题，不是把其他学科的概念、术语、原理、研究方法等填塞到教学理论中进行简单的组合”[③]。这种简单的组合不可能为教学问题提供具有启示性的解决思路，对教学理论的丰富和完善也无真正意义上的贡献。更为重要的是，理论学习者从这种简单组合、生搬硬套的研究结论中不仅没有获得对教学及其相互关系的更加清晰的认识和理解，反而因为其论述的云里雾里使读者更加迷

① 安富海：《教学论研究者为什么“走不下去”》，《课程·教材·教法》2012 年第 7 期。

② 王策三：《教育论集》，人民教育出版社 2002 年版，第 368 页。

③ 辛继湘：《教学论研究：理论自觉与实践情怀》，《课程·教材·教法》2012 年第 9 期。

茫。其他学科的理论和方法固然五彩斑斓，但它们是基于自己学科的研究对象和研究问题而沉淀下来的，对中国教学论的发展永远是“砥石”的意义，而非“刀”的价值。第二，研究方式的选择方面。在研究方式的选择方面，我国教学论研究者的“跟风”和“追新”现象也比较明显。由于对自己研究方式选择的“合理性”或“恰当性”不自知，也不自信，所以看“圈里”有名的学者选择什么研究方式，自己就不顾能力所限，硬着头皮去模仿人家的研究方式。众所周知，教学论领域向来重视理论研究，轻视实践研究，这与我国的教学论是作为“舶来品”的出身有关，我国人文社会科学研究的传统对此也有一定的影响。许多学者也从各个角度对此进行了不同程度的批判，批判的目的是提醒学者们不仅要重视理论研究，也要重视提升理论研究的层次，更要重视基于问题解决和教学改革的实践研究，而不是让大家只重视实践研究，忽视理论研究。然而，第八次课程改革以来，在关注实践、研究实践的号召下，许多研究者争先恐后地跳进了实践。一时间，关于教学实践的“研究成果”成倍增加。然而，十年过去了，这些“低俗的繁荣”和“贫乏的丰富”的教学论研究虽不能说对中国教学实践的改进和教学理论的发展没有起到多少促进作用，但至少可以说作用不大，究其原因，这些研究是一种立论前提遗忘和理论指导缺失的自说自话式的研究，研究者凭借自己的经验或个人主观意志去判断教学实践的问题，经常会得出一些被一线教师称之为“正确的废话”的研究结论。这种研究结论当然不可能对教学实践的改进和教学理论的发展产生建设性的意义。另外，随着叙事研究的价值在教育研究领域的彰显，许多教学论研究者又迅速“转行”，开始运用叙事研究的方法研究教学论问题，但由于他们对教育叙事研究的内涵和方法理解不深，“将教育叙事等同于教育叙事研究，把纯粹的讲故事等同于做研究”①。于是教学论领域又出现了五彩缤纷、乱象丛生的讲故事式的叙事研究。还有一部分研究者以政策导向为研究视角，以政策强调的话题为研究对象和内容，转化方式地进行“赞扬”，这种

① 张琼、张广君：《教育叙事研究在中国：成就、问题、影响与突破》，《高等教育研究》2012 年第 4 期。

“注脚”式、“宣传”式的政策研究在教学论研究中也占有一定的数量。

四　教学论研究的理论自信的实现路径

理论自信问题绝不是一个从逻辑到逻辑、从概念到概念的纯粹学理问题，而是一个关乎中国特色教学理论生成和教学论学科持续发展的重大实践问题。理论自信也不能仅仅停留在理性的思考和良好愿望的层面上，而是需要教学论研究的主体守持专业信念，履行专业责任，从研究问题的确定、研究方法的选择、研究过程的展开，研究结论的呈现四个方面增强自己研究的理论自信，以便改善我国教学论长期存在的理论层次不高、实践解释乏力等问题。

（一）根据理论与实践发展的需要和个人的能力确定研究问题

当前我国教学论的理论和实践都面临着许多亟待解决的问题。但作为研究者来说，不是所有的问题都适合自己，也不是看哪些问题“时尚”就去追随，而是要选择适合自己的“真”问题。哪些问题是适合自己的“真”问题呢？吴康宁从理论发展与教育实践改善的需要程度、研究者本人研究的欲望和热情两个维度将研究问题分为“异己的问题”“私己的问题”“炮制的问题”“联通的问题”四种类型。他认为真正适合自己的“真”问题应该是一个“联通的问题”，而不是“异己的问题”“私己的问题”“炮制的问题”。“联通的问题”不论对于教育理论的发展和教育实践的改善来说，还是对于研究者自身的发展来说，都是一个“真”问题。[①] 强调教学论研究问题的确定一定要将理论与实践发展的需要考量在内，这一点不难理解，需要说明的是也必须将研究者个人的欲望、兴趣和能力考虑在内。对于一个有着强烈的专业信念和专业责任感的研究者来说，研究是研究者生命运动一种形式，体现和承载着自己对生命、生活以及自己所从事的研究事业的认识和理解。“如果研究者选择的问题与既有经验之间缺少任何关联的问题乃是‘无根’的问题，研究者不可能对‘无根’的问题做出‘合情的’解答；如果研究者选择的问题超出自己的能力范围，

① 吴康宁：《教育研究应该研究什么样的“问题”》，《教育研究》2002 年第 11 期。

这就逼得研究者不得不说大话、说假话、说空话。”① 因此，教学论研究者只有在充分考量理论与实践发展和个人能力的基础上确定的研究问题，才有可能产生真正有知识增量意义的研究成果。

（二）根据研究问题和个人专长选择恰当的研究方法

问题的性质决定研究方法的选择，方法的合理运用会促进人们对问题深入的思考，这本是一个常识性的问题。然而，教学论研究依然需要浓墨重彩地强调。如前所述，方法意识淡薄、方法应用中的“趋新”“跟风”现象在我国当前教学论研究中表现的比较突出。不是根据研究问题的性质、类型、特点，而是看哪种研究方法“流行”就选择哪种研究方法的研究者大有人在。就教学论学科来说，有些问题既是一个理论问题，也是一个实践问题，既需要理论的引领，也需要实践的反思；既需要理论研究，也需要实践研究。当然，理论研究和实践研究的方法多种多样，如大班额下的合作学习问题，既可以运用思辨的方法借助其他学科的理论从理论上探讨大班额下合作学习的含义、类型、特点等问题，也可以深入实践运用调查研究的方法探索大班额下合作学习的实施方式（这种实践探索也应是在一定理论指导下的实践研究）和影响因素，还可以运用比较研究的方法探索不同国家、地区、学校大班额下合作学习的差异及其原因，等等。一个问题有多种研究方法，只有那种既切合问题性质，又在能力范围内的问题才是研究者应该选择的方法。

（三）在真实的“场域”中规范地开展研究

如前所述，我国当前一些教学论研究是在“虚拟”的、“炮制”的过程中进行的，最后东拼西凑地得出一些常识性的或不知所云的结论。这种“虚拟”和“炮制”研究过程因其省时省力而受到一部分急于求成的研究者的青睐，这种“炮制”研究过程、捏造研究数据的行为应该说是科学研究的大忌。但凡在研究中取得巨大成就的学者，如钱学森、费孝通等科学和人文领域的大家之所以能取得巨大的研究成就，除了自身深厚的理论积淀和睿智的研究视角以外，在真实的“场域”中，运用科学的方法规范地开展研究无不是他们取得巨大成

① 吴康宁：《教育研究应该研究什么样的“问题”》，《教育研究》2002 年第 11 期。

就的一个重要原因。诚然，在真实的“场域”中规范地开展研究比在“虚拟”的和“炮制”的“场域”进行东拼西凑要艰辛得多，但这种艰辛是有价值的科学研究产生的必经之路。因此，教学论研究一定要在真实的“场域”中规范地开展研究。这里的真实“场域”，包括“真实的教学实践”和“真实的理论文献”两部分。如研究教学实践或进行基于教学实践的理论研究一定要在上位理论的指导下深入实践开展研究；研究异域的教学理论一定要获得其产生、发展及在本土的实践价值的一手资料，等等。只有在真实的“场域”中规范地开展教学论研究，才有可能获得关于教学理论和教学实践的本真的认识。

（四）客观地呈现属于自己的研究结论

众所周知，只有在“真”的研究问题、恰当的研究方法和规范的研究过程都具备的条件下才可能产生出有理有据、规范科学的研究结论。这种研究结论即使招来批判，也是值得对教学理论发展和教学实践的改善以及教学论学科的发展有建设性意义的，这种研究结论才能成为后来者“接着说”的基础和依据。当然，作为一项能够给研究者本人和整个学科带来自信的研究结论也应力所能及地呈现科学的研究结论。什么是科学的研究结论呢？对于教学论研究来说，科学的研究结论就是能够引领教学实践和改善教学实践进而促进教学理论发展的研究结论。马克思在《关于费尔巴哈的提纲》中对此进行了深刻的论述：“人的思维是否具有客观的真理性，这不是一个理论的问题，而是一个实践的问题。人应该在实践中证明自己思维的真理性，即自己思维的现实性和力量，自己思维的此岸性。”① 也就是说，我们的研究是否有价值或在多大程度上有价值，只有放在教学实践中才准确地判断，而且这种基于实践的价值判断不仅符合认识论的原理，也已得到大家的认同和肯定。

第三节 教学论研究的理论自觉及实现路径

构建中国特色的教学理论和教学论学科体系，使中国教学论走向

① 马克思：《马克思恩格斯文集》第一卷，人民出版社 2009 年版，第 500 页。

世界并促进世界课程与教学理论的发展，是数代中国教学论研究者的共同理想。然而，从现实情况来看，我国教学论无论在引领本土教学实践、解决教学实践问题方面，还是在凝练教学论的中国元素、寻找具有世界意义的中国教学论思想和思维方式等方面都还有很长的路要走。当前我国教学论研究主要存在两种趋势：一种是运用思辨的方法，以“学科应该怎么样”为研究目标，得出一些常识性的结论。这种以寻求“应然”为目的的话语方式和思考方式虽然能给教学论研究者和学习者带来更多的使命感，但同时也使许多研究者被“学科”这个虚设场景所吸引，疏于对“实然”状况的关注。另一种是运用调查研究的方法走进课堂开展研究，通过对材料的简单分析，得出一些不痛不痒的策略建议。客观地说，这两种研究都未能生产出真正有知识增量意义的教学理论知识，因为这两种研究的结论都带有很强的主观臆断色彩，缺乏应有的立论前提。本研究认为，造成这种结果的主要原因是我国教学论研究理论自觉缺失。究竟什么是教学论研究的理论自觉，教学论研究为什么要强调理论自觉以及怎样实现教学论研究的理论自觉？本节尝试对这些问题进行初步探索。

一　什么是教学论研究的理论自觉

（一）教学论研究的理论自觉的内涵

何谓理论自觉？理论自觉并不是一个新生的学术术语，在以大量引进西学和以启蒙为主题的20世纪80年代，整个中国哲学社会科学研究就已经意识到并相继提出了西学引鉴中的理论自主性问题，但此时的理论自觉还仅停留于政治话语层面。“20世纪90年代，中国学术界明确提出了中国哲学社会科学研究的理论自觉问题，且开启了一些新的研究领域并有相应的理论建树，但在随后掀起的人文社会科学建设潮流中，理论自觉问题则延宕为次要问题，甚至转化为近乎空洞的理论体系或‘××学’的建构。”[①] 进入21世纪，一些人文社会学科领域如哲学、社会学、教育学等再次提出了学科发展中的理论自觉问题，但真正对理论自觉问题进行深入阐释的要数郑杭生教授，他根

① 邹诗鹏：《理论自觉与当今中国哲学社会科学研究》，《学术月刊》2011年第6期。

据费孝通先生的“文化自觉”理论，针对中国社会学研究中存在的问题对“理论自觉”这一概念进行了深刻论述。他认为，“社会学的理论自觉是指从事社会学研究的人对其所教学和研究的社会学理论要有‘自知之明’，即要明白它们的来历、形成过程、所具有的特色和发展趋向，分清哪些是我们创造的，哪些是汲取西方的”①。理论自觉是文化自觉的一种形式，“自知之明”是“文化自觉”和“理论自觉”的核心概念。

什么是教学论研究的理论自觉？教学论研究的理论自觉是指教学论研究者对其所学习、运用和研究的理论应有“自知之明”，即时刻要清醒自己所学习、运用和研究的理论是谁的理论，它是怎么形成的，所具有的特色和发展趋向是什么，学习和研究这些理论对本土教学理论的发展和教学实践的改善有什么样的价值和意义，也要时刻意识到我研究的实践是谁的实践，我研究的实践是在谁的理论指导下进行的，也还要时刻提醒自己，我作为教学理论知识的生产者，为谁生产知识，为什么要生产这些知识以及为什么要用这种方式生产知识等。理解教学论研究的理论自觉的内涵，需要把握它所强调的几个关键问题。

第一，深刻认识自己的理论传统。教学论研究的理论自觉首先强调要深刻认识自己的理论传统，包括我国的教学理论传统以及与教学理论相关的其他理论传统。认识自己理论传统的目的是要告诉自己，我们的教学论研究“接着说”的基础是什么，也即我们的教学论研究是在什么样的基础上和理论背景下进行的。只有深刻认识我们的理论传统，才会对我国当前教学论研究进行必要的反思和批判，进而促进教学理论和教学论学科的发展。

第二，深入了解自己的教学实践。教学论是人们基于实践，在人类思维领域构建的理论体系。因此，进行教学论研究必须充分关注自己的教学实践，不仅要关注过去的教学实践，还要关注当下的教学实践，更要预测教学实践的发展趋势。我们在进行教学论研究时，应始终将教学论研究根植于中国教学实践这片沃土。因为再完美的理论阐

① 郑杭生：《促进中国社会学的“理论自觉”》，《江苏社会科学》2009 年第 9 期。

释，再严密的逻辑构建，如果不能在实践中加以验证，其命运必是昙花一现。进入教学实践，基于实践并在实践中把握研究对象，分析教学问题，探寻教学规律，解释教学现象，实现“客体主体化”与“主体客体化”的双向建构，才能生成适合本土的教学理论。

第三，理性辨识异域的“先进理论”。教学论研究的理论自觉要求教学论研究者以一种开放的、自由的心态吸取异域先进理论，特别是西方理论的优秀成果。但我们必须清醒地认识到，西方理论是以西方人特有的生命形态和生存经验为基础的，它的问题意识和思想旨趣基本上生成于西方人特有的生命历程，它审视和追问的方向也主要是西方人特有的生命经验，我们不可能期望让他们代替我们去理解、反思我们自己的生命境遇和生存意义，仰仗他们的理论解决中国教学理论与教学实践的问题。因此，我们应结合本土实际理性辨识和引鉴异域的“先进理论”。

第四，研究者应有相应的专业情感。教学论研究的理论自觉还要求教学论研究者应有强烈的专业情感，即必要的专业操守和责任意识。“教学论研究者在现代知识体制的保障下，获得了足够的专业知识和话语霸权，同时也使一部分教学论研究者在市场经济的大潮中逐渐失去了知识分子应有的学术精神和学术人格，致使教学理论知识生产过程打上了浓厚的功利色彩，进而用连自己都在批判甚至唾弃的方式进行着教学理论知识的生产活动。”① 专业情感主要包括两个方面：一是要有专业认同感。教学论研究者应把教学论研究当作一种精神上的志业，自觉遵守各种学科规范，应该把自身的教学论研究视为一种自我德行养成的过程，不断实现“化规范为德性”，形成有血有肉的学术人格。二是要有明确的责任意识。教学论研究者要站在学术研究的立场，通过科学的研究方法，不断探求科学真理，要将教学论研究不仅看作是自我思想的表达，而且看作是一种自我批判和自我完善的过程。

---

① 安富海：《我国教学理论知识生产存在的问题及矫正》，《中国教育学刊》2012 年第 9 期。

（二）教学论研究的理论自觉的主体与内容

“理论自觉是主体的理论自觉，体现着主体与外部世界的关系。”① 从主体存在的状态看，主要包括个体主体和集团主体两种类型，理论自觉的主体也包括个体主体的理论自觉和集团主体的理论自觉两个类。个体主体的理论自觉表现为个体在学习、运用、研究、建构理论过程中的“自知之明”。集团主体的理论自觉是指整个“集团共同体”在学习、运用、研究、建构理论过程中的“自知之明”。个体主体的理论自觉程度决定着集团主体理论自觉的程度，集团主体的理论自觉状态及方式对个体主体的理论自觉有一定的导向作用。我们认为，教学论研究的理论自觉的主体也应该包括从事教学论研究的个人和整个教学论研究的团队两个类别。从事教学论研究的个人的理论自觉程度决定着整个教学论研究团队的理论自觉程度，整个教学论研究团队的理论自觉状态不仅决定着教学理论在引领和指导教学实践过程中的预见性和有效性，还决定着教学论学科的合法性地位，而且对后来的教学论学习者有非常重要的导向作用。

教学论研究的理论自觉，实质上是教学论研究者个人和整个教学论研究团队在从事教学论研究的过程中在理论学习、理论应用和本土理论建构方面的自觉状态和程度。其内容主要包括三个方面：一是理论学习的自觉。理论学习的自觉是指教学论研究者在学习本土理论（包括教学理论和其他理论）和借鉴异域理论（包括教学理论和其他理论）的过程中所表现出的一种独立的精神和批判的态度。二是理论应用的自觉。理论应用的自觉是指教学论研究者在运用自己所掌握的理论阐释、分析、矫正教学实践问题时应有的一种尊重实践的研究理念和敬畏实践的谨慎态度。三是理论建构的自觉。理论建构的自觉是教学论研究者在借鉴异域理论、提升本土实践经验的基础上生成新理论的过程中所表现出的一种本土意识、本土情怀和本土责任。

---

① 陈殿林：《理论自觉的哲学意蕴》，《河南大学学报》（社会科学版）2009年第1期。

二　教学论研究为什么要强调理论自觉

（一）矫正当前我国教学论研究中存在的问题

当前，我国教学论研究中存在的问题主要表现在两个方面：一是理论研究的“移植”现象。教学论作为“舶来品”的历史渊源，使得我国相当一部分教学论研究者在一定程度上毫无反思和批判地接受和移用国外或其他学科的概念或理论框架。[①] 其主要体现是，研究者往往盲目地吸收其他学科和其他国家的研究成果和研究范式，注重探讨相关学科的理论、方法的优越性及其启示、意义等，而较少关注它们自身的局限，片面追逐时髦、玩弄辞藻。“今天，系统论出来了，教育就变成了工程、系统工程，明天，电子计算机科学大发展，教育又变成只是信息加工和改造的活动。”[②] 近年来，“生活世界”等陌生概念和术语出现在教学论研究的相关著作和学术论文中，但研究者往往忽视了从其他学科移植来的概念的多义性、情境性，造成理解上的分歧和认识上的偏差。“我们从译著中得来一大堆名词，如生活世界、生活体验、后现代等名词、概念当然也很好，能给人以某种启发。但这些名词、概念是如何被论述的，又是如何与中国实践结合的？我们缺乏论证和研究。”[③] 二是实践研究的“虚华”现象。新课程改革以来，关注实践、研究实践成为教学论研究的“时代强音”，一时间，关于教学实践的研究成果成倍增加，乃至教育学术刊物都难以承载。然而，十年过去了，这些表面繁荣的研究虽然不能说对中国教学实践的改进和教学理论的发展没有起到一定的促进作用，但至少可以说作用不大。其原因在于这些研究是一种立论前提遗忘和理论指导缺失的自说自话式的研究，研究者凭借自己的经验或个人主观意志去判断教学实践的问题，经常会得出一些被一线教师称之为“正确的废话”的研究结论，它当然不可能对教学实践的改进和教学理论的发展产生建设性的意义。教学论的理论自觉要求研究者时刻提醒自己所研究的实

---

① 安富海：《教学论研究者为什么“走不下去”》，《课程·教材·教法》2012 年第 7 期。

② 王策三：《教育论集》，人民教育出版社 2002 年版，第 68 页。

③ 郭华：《教学论研究患上了“没感觉”的症状》，《教育科学研究》2004 年第 7 期。

践是鲜活的、流淌着的中国教学实践，而不是符号化的、异域的实践；研究的实践需要本土理论的指导，无理论指导的实践研究是一种主观臆断式的研究；从事研究的目的不仅仅是获取数据、完成项目、发表论文、晋升职称，还要力所能及地为教学实践问题的解决和教学理论的发展贡献力量等。这种提醒能使研究者自觉或不自觉地摆脱理论研究的“移植”和实践研究的“虚华”现象。

（二）规范我国教学论研究，促进教学论学科的发展

强调教学论研究理论自觉的一个主要目的就是规范我国教学论研究，让研究者时刻提醒自己，我们把什么样的教学论研究作为自己追求的目标，是世界眼光和本土特色兼具的中国教学论，还是西方某种教学论或其他理论的中国化？虽然两种类型的中国教学论都包含世界理论，但由于强调的重点不同，世界理论进入中国教学论的方式完全不同，对中国教学论的影响也就完全不同。前者是“以我为主，锦上添花”的借鉴，是在充分认识自己理论传统和明确异域理论来龙去脉的基础上理性汲取其合理的因素，必然会促进世界眼光本土特色兼具的中国教学论的成长和发展；后者则是毫无反思和批判地接受国外的理念和理论框架，并为这些理念和理论框架的合法性进行大张旗鼓的辩护和宣传。如果将“世界眼光和本土特色兼具的中国教学论”作为我国教学论学科发展的目标，得到每位教学论研究者的认同并体现在研究过程中，那么教学论研究者必会时刻反思“我研究的理论是谁的理论，它对我们自己的教学论研究及教学实践改进有什么意义”等问题，这种状态就是教学论研究中的理论自觉。另外，教学论研究的理论自觉还影响如何进行教学论的学科建设，如何培养教学论的学生，如何办课程与教学研究杂志，如何总结“中国教学经验”，如何形成中国教学论流派以及如何进行教学论的学术争鸣等涉及教学论学科发展的重大问题。

三　怎样实现教学论研究的理论自觉

费孝通先生在论述“文化自觉”时强调，文化自觉首先要认识自己的文化，理解所接触到的多种文化，才有条件在这个正在形成中的多元文化世界里确立自己的位置，经过自主的适应，和其他文化一

起，取长补短，建立一个有共同认可的基本秩序和一套与各种文化能和平共处、各抒所长、联手发展的共处条件。① 费孝通先生的分析为我们实现教学论研究的理论自觉指明了方向。本书认为应该从以下几个方面实现教学论研究的理论自觉。

（一）对中国“传统的教学思想”作出自己的理论开发

要想让“教学论体现地域特色——中国，必须突显其历史内涵——中国文化……中国传统的教学思想与实践异彩纷呈，几乎包括了教学研究的各个方面”。② 一般来说，我国传统的教学论学术资源包括两大类：一类是教学论产生前的，属于中国教学思想史范围；一类是教学论产生后的，属于中国教学论史范围。这两个方面是教学论学习者了解中国传统教学论学术资源的主要依据。因此，研究和编写中国教学思想史和中国教学论史至关重要且迫在眉睫。费孝通先生在论述“文化自觉”时，用很大篇幅回顾了中西文化的不同，分析了西方文化“天人对立”和中国传统文化“天人合一”的区别及其形成的历史过程。其目的就是要告诉大家中西文化之间区别客观存在且不可避免，我们只有知己知彼才能立于不败之地。教学论研究的理论自觉也应该对中国“传统的教学思想”做出自己的理论开发，其目的也是让教学论学习者了解中国传统的教学思想及教学论学科发展的过程，明确中国的教学论与异域的教学论存在极大的差异，而且这种差异不可通约。如果我们的教学论学习者对自己这方面可资开发的宝贵资源一无所知，或者知之甚少，从一开始就一味地学习异域的东西，这样的人很难期待他能有“理论自觉”，如果当了老师，可能就会在完全否定本土教学论传统资源的基础上将欧美的理论传授给他的学生，久而久之，我国的教学论就会沦为异域教学理论的“消费市场”。“学科是历史的产物，并以一定的措辞建构起来。”③ 教学论学科也不例外，它不是凭空进行的，而是具有深厚的历史根基，是在批判和吸收已有成

① 费孝通：《对文化的历史性和社会性的思考》，《思想战线》2004年第2期。

② 容中逵：《教学论学科发展的尴尬境遇及其生存之道》，《课程·教材·教法》2012年第7期。

③ ［美］华勒斯坦：《开放社会科学》，刘峰译，生活·读书·新知三联书店1997年版，第35页。

果的基础上发展起来的。"无论外界对教育的发展提出的要求何等多，何等新，何等强烈，还得从历史遗留下来的教育材料或基地出发进行继承、改造、发展、提高，如果撇开它，都当成垃圾扫掉，另起炉灶，重新做起，或者试图从外边简单输入、建立一种美好的教育体系，这是不可能的。"① 因此，研究中国的教学论必须深入了解中国教学论传统学术资源。

（二）对"西方理论"做出自己的借鉴

近代以来，"我们全力向西方学习，一切向西方看齐，不知不觉之中，我们的一切学术皆以西方为标准，只要是西方的，人们马上与科学的、进步的、正确的、新的之间画等号。相反，一谈中国的，人们马上会认为它是旧的、封建的、落后的、保守的，等等，久而久之，渐渐忘却了自我，丧失了文化主体性"②。这种思维方式给西方对我国学术研究的"理论示范"注入了"合法性"。历史经验和理性思考都告诉我们，在任何理论的借鉴中，"自己的头脑好比是一把刀，西方理论好比是一块砥石。我们是要拿在西方的砥石上磨快了的刀来分解我国的材料，顺着材料中的条理来构成系统；但并不要搭上西方某种理论的架子来安排我们的材料"③。我们学习西方的理论不是为了获取某种解释的框架，而是自觉地将自己的头脑这把刀放在西方理论这块砥石上打磨，这是西方理论对我国教学论研究的意义。因此，我们应对"西方理论"做出自己的理论借鉴，具体包括以下三个方面。

第一，对西方理论的普适性要有正确的理解。世界上没有纯粹的普适性或普遍性，只有与特殊性相联系的普适性或普遍性。西方教学理论是对西方教学实践的概括和提升，对西方本土的教学实践有一定的引领和解释作用，但对异域的教学实践只有借鉴意义，因为教学理论不是与文化无涉的，它是一种观念文化，深深打上了民族文化的烙印。因此，作为来自异域文化的教学理论也只有经过基于本土教学实践的再加工、再改造的过程，才能成为指导我国教学

① 王策三：《教育论集》，人民教育出版社2002年版，第375页。

② 颜炳罡：《从"依傍"走向主体自觉——中国哲学史研究何以回归其自身》，《文史哲》2005年第3期。

③ 徐复观：《中国思想史论集》，时报文化出版事业有限公司1985年版，第22—23页。

实践的“教学思想”。

第二，要进一步强化教学论的本土化，改变对西方国家教学论的依赖状态。第二次世界大战后，西方尤其是欧美的教学论一直居于教学论世界格局的中心，成为强势教学论，垄断着世界教学论的学术圈，且具有文化霸权的倾向。要打破这种学术垄断和文化霸权状态，不是要高喊什么口号，而是要强化教学论的本土化，形成具有本土特色的教学论研究方法与流派，提高我们在世界教学论界的地位，改变学术上对欧美教学论的依赖关系。只有强化自身理论，形成理论自觉，正确的理论借鉴才能成为现实。

第三，对西方理论要有分析和识别的能力。许多被我们推崇的理论，如建构主义理论、多元文化理论等，在西方本土的适切性都很有争议。面对这类理论，就需要进行实事求是的分析和识别，深入探讨其借鉴价值和意义。异域理论体系如果脱离本土的教学实践，也可能只是“空中楼阁”，“对中国教育真正具有引导力的思想最终只能形成于本土境脉与本土实践之中，不能用具有浓厚西方文化色彩的价值取向、思维习惯与言说方式来套解中国的社会现实和规引中国人的教育实践”①。

（三）对当下教学实践中的问题做出自己的判断和回应

“教学论研究的根本目的是求得教学真知，增进教学理解，提升教学实践的品质，促进人的幸福和完善。”② 中国的教学理论不仅要凝聚具有中国特色的理论元素，还要引领中国教学实践的发展，提升教学实践的品质。这就要求中国的教学论研究应在本土理论的指导下，通过其独特的研究视角、专业的研究方法、严谨的逻辑论证、独立的学术判断以及前瞻性的发展预测对不断变革的中国教学实践做出正确的判断和回应，真正“读懂”丰富生动的教学变革实践所蕴含的思想和鲜活经验，时刻关注教学实践中的课程、教师、学生的变化及其影响因素并进行科学引导，这种关注实践的研究理念是教学论研究应该具备的“实践感”。“实践感”是教学理论积淀和创生的前提，“实践

① 吴康宁：《“有意义的”教育思想从何而来》，《教育研究》2004 年第 5 期。

② 辛继湘：《教学论研究：理论自觉与实践情怀》，《课程·教材·教法》2012 年第 9 期。

感”缺乏的教学论研究则可能会影响研究者对教学实践逻辑的正确判断，从而从根本上制约研究者在理论生成和创生过程中的价值判断。教学论研究的“实践感”实质上就是教学论研究应该关注变革性教学实践，因为关注变革性教学实践的教学论研究“不仅能从实践角度深化理论，沟通理论与实践，而且能够捕捉教学论发展的基本趋势，促进中国特色教学理论创造性生成和实践性生成，从理论与实践结合中寻求理论的生长点，并形成多样化的理论形态，保持教学论学科创新发展持久的生命力”。① 事实上，“再抽象的概念困惑如果不通过系统地联系经验现实，也不可能得以充分的澄清。最超凡脱俗的理论家也不能不花费精力去与经验琐事打交道”②。

（四）对“本土教学实践”做出自己的理论提升

从教学理论自身的产生和发展的内在逻辑来说，教学论研究必须关注和走进教学实践。因为它不仅包含着逻辑和理性的力量，还积淀着历史和传统的元素。从教学理论创生的逻辑来看，研究者必须从当下教学实践中考察、归纳和总结，从自身的经验、体会和感受中提炼、生发和升华，从与自身已有的理论资源互渗、交织和共振中才能创造出崭新的教学理论。只有扎根于实践的理论才能呈现出实践的生命力。苏霍姆林斯基教学理论的产生给我们提供了有益的借鉴和启示。作为教学思想的表达，其教学理论深深地反映在其伟大的教学实践中。作为一个伟大的实践者，他基于自身的理论素养，把自身在教学实践中的思考、感悟和体验用一种充满理性和人性色彩的理论向世人展示出来，深情地表达了他对教学实践的思索和理解。可以说，没有他丰富和大量的教育教学实践，就没有他伟大教育和教学思想的产生。鉴于此，我们认为，异域的理论固然五彩斑斓，但它对中国教学论的发展而言永远具有“砥石”的意义，而非“刀”的价值。中国的教学论研究应在借鉴异域理论和其他学科的基础上，对本土教学实践做出属于自己的理论提升，“始终立足于自身的活动，立足于一种

---

① 裴娣娜：《中国教学论学科的当代形态及发展路径》，《教育研究》2009 年第 3 期。

② ［法］皮埃尔·布迪厄：《实践与反思——反思社会学导引》，李猛译，中央编译出版社 2004 年版，第 37 页。

内部的再造，即通过创造性精神而获取的、按照根据和结论而进行的理性明察的内部再造”[①]，生成和创生具有本土特色、内含中国经验、凝聚中国元素并能与世界课程与教学论进行平等对话的中国教学理论和教学论学科体系。

第四节　人工智能时代教学论研究的坚守

教学论是一门从动态的教学整体出发，综合研究教学活动和教学关系，探索教学一般规律的学科，它具有理论性、整体性、综合性、动态性和实践性。教学论的理论性是指教学论不是简单描述教学活动和教学关系，而是要在吸取分支学科和相关学科研究成果的基础上，通过分析、综合、抽象、概括等高阶思维过程，逐步形成概念、范畴和理论体系。[②] 这些概念、范畴和理论体系的形成是历代思想家、教育家及教学论研究者对教学现象和教学问题理性思维沉淀的结晶，反映了教学、学习、师生关系等方面的本质特征和内在规律，需要后来的研究者坚守这些研究成果。教学论的动态性和实践性的特征决定了教学论研究应随时代的变迁而不断变化。只有那些体现时代精神、回应时代问题的教学论研究才能推进教学理论和教学实践的发展，进而自觉地推动教学论学科的发展。

一　教学论研究的时代变迁及其特点

（一）教学论研究的时代变迁

农业时代，生产力发展水平不高，教学实践活动相对简单，社会对教学理论化要求比较低，教学活动更多的是沿循前人的经验行事。学校教育教学的目标一方面是培养统治阶级所需的人才；另一方面是对广大劳动人民进行宗教、道德或政治教化。具体来说，在教学目标方面，中国强调“君子”的培养。孔子主张教育要培养“修己以敬、修己以安人”的“君子”，在“君子”培养中注重个体德性的养成，

---

① ［奥地利］胡塞尔：《哲学作为严格的科学》，商务印书馆 2007 年版，第 2 页。

② 李定仁、徐继存：《教学论研究二十年》，人民教育出版社 2001 年版，第 25 页。

认为“天下之本在国，国之本在家，家之本在身”；西方强调“智者”的培养。德谟克利特强调要把心智教育放在身体之上，教导人们要追求智慧和道德。苏格拉底认为道德修养是教学的最高目标，提出“知识就是道德”的观点。教学内容主要是一些古典学科，虽然包括了掌握知识、养成高尚的道德品质和了解治国安民策略几个方面，但更重视社会伦理道德方面的内容。教学过程强调严格的纪律和严酷的体罚；教学方法方面虽然也重视虚心涵泳、启发诱导，但教师讲解和学生记忆仍然是教学方法的核心；教学组织形式以个别化教学为主，没有严格的班级及学年区分，师生关系反映了农业时代的阶级关系、等级关系。从思维方式上讲，直观整体性思维方式在农业时代居主导地位，这种直观整体性思维方式体现在教学思想上，表现出直观性、猜测性、整体性的特点。① 因此，从研究方法角度来看，大多数研究都停留在现象描述、形象比喻和简单形式逻辑推理上；从研究内容角度来看，这一时期的研究包括了教学目标、教学内容、学生、教师、教学方法等教学的基本要素。② 从研究成果角度来看，产生了《学记》《理想国》《雄辩术原理》等关于教育教学的重要认识。这些认识都在强调，教学要重视学生德性的培养，教学是一种人为的和为人的实践活动，学习需要认知、情感等心理要素的综合参与，教与学的过程需要师生充分交流、互动及辩论，师生关系不仅是一种教与学的关系，还涉及伦理、道德等社会关系。③④ 工业时代，生产力发展水平迅速提高，社会对教育要求也空前提高，教学实践活动开始走向复杂，社会对教学理论化要求也不断提升，教学活动逐渐走上了科学化道路，现代学校产生。现代学校教学目标主要是培养适应工业社会发展的产业工人和管理者，形成了相关完善的教学目标体系，强调基础知识和基本技能的培养；在教学内容方面，改编了传统的内容，增加了现代科学进展的新内容，并强调学科知识体系的学习；在教学方法方面，针对不同的学科和教学内容提出了讲授法、发现法、讨论法、

---

① 徐继存：《教学理论反思与建设》，甘肃教育出版社 2000 年版，第 26 页。

② 李定仁：《教学思想发展史略》，甘肃教育出版社 2004 年版，第 2—4 页。

③ 高时良：《学记研究》，人民教育出版社 2006 年版，第 24 页。

④ 王天一等：《外国教育史》（上册），北京师范大学出版社 1993 年版，第 24 页。

演示法等多样化的教学方法；在教学组织形式方面，为适应工业社会对人才数量的要求，普遍实行了班级授课制的集体教学形式；在师生关系方面，工业时代的社会关系从人身依附关系逐渐转变为独立个体之间的交往关系，日益健全的法律与道德规范成为社会生活的基本行为准则，师生关系也由农业社会的不平等关系逐渐转变为民主关系。科技进步促进了人类自我意识的觉醒和理性精神的成熟。人类希冀借助科学、理性的途径达到自我认识、自我控制的目的。因此，这一时期人的发展成为教学论研究的重点，[①] 涌现出了捷克的夸美纽斯、法国的卢梭、德国的赫尔巴特等一批教育家、思想家。夸美纽斯主张将教学过程理论建立在感觉论哲学原理的基础之上，强调必须按照事物的发生和存在的本来面目进行教学，所采用的教学方法也必须符合学生的心理。卢梭强调要按照儿童发展的自然规律设计教学目标、内容、方法。随着自然主义思潮的兴起和进化论、细胞学等自然科学的长足发展，教学论研究开始从对教学事实经验简单描述转向研究教学内在规律。[②] 随着工业社会的深入发展和科学技术的不断进步，到 19 世纪末 20 世纪初，科学的思维方式和研究方法从自然领域逐渐渗透到社会各领域。教学论研究也开始运用实验的方法探索和改进教学实践，建构教学理论。美国杜威的实用主义教学理论、苏联维果茨基的最近发展区理论、美国斯金纳的程序教学理论是这方面研究的代表。杜威在批判赫尔巴特及其传统教学理论的基础上，从经验论和本能心理学（机能）视角出发，主张儿童应该从自我经验活动中学习。提出教学实践及研究要从传统的三中心（课堂中心、书本中心、教师中心）转到儿童身上。[③] 维果茨基在批判传统的教学理论将教学活动作为儿童走向成熟的工具性模式的基础上，区分了教学过程与发展过程的不一致性及复杂的相互依存性，主张教学应当走在发展的前面，提

① 裴娣娜:《现代教学论》（第一卷），人民教育出版社 2005 年版，第 8 页。

② ［苏联］姆·阿·达尼洛夫、勃·朴·叶希波夫:《教学论》，北京师范大学外语系 1955 级学生译，人民教育出版社 1961 年版，第 10 页。

③ ［美］杜威:《杜威教育论著选》，赵祥麟、王承绪编译，华东师范大学出版社 1981 年版，第 158 页。

出了著名的最近发展区理论。[①] 斯金纳强调各门学科的知识应按照其内在逻辑联系分解为一系列知识项目，知识项目前后衔接，逐渐加深，学生按照知识项目的顺序逐个学习。总体来说，工业时代后期的教学论研究，在研究目标方面，强调以基本知识和基本技能为载体的专门化人才的培养，尊重人的天性、关注儿童的发展；在研究内容方面，力图从哲学、心理学、社会学、生物学多学科角度探讨教学目标、教学内容、教学方法、师生关系等教学要素各自的功能、定位及其相互关系；在研究方法方面，借鉴现代科学技术和相关学科的研究方法，从经验描述逐渐上升到理论概括的层次，试图揭示教学现象之间的联系及其规律；在研究成果方面，产生了《大教学论》《爱弥儿》《普通教育学》《民主主义与教育》《教学与发展》《课程与教学基本原理》等一大批教学理论著作，形成了许多关于教与学的科学认识。

20 世纪 70 年代，电子计算机的出现和普及将人类社会逐步推向了信息时代，整个社会的发展模式和人类的工作形态都发生了或将要发生巨大的变化。掌握普适性知识和拥有标准化技能的人才已经不能满足社会发展的要求，信息时代的教学目标更加关注创新能力、信息素养、自主发展和社会责任等综合素质的提升；教学内容更加强调针对学生学习特征和身心发展的特点定制教与学的内容；简单讲授、反复记忆和重复训练的教学方法面临巨大的挑战，启发诱导、情境创设、探究体验等教与学的方式逐渐普及；师生关系将会发展为现实教学中的师生关系和虚拟学习空间中的师生关系等多种关系类型；教学环境也由单一的物理空间拓展到虚拟空间。信息时代教学目标、内容、方法、师生关系、教学环境等变化决定了教学论研究也必须发生变化，信息时代教学论研究的目标强调学生学习能力、创新能力和社会责任的发展，研究内容重点关注信息技术与课程教学整合，研究方法强调综合运用多学科研究方法和不断涌现的新技术开展研究。从当前的研究成果来看，虽然研究的范围不断扩大，研究成果也不断丰富，但研究的重心仍然是教学目标、教学内容、教学方法、师生关

① 王天一等：《外国教育史》（上册），北京师范大学出版社 1993 年版，第 194 页。

系、教学环境等教学要素及其复杂的内在关系，并在脑科学、学习科学和信息技术的支持下形成了许多关于教学、学习、教学过程、师生关系更科学的认识。

（二）教学论研究时代变迁的特点

每个阶段的教学论研究都深深地打上了时代烙印，也关注了时代问题。审视教学论研究时代变迁历程，我们发现教学论研究时代变迁具有以下几方面特点。第一，生产力发展水平决定着教学论研究范围。随着生产力发展水平的提高，社会对人才质量规格要求发生了重大变化，迫切要求人才培养系统进行适时调整，这种调整必然引起教学目标、教学内容、教学方法等变革，教学论研究必须关注时代对教学提出的新任务，积极回应教学面临的新问题，理性引领教学变革的方向。第二，人类理性思维发展水平决定着教学论研究的层次。教学论研究包含着一系列认知、判断和推理的思维过程，是人们对教学活动的理性认识和把握，是对各种教学现象及隐藏其后的各种教学关系和矛盾运动自觉的系统的反应随着人类理性思维的发展，对教学的事实性认识和价值性认识也在不断深化。① 第三，文化变迁影响着教学论研究的内容。文化变迁是指文化内容和形式、功能和结构乃至因内部发展或外部刺激所产生的一切改变。② 教学源于文化传承的需要，并有效地促进了文化传承。教学与文化是相伴而生、相随而长。文化内容和形式规约着教学的形式与方法。传统文化为传统教学提供了生成、变化的理路，决定了传统教学的本质特点和基本内容。现代文化为现代教学价值的彰显、方法的变革搭建了平台、指明了方向。教学论研究的内容理应随着文化变迁不断变化。第四，意识形态影响着教学论研究的方向。教育从来就是国家的、民族的事业。③ 每个时期的教学论研究都体现着时代精神，蕴含着国家价值。如夸美纽斯的《大教学论》虽然反对中世纪等级制的教学制度、教条主义教学方法，但

---

① ［苏联］姆·阿·达尼洛夫、勃·朴·叶希波夫：《教学论》，北京师范大学外语系1955级学生译，人民教育出版社1961年版，第10页。

② ［美］克莱姆·M. 伍兹：《文化变迁》，何瑞福译，河北人民出版社1989年版，第4页。

③ 燕国材：《我国教育改革不理想的症结》，《探索与争鸣》2006年第3期。

他的教学论思想和观点并没有突破国家整体存在的宗教色彩和唯心主义界限。第五，教学论研究在坚守与变革中不断走向深入。教学论研究始终体现时代特点、蕴含时代精神。如农业时代的哲学家、思想家和教育家更加关注教育教学中人的德性的培养；工业时代教学论研究更加注重学习者认知发展的规律、学习材料的逻辑结构和教学方法的适时改革多信息时代教学论研究更加关注信息技术与课程教学深度融合促进学习者的发展等。然而，无论是古代的教学思想和教学经验，还是工业时代和信息时代的教学论研究，都是在坚守先贤们关于教学本质特征和内在规律认识的基础上，不断探讨新时代涌现的新的教学现象和教学面临的新问题。

二　人工智能时代及其教学形态的变化

（一）人工智能的内涵及时代特征

1936 年，“人工智能之父”图灵提出了“可计算机器”的概念，为人工智能乃至现代信息科技奠定了基础。1946 年，世界上第一台电子计算机“ENIAC”诞生，一些计算机科学家开始对计算机将来能够代替人类做事产生了很多设想，这些设想助推了人工智能的发展。1956 年，在达特茅斯（Dartmouth）会议上，四位图灵奖得主、信息论创始人和一位诺贝尔奖得主一起将“人工智能”一词提出来，“人工智能”研究领域正式确立。① 人工智能（Artificial Intelligence，英文缩写为（AI）是研究、开发用于模拟、延伸和扩展人的智能的理论、方法、技术及应用系统的一个综合性研究领域。该领域的研究主要包括机器人、语言识别、图像识别、自然语言处理和专家系统等，其目标是模仿人脑从事推理、证明和设计等思维活动，使机器能够像人一样从事复杂性工作。②

人工智能时代是信息时代的高级形态。智能化是人工智能时代的最主要的特征。它是指事物在网络、大数据、物联网和人工智能等技术的支持下，所具有的能动地满足人的各种需求的属性。它的特点就

① 谭铁牛：《人工智能发展的思考》，《中国人工智能学会通讯》2017 年第 1 期。

② 潘云鹤：《人工智能 2.0 与教育的发展》，《中国远程教育》2017 年第 5 期。

是将智慧融入一个物理系统中，这个物理系统可以是一个能源系统、一所学校、一个家庭、一所医院，也可以是商场、餐厅、超市、游泳池。在这些场景中，系统可以按照每个人的需要随时随地提供个性化服务，满足其差异性需求。①

人工智能将深刻改变人类生产生活方式和思维模式。作为计算机科学与统计学、脑科学和认知科学等多学科交叉的前沿领域，它致力于使机器拥有类似人类的感知、认知、操控、交互能力，并与人类协同工作，以减轻人类的工作量，提高人们的生活品质，并已经从实验室走进人类生产生活。② 随着机器学习、自然语言处理、计算机视觉、人机交互、生物特征识别、虚拟现实/增强现实等关键技术的突破，人工智能技术通过产业化开发转化使医疗影像辅助诊断、视频图像身份识别、智能翻译、智能监控、工业机器人、无人驾驶、声纹识别、脸部识别、指纹识别等系统与产品能快速进入人们的生活与工作环境，将会对教育、医疗、养老、环境保护、城市运行、司法服务、交通、农业、金融、文化等领域产生重大影响。整个人类社会的产业结构、经济格局、生活方式、工作环境等将被重构。③ 我们已经看到，人工智能机器人正在很多领域取代人的活动，包括繁重的体力劳动和比较复杂的脑力劳动。2018 年 6 月 18 日，20 多台京东配送机器人走上街头，为不断登场的无人银行、无人超市、无人餐厅、无人驾驶等形成的“无人时代”再次刷新数据。人工智能也正在改变着人类的职业结构，会有越来越多的职业被人工智能替代。④

（二）人工智能时代教学形态的变化

人工智能时代与农业时代和工业时代最大的区别是社会发展的动力不是以体能和机械能为主，而是以智能为主。智能机器成为人类活动的积极参与者，甚至会参与人类的知觉活动、概念活动和原动性活

① ［美］杰瑞·卡普兰：《人工智能时代》，李盼译，浙江人民出版社 2016 年版，第 3 页。

② 李修全：《新一轮人工智能发展的三大特征及其展望》，《中国人工智能学会通讯》2017 年第 5 期。

③ 郭绍青、杨鸿武：《走进智能社会的“底气”》，《中国教育报》2018 年 7 月 7 日第 12 版。

④ 汤敏：《人工智能与新师徒制》，《华东师范大学学报》（教育科学版）2017 年第 5 期。

动，并以系统的方式变革物质资源，替代人类劳动成为国民生产中"附加值"的源泉。整个社会的发展模式和人类的工作形态都会发生巨大的变化，许多标准化、程序性甚至需要简单思维的工作会被机器代替，社会对人才需求也会发生结构性变化。这些变化必然导致教育目标和培养模式的变化。另外，随着人工智能技术与各种形态教育教学深度融合，不同类型和规格的智能教学系统（Intelligent Tutoring System，ITS）也将不断涌现。这类教学系统一般都会包括教师模型、学习模型和自适应学习系统。教师模型将由不同的人工智能代理——"模拟的教师"组成，他们扮演教师、专家、被指导者或学习同伴的角色，这些虚拟角色可以提供不同的视角并根据学生的知识水平和学习背景等状况，将学习活动与学习者的认知需求、情感（情绪）状态相匹配，并提供有针对性的及时反馈。学习模型利用人工智能技术获得学习者的动机和参与程度、反思和自我意识，利用环境约束的机器学习来分析学习者的认知水平、情感状态以及学习体验，为学习者提供精准化学习资源和学习指导。自适应学习系统能够从学习环境、学习者特征、学习资源与工具、学习行为以及评价反馈等多个方面为学习者提供全方位、立体多维的学习分析模型及知识地图，并能借助人工智能技术为个性化学习服务。

因此，人工智能时代对人才质量规格要求的变化和人工智能技术与教育教学的深度融合，必然会引起教学形态的极大变革。人工智能时代教与学目标必将更加关注学习能力、创造能力和社会责任等综合素质的提升；教学内容更加强调针对学生学习特征和身心发展的特点的定制化内容；教与学的模式将会实现以人为主、人机协同的新模式；教与学的方式将会实现线上线下有机整合；差异化评价将成为教与学评价的主流；教与学的环境也由单一的物理空间拓展到虚拟空间；师生关系将会发展为现实教学中的师生关系和虚拟学习空间中的师生关系等多种关系类型。

三　人工智能时代教学论研究的坚守

教学论研究时代变迁的特点告诉我们，人工智能时代教学论研究至少应该坚守以下几个方面的认识和观点。

第一，教学不是一种纯粹客观的实践活动，而是一种人在其中的价值性活动。教学作为一种“人为”的和“为人”的事物而存在，它是事实存在与价值存在的统一，具有人文向度和价值属性。教学存在的人为性，意味着教学存在精神性、文化性和历史性；教学存在的为人性，强调的则是教学存在的社会性和价值性。在教学活动中，作为教学存在的主观逻辑基础的人的精神因素，如师生的思想、情感、行为方式、价值观念等，对于教学的发生、存在及其方式以及功能状态均起着直接的、基本的、前提性的制约作用。作为一种人为的存在，教学过程所表现出来的是功能要求在前、结构生成在后的功能先导现象，教学存在以功能表现而不是结构生成为最高追求。①

第二，学习不是一种简单的认知活动，而是一种需要认知、情感、意志、行为四要素协同发展的系统活动。首先，知识不是外在于主体的东西，它是一定文化境域认识主体对客观事物或事件认识的结晶，具有主体性特征，蕴含着探索者留下的足迹。② 其次，从发生学的角度或知识掌握的过程来看，知识的学习绝不是简单的认知活动，“不是外物的简单摹本，也不是主体内部预先存在结构的独立显现，而是包括主体与外部世界在连续不断的相互作用中逐渐建立起来的一个结构的集合”③。因此，真正的学习不是仅仅通过个性化定制学习内容、精准化进行教学指导就能实现的，而是需要学习者认知、情感、意志、行为四要素协同作用才能真正发生。

第三，教与学过程不是一种简单的知识授受过程，而是一个人的生命的展现和发展的过程。教学过程的基本任务是使学生努力学会不断地从不同方面丰富自己的经验世界，努力学会实现个人的经验世界与社会共有的“精神文化世界”的沟通和富有创造性的转换，逐渐完成个人精神世界对社会共有精神财富富有个性化和创生性的占有，充分发挥人类创造的文化、科学对学生“主动、健康发展”的教育价值。这些目标的实现不仅需要学习者反复体验、不断反思，更需要教

---

① 张广君：《教学的人为与人文：关注当代教学的文化历史使命》，《教育研究》2008年第4期。

② 殷继海：《论知识主体性》，《延边大学学报》（社会科学版）1986年第2期。

③ 李其维：《皮亚杰结构思想概念》，华东师范大学出版社1990年版，第16页。

师与学生之间的对话、合作和深度沟通，只有在“多向互动、动态生成”的逻辑中才能实现人的生命的展现和发展。[①]

第四，师生关系不是简单的教与学的关系，而是师生作为“人”存在的一种特殊的社会关系。师生关系体系由教学关系、心理关系、个人关系和道德关系四个层面构成。教学关系是师生关系最基本的表现形式，它既包含着师生以知识为纽带的文化共享，也包含着“教”和“学”两种行为的高度依赖，更包含师生在规范有序的活动中所实现的共同创造与发展。心理关系是师生通过教育教学活动中的实际交往而形成和建立的人际情感关系，这种关系把师生双方联结在一定的情感氛围和体验中，实现人格、精神和情感信息的传递和交流。在师生交往中，教师与学生会因志趣相同、性格接近等建立起具有非正式色彩的个人关系。这种关系对学生的发展目标的确定、行为习惯的养成均具有重要意义。师生关系还会受到社会道德规范的影响和制约，从而保持自身的伦理结构。因此，师生关系承担的专门的教育功能，不是纯粹的教与学的关系，而是师生对知识、经验、精神、价值等共同的感悟与体验，是与人的完整性发展紧密相连的特殊的社会关系。[②]

人工智能时代教学论研究之所以要坚守一些认识和观点，原因主要包括三个方面。一是因为这些关于教学、学习、师生关系等方面的认识和观点是历代哲学家、思想家、教育家和教学论研究者关于教学现象和教学问题理性思维沉淀的结晶，体现和反映了教学、学习、师生关系等方面的本质特征和内在规律，并经得起实践的反复检验。二是因为随着人工智能时代的到来，人工智能强大的智能化服务优势及短期内教学效益的凸显可能会使部分教学论研究者怀疑甚至抛弃教学论研究的这些理性认识和历史沉淀，丢掉应有的专业立场。三是因为人工智能时代会有大量的“技术人”和“企业”介入学校的教育教学系统，支持和帮助学校改进教育教学。虽然他们也声称以学生为中心，尊重教与学的规律，但技术思维和利益驱动难免使他们不自觉地

① 叶澜：《重建课堂教学过程观——“新基础教育”课堂教学改革的理论与实践探究之二》，《教育研究》2002 年第 10 期。

② 李瑾瑜：《关于师生关系本质的认识》，《教育评论》1998 年第 4 期。

将教学视为一项纯粹的技术性活动，大量地交予没有情感的智能机器去完成。

四 人工智能时代教学论研究的变革

历史和逻辑反复提醒我们，教学论研究必须体现时代精神、回应时代问题。人工智能时代教学论研究应该随着时代的发展调适研究队伍、研究目标、研究内容、研究方法等方面的内容。

（一）加强复合型研究队伍建设

当前，我国教学论研究主要有三支队伍。第一支队伍是高等师范院校的教学论专业研究队伍，这支队伍是沿着“本科—硕士—博士”这样一条路径成长起来的专业研究队伍；第二支队伍是国家及地方教育行政部门的教研队伍，这是一支从教学一线成长起来的、既有本土情怀又有理论素养的本土教学论研究队伍；第三支队伍是中小学教学研究队伍。第八次课程改革以来，许多优秀的中小学教师开始研究教学问题，形成了一支规模宏大的教学研究队伍。从这三支队伍成长的轨迹和研究优势来看，都难以应对人工智时代教学论研究面临的新问题。因此，我们认为，对第一支队伍而言，应该加强研究者跨学科能力的培养，具体包括三个方面：一是在硕士、博士的招生中增加心理学、学习科学、教育技术学、计算机技术、人工智能技术等相关学科背景学生的招生比例；二是在研究团队组建中积极吸纳有心理学、学习科学、教育技术学、计算机技术、人工智能技术等相关知识背景的研究人员；三是加强与人工智能教育企业的深入合作，在深入了解先进技术的基础上，站在学生作为“人”的学习的立场上引领人工智能教育向更符合人的教育逻辑的方向发展。对第二支队伍而言，包括三个方面：一是现有的研究人员要积极学习人工智能与教育教学融合的相关知识；二是在研究队伍的补充中要增加心理学、学习科学、教育技术学、计算机技术、人工智能技术等相关知识背景的研究人员；三是加强与人工智能教育企业联系，及时交流智能技术在教学中运用的问题及自己团队的思考。对第三支队伍而言，主要是从促进学生深度学习和健康成长的立场出发，加强人工智能教育教学知识和技能的学习，提升自身的综合素养。

（二）教学论研究的目标应该重点关注学习能力、创造能力和社会责任的培养

人工智能时代，整个人类社会将真正进入人与人、人与物、物与物全面互联的时代。为了维护全人类共同利益和保持人类社会持续发展的动力，社会对学习能力、创造能力和社会责任的需求将比以往任何时代都更为迫切。第一，人工智能时代培养学生持续学习的能力比任何时代都更加迫切。面对以人工智能为代表的科学技术的快速变化，“一朝学习终身受用”的观点将会受到巨大的挑战。学习者所掌握的知识不久可能就会被淘汰。如果不坚持学习和掌握新知识、新技能，不仅无法创造社会财富，更可能连享用社会财富的能力都会失去。因此，人工智能时代教学论研究必须重视和指向学生学习能力的培养。第二，人工智能时代培养学生的创新能力比任何时代都更加迫切。随着国际经济秩序和全球政治格局的变化，创新日益成为综合国力竞争的焦点和重塑世界格局的主导力量。党的十八大以来，习近平总书记反复强调，必须把创新摆在国家发展全局的核心位置，不断推进理论创新、制度创新、科技创新、文化创新等各方面创新，让创新贯穿党和国家一切工作。[①] 因为，人工智能时代的社会发展主要靠创新驱动。因此，人工智能时代教学论研究一定要重视学生创新能力的培养。第三，人工智能时代强调“学以成人”[②] 和培养学生的社会责任比任何时代都更加迫切。强大的人工智能像铀 235 和钚 239 等重原子一样既可以造福人类，也可以毁灭世界。如果运用得当，可以促进人类社会的发展，减轻人类工作负担，为人类创造更美好的生活；如果运用不当，就成为破坏世界和平，甚至毁灭人类幸福的罪魁祸首。因此，人工智能时代，教学论研究一定要从己、群、地、天四个维度引导学生“学以成人”和培养学生的社会责任。

（三）重新认识教学诸要素及其关系

随着人工智能时代社会的发展模式、人类工作形态和社会对人才质量规格要求的结构性变化，加上人工智能技术与教育教学的深度融

---

① 白春礼：《坚持创新发展》，《人民日报》2015 年 3 月 19 日第 12 版。

② 晋浩天等：《世界哲学大会首次在中国举办》，《光明日报》2018 年 8 月 11 日第 7 版。

合，必然会引起教学要素的极大变革。人工智能时代教学的目标、教学的内容及其呈现方式、教学的方式方法、教师的角色与功能、学生的学习方式、教学的组织形式、教学评价的方式、教学环境的组成等教学诸要素都会发生一定的变化。如：教学目标中学习能力、创新能力、社会责任如何培养；定制化的教学内容如何真正体现学生的个性特征和促进学生的深度学习；在教学过程中如何使现实教师和智能教师实现优势互补；如何合理分配线上线下教学时间、教学任务；如何使差异化的教学评价真正促进学生学习；如何组建适应学生个性发展的柔性班级组织形式；如何使物理教学环境和虚拟教学环境能充分融合，等等。这些注入新元素的教学要素如何才能更有效地促进学生学习，需要教学论研究者从专业立场出发，运用专业理论和方法深入研究。

（四）积极借鉴新兴学科的研究方法和技术

自教学论学科建立以来，教学论研究者在借鉴其他学科研究方法的基础上不断探索适应本学科研究的方法，形成了从各种哲学方法到一般科学方法，从普遍意义的方法到各种具体收集资料的方法等多元化的教学论研究方法体系。这种借鉴一方面丰富和扩大了教学论研究的视角和内容；另一方面也引发语言学、思维科学、人类学、生物学等相关学科从不同角度关注和研究教学问题，为教学论研究注入了新的活力。随着人工智时代的到来和新的教学问题的凸显，教学论研究必须借鉴应时代之需而产生的新兴学科的研究方法和技术，如借鉴网络语言学、生物信息学等新兴交叉学科的研究方法和大数据分析技术研究教与学的相关问题，继续扩大教学论研究的视角和内容，引导相关新兴学科关注和研究教学问题，增强教学论研究引领人工智能时代教学改革和回应人工智能时代教学问题的能力。

第三章　教学论研究的变革

如果不变革，那些难以解决的基本问题，就会变成一个不断改变主题和持续保守的系统长期存在！

——［加］迈克尔·富兰

第一节　“互联网+”背景下教学论研究的进展

“互联网+”背景下，教学论学科在积极回应信息化背景下教学发展问题的基础上，重点探讨了教学研究范式、深度学习、翻转课堂、智慧课堂、学习评价等相关的理论与实践问题，以期为全面深化课程教学改革和落实立德树人的根本任务提供有力的学术支撑。

一　教学论研究的基本情况

本研究以《教育研究》《课程·教材·教法》等37种CSSCI教育学来源期刊和《当代教育与文化》《教育理论与实践》等设有“课程与教学论”栏目的CSSCI教育学扩展版来源期刊发表的文献为依据，从中归纳梳理2015年以来教学论研究的基本情况。

（一）教学论载文分析

通过对上述39种文献的归纳梳理看出，有20种期刊都专门设置了诸如教学研究、教学研究、教学改革、教学理论与方法、西方教学论研究、课程教材教法、创客教育、微课、慕课以及翻转课堂等与

“课程与教学论”学科密切相关的栏目，形成了相对集中的研究成果。

（二）教学论研究呈现的基本特征

第一，落实立德树人根本任务是教学论研究的新的生长点。随着教育部《关于全面深化课程改革落实立德树人根本任务的意见》的贯彻落实，如何将社会主义核心价值观融入中小学课程与教学等问题成为教学论领域关注的热点。

第二，关注“实践问题”是当前教学论研究的重要取向。在义务教育阶段课程改革迈入“深水区”、普通高中课程改革面临着新挑战的背景下，教学论领域持续关注“实践问题”，产生了一批高质量的研究成果，逐渐形成了一些富有特色的研究团队，研究者的实践取向价值越来越明显。

第三，中国学生发展核心素养是2016年以来教学论领域关注的重点。学术界围绕核心素养展开了热烈的探讨，内容主要涉及核心素养的本质特征、学科核心素养以及核心素养指向的教学等，为课程与教学“培养怎样的人”与“怎样培养人”指明了方向，是未来人才培养的根本依据。

第四，课程教学与信息技术的深度融合是当下课程与教学论研究的趋势。互联网等信息技术深刻改变着人类的学习与思维方式，传统教学论的研究已经无法应对新时期课程与教学的挑战，翻转课堂以及智慧课堂等已经成为信息化背景下学校课程教学发展的特质，与此相关的教学模式、教学设计以及教学软件等进入教学领域，促使课程与教学等结构发生重大的变革。

二　教学论研究的新进展

（一）教学理论研究

“互联网+”背景下，教学理论研究重点关注了教学研究范式转型、教学模式、教学评价以及深度学习四个方面的内容。

1. 教学研究范式转型研究

教学研究范式走向基于证据、面向实际问题解决的研究已是不可逆转的趋势。[①] 教学论研究者只有不断反思自己的教学研究历程，反思自己的教学生活，才能调整自己的研究方向和方式，改进和改造自己的教学生活，做到理论与行为的统一。[②] 还原教学活动的根本目的，培养真正能够进入社会历史实践的主体。[③] 考察教学研究的历史发现，全球范围内教学研究的发展呈现出共同趋势，即研究主体由单一的理论研究者转向理论与实践合作的研究者；研究对象的重心由研究教师的“教”转向研究学生的“学”；研究方法由传统的课堂观察法转向定性与定量结合的多种研究方法。我国的课堂教学研究正处在这种转型过程之中，传统的研究范式仍然占据主导，新型的研究范式正在形成之中。[④] 比如“具身认知”抓住了传统认知对身体性忽视的重要局限，为理解和设计学习提供了新基础，成为继客观主义和建构主义之后教学设计范式的新转向。尤其是随着情境感知技术、智能识别技术、可穿戴技术、人工智能等革命性技术的出现和发展，使具身学习的特长得到了充分发挥，并受到越来越多教育者的重视。[⑤]

2. 教学模式研究

教学模式研究主要可以分为三个基本领域，即基于对传统教学模式批判性反思建构的新模式、基于生成教学反思的对话教学模式以及基于信息化背景下诸如翻转课堂等一系列新型教学模式。有研究者认为，当代中国特色教学流派应着力强化教学模式的理论研究、引领教学模式的深层改革和促进教学流派的多元生成。[⑥] 也有研究者认为，基于教学关系的课堂教学模式大体有以“先教后学，随教而学”“少教多学，教以导学”传统教学模式，有以“自学自理，以教辅学”

---

① 虞天意等：《基于证据的课程与教学研究范式转型——第十四届上海国际课程论坛综述》，《全球教育展望》2017 年第 2 期。

② 徐继存：《教学研究意味什么——兼论教学论研究者的责任与使命》，《课程·教材·教法》2015 年第 2 期。

③ 郭华：《带领学生进入历史：“两次倒转”教学机制的理论意义》，《北京大学教育评论》2016 年第 2 期。

④ 王鉴：《论我国教学研究范式的转型》，《高等教育研究》2015 年第 4 期。

⑤ 李青、赵越：《具身学习国外研究及实践现状述评——基于 2009—2015 年的 SSCI 期刊文献》，《远程教育杂志》2016 年第 5 期。

⑥ 苏春景：《当代中国特色教学流派的生成机制》，《教育研究》2015 年第 9 期。

“先学后教，以学定教”的现代教学模式，不同的模式代表着不一样的知识观与教学观。[①] 还有研究者认为对话教学的灵魂是关系而不是互主体性。[②] 主体间性的教学交往范式力图避免主体性范式面临的困境，使交往双方在民主、参与、合作中达成彼此的理解。[③] 另外，“社会性科学议题”的论证教学和基于“社会需求”的科学研究案例教学两类教学模式都重视学生对科学实践活动的理解、通过反思来进行明确的科学本质教学以及培养学生功能性科学素养。[④] 尤其是在信息化的背景下，面对“互联网 + 教育”对课程与教学论带来的新的冲击，新型教学模式层出不穷，比如创客教学模式、[⑤] 混合式教学模式、[⑥] 智慧课堂教学模式[⑦]以及探究式教学模[⑧]等，这些模式的共性特征就是使学生重返主体地位，将学生的学真正作为教学的核心来看待。教学模式研究繁荣的背后存在跟风、模仿等问题，应坚持继承与创新并举，注意多学科化及成果的鉴定与推广、既要立足当下更要面向未来。[⑨]

3. 教学评价研究

课堂教学评价是提高课堂教学质量的关键环节，是促进教师专业发展、保障育人目标顺利实现的重要手段。有学者研究提出了“六关

---

① 黄伟、焦强磊：《基于教学关系的课堂教学模式变革》，《课程·教材·教法》2016年第3期。

② 张琼、张广君：《走向“关系本体论”——对话教学的基础重构与应然取向》，《高等教育研究》2015年第2期。

③ 刘要悟、柴楠：《从主体性、主体间性到他者性——教学交往的范式转型》，《教育研究》2015年第10期。

④ 万东升、魏冰：《以当代科学实践为情境的科学教学模式初探》，《课程·教材·教法》2016年第12期。

⑤ 杨晓彤等：《网络空间支持的中小学创客教学模式研究》，《电化教育研究》2017年第1期。

⑥ 王鶄、杨倬：《基于云课堂的混合式教学模式设计——以华师云课堂为例》，《中国电化教育》2017年第4期。

⑦ 崔淑仙：《打造智慧课堂教学模式》，《中国教育学刊》2017年第2期。

⑧ 王玉玺等：《基于电子书包的探究式教学模式设计——以小学科学教学为例》，《中国电化教育》2014年第2期。

⑨ 李允：《繁荣背后的危机：中小学课堂教学模式同质化》，《课程·教材·教法》2015年第9期。

系维度、十三指标要素”课堂教学评价框架。[①] 也有学者认为，传统课堂教学评估中，教师评估几乎完全替代了学生评估。学习化评估是一种创新方式，通过张扬与确立学生的评估主体地位进而促进学生的自主学习，它倡导“评估任务即学习任务”和“评估标准即学习标准”。[②] 有学者运用整体主义价值逻辑框架，把评估作为一种特殊的学习价值活动，透视评估所蕴含的价值选择与价值判断理路，进而阐释新兴学本评估的价值论原理。[③] 学本评估可以优化师生对评估的理解和体验，改进师生的教与学，优化所有学生的学习。[④] 有学者认为，要解决教学评价促进教师发展的功能，就要求改变孤立地以教学行为或学生表现为评价对象的现状，建构以“教学行为—学生表现”为单位的耦合性教学评价。[⑤] 但有批判者认为，现行课堂教学评价指标体系存在偏向从教师教的角度设计评价指标、指标难于直接观察、指标层次结构凌乱等问题，应确立新的“以学评教”的教学评价取向。[⑥] 也有研究者认为，创客教育教学评价应综合应用多种评价工具对发现和解决问题能力、创新能力、实践能力、协作能力以及分享意识等内容开展过程性评价。[⑦]

4. 深度学习

深度学习是学习者能够主动、批判性地整合新知识，并以深度理解为起点、以新情境中的迁移为导向、以解决复杂问题和培养创新能力为目标的一种高层次的学习方式。推进深度学习，应以塑造创生性学习文化为基础，强化学习者深度学习素养的培育，通过提供具有思

---

① 郝志军：《中小学课堂教学评价的反思与建构》，《教育研究》2015 年第 2 期。

② 陈晓等：《论学习化评估的缘起、原理与方法》，《教育科学研究》2015 年第 1 期。

③ 曾文婕等：《评估促进学习何以可能——论新兴学本评估的价值论原理》，《教育研究》2015 年第 12 期。

④ 曾文婕、黄甫全：《学本评估：缘起、观点与应用》，《课程·教材·教法》2015 年第 6 期。

⑤ 毛齐明、张正琼：《以教师发展为导向的耦合性教学评价：含义、原则与实施》，《课程·教材·教法》2017 年第 1 期。

⑥ 陈佑清、陶涛：《“以学评教”的课堂教学评价指标设计》，《课程·教材·教法》2016 年第 1 期。

⑦ 郑志高等：《美国创客教育教学评价案例的分析与启示》，《现代教育技术》2016 年第 12 期。

维空间的学习任务涵养其多向思维的学习习惯和解决问题的能力。[①]有研究者基于迁移理论与SOLO水平分类方法，构建出深度学习效果的“3+2”评价模式。[②]也有研究者基于微慕学习系统的深度学习提出学生移动学习过程中的知觉登记、识别、内化以及知识建构的认知模型。[③]在实践中，慕课和翻转课堂作为应对信息化挑战所进行的两项教学创新，正在促进着互联网时代深度学习的发展。[④]迈向深度学习已成为教学论与学习论研究者关注的一个重要领域。

（二）教学实践研究

“互联网+”背景下，教学实践研究关注了课堂教学有效性、翻转课堂以及智慧课堂三个方面的内容，其中重点是基于学生生命主体的翻转课堂与智慧课堂。

1. 课堂教学有效性研究

课堂教学有效性是课堂教学的重要研究领域，隐含着效果、效率、效益、效能和效应的“五效”表征。[⑤]有效教学的行动表现从目标到评价可概括为明确的教学目标定位、全面的教学方案设计、清晰的教学语言表达、适切的教学内容呈现、互动的教学实践样态、多样的教学策略运用、恰当的教学技术介入、高超的教学艺术体现，及时的教学信息反馈。[⑥]传统认知科学对课堂教学造成的危害主要表现课堂教学对生命的漠视。作为一种全新的认知范式，具身认知对于实现课堂有效教学，促进学生健康、主动、整体全面地发展具有至为重要的价值。[⑦]近十五年来关于有效教学的研究主要集中在为有效教学进行正当性的辩护和教师如何有效的“教”上面。关于有效教学的研究

---

① 康淑敏：《基于学科素养培育的深度学习研究》，《教育研究》2016年第7期。

② 刘哲雨、郝晓鑫：《深度学习的评价模式研究》，《现代教育技术》2017年第4期。

③ 翁森勇：《基于微慕学习系统的深度学习认知模型建构》，《现代教育技术》2017年第6期。

④ 严文蕃、李娜：《互联网时代的教学创新与深度学习——美国的经验与启示》，《远程教育杂志》2016年第2期。

⑤ 朱德全、李鹏：《课堂教学有效性论纲》，《教育研究》2015年第10期。

⑥ 陈晓端：《当代教学论框架下的有效教学行动表现》，《当代教育与文化》2015年第7期。

⑦ 王会亭：《从“离身”到“具身”：课堂有效教学的“身体”转向》，《课程·教材·教法》2015年第12期。

只有立足于有效学习才有可能生成有效的教学策略。[①] 建构高效课堂需创新“为学而教”的课堂理念，创建课堂学习共同体，有效组织教学内容。[②] 在泛在学习环境下，如何结合慕课的教学理念，充分挖掘 SPOC（小规模私有在线课程）内在的教学价值和发挥 SPOC 的课堂优势是探讨 SPOC 有效教学的关键。[③] 当然，自《中国学生发展核心素养》发布以来，基于核心素养开展教学设计也成为有效教学追求的重要指针。[④]

2. 翻转课堂研究

翻转课堂秉承了先学后教、自主学习，注重课堂互动、交往、合作与探究，关注主体体验、教学要为主体服务的理念。[⑤] 翻转课堂是包含教学媒体、教师、课程、学生要素的结构系统。[⑥] 其本质在于回归教学活动的逻辑起点——学生的学习。[⑦] 有学者将慕课资源与翻转课堂有机结合，构建慕课视频替代模式、“慕课视频 + 自制视频”模式、二次开发模式等三种新型翻转课堂教学模式。[⑧] 有学者探讨了以学习力理念为基础的翻转课堂教学设计的内涵、特征。[⑨]

翻转课堂不仅是教学流程的翻转，也是教师和学生角色的转变。[⑩] 翻转课堂不仅是对知识传授和知识内化两个过程的翻转，伴随而来的还有教育理念、教学内容、教学方式、教学手段和教学评价的全方位变革。[⑪] 翻转课堂的教学中，教师需要心中有学生，心中有生活，心

---

① 安富海：《基于有效学习的教学策略研究》，《当代教育与文化》2015 年第 2 期。

② 王鉴：《高效课堂的建构及其策略》，《教育研究》2015 年第 10 期。

③ 黄光芳等：《泛在学习环境下 SPOC 有效教学的实践与研究》，《电化教育研究》2016 年第 5 期。

④ 陈彩虹等：《基于核心素养的单元教学设计——全国第十届有效教学理论与实践研讨会综述》，《全球教育展望》2016 年第 1 期。

⑤ 郭文良、和学新：《翻转课堂：背景、理念与特征》，《教育理论与实践》2015 年第 11 期。

⑥ 张朝珍、束华娜：《论超越表层结构的翻转课堂》，《华东师范大学学报》（教育科学版）2015 年第 1 期。

⑦ 王鉴：《论翻转课堂的本质》，《高等教育研究》2016 年第 8 期。

⑧ 曾明星：《基于 MOOC 的翻转课堂教学模式研究》，《中国电化教育》2015 年第 4 期。

⑨ 吕晓娟：《基于学生学习力的翻转课堂教学设计》，《电化教育研究》2015 年第 12 期。

⑩ 刘艳丽：《翻转课堂：应如何实现有效翻转》，《中国高等教育》2015 年第 19 期。

⑪ 王慧君、王海丽：《多模态视域下翻转课堂教学模式研究》，《电化教育研究》2015 年第 12 期。

中有学科。[①] 在翻转课堂课前教学中应该构建由交互中心平台、主体、客体、工具及行为等组成的多维、立体交互式翻转课堂课前教学系统。[②] 要有效实施翻转课堂，必须转变教师的教育观念；统筹城乡教育发展，加大对薄弱学校的教育投入，提高教师的信息技术素养；增强学生的自主学习能力，提高学习的自觉性；建立专项教育经费，减轻贫困学生的家庭负担。[③] 实践表明，翻转课堂在实施过程中也出现了增加学生负担、使教师失去了讲课的作用、会制造更多“学困生”等误区。要避免这些误区，需要把课堂变成“双态”课堂，静态课堂要有严格的学习任务，动态课堂上教师要精讲，激励、评价制度贯穿翻转课堂始终。[④] 有学者尝试构建了“双主”式翻转课堂教学模式。[⑤] 当前的研究还没有形成适应翻转课堂的教学质量评价体系，相当多的翻转课堂实践依然采用传统课堂教学评价的方法，有学者提出了翻转课堂教学质量评价体系的理论基础、基本原则以及评价体系建设路线图。[⑥]

3. 智慧课堂

智慧课堂是“互联网＋”时代学校教育信息化聚焦于教学、聚焦于课堂、聚焦于师生活动的必然结果。有研究者指出，翻转课堂需要向智慧课堂转变。[⑦] 与传统课堂教学流程结构相比，智慧课堂实用教学流程可采取“三段十步”的结构模型，在课前阶段以学情分析为核心，在课中阶段以师生互动为关键，在课后阶段以个性化辅导为重点。[⑧] 利

---

① 田爱丽：《翻转课堂中实施探究式教学的应用研究》，《教育发展研究》2015 年第 20 期。

② 曾明星：《翻转课堂课前交互式教学模式研究》，《现代教育技术》2015 年第 3 期。

③ 张家军、许娇：《翻转课堂在我国基础教育课堂教学中应用的适切性分析》，《教育理论与实践》2015 年第 32 期。

④ 李良侠：《翻转课堂的误区与防止策略》，《教育理论与实践》2015 年第 11 期。

⑤ 刘军：《“双主”式翻转课堂教学模式构建及其应用研究》，《电化教育研究》2015 年第 12 期。

⑥ 李馨：《翻转课堂的教学质量评价体系研究》，《电化教育研究》2015 年第 3 期。

⑦ 祝智庭：《智慧教育新发展：从翻转课堂到智慧课堂及智慧学习空间》，《开放教育研究》2016 年第 1 期。

⑧ 刘邦奇：《“互联网＋”时代智慧课堂教学设计与实施策略研究》，《中国电化教育》2016 年第 10 期。

用“互联网+”的思维方式和大数据、云计算等信息技术打造智能、高效的课堂，实现课前、课中、课后全过程应用，促进学生的智慧发展。有研究者以促进学生的智慧生成为价值取向，对生成性教学策略及智慧课堂环境下的技术支持方式进行探讨。① 有研究者认为，运用基于智慧课堂的学习模式，有助于学生优化学习过程，增强资源适应性，提高知识掌握率，提升学习兴趣。② 为此，有研究者着力打造基础性、情感性、灵动性为一体的智慧课堂模式。③ 智慧课堂被认为是“互联网+”时代未来学校课堂教学发展的新路向。④

（三）学习理论研究

在信息化背景下，学生学习问题受到学术界的普遍关注。有学者对我国不同地区中小学校学生的学习效能进行调查研究发现，当前中小学生由于受到性别、学习阶段、学校类别和区位等因素的制约和影响，应从树立合理学习价值信念、建构过程性学习评价体系和优化课程教学资源配置三个层面提升我国中小学生学习效能水平。⑤ 有学者探讨了知识的加工阶段与教学条件之间具有内在的相关性。研究认为，不同的知识加工阶段需要不同的教学条件。⑥ 有学者对“具身认知”问题进行了研究，对教学方式的转变有积极意义。⑦ 有学者在批判我国基础教育“教学环境设计”问题繁荣基础上。提出了学习环境的设计要求教师角色转型，从“教的专家”转向“学的专家”。⑧ 有学者讨论了基于手机的交互式学习环境的概念与内涵，对移动学习的交互性特征做了剖析，提出了基于手机的交互策略，并结合具体案例

---

① 李祎等：《智慧课堂中的智慧生成策略研究》，《电化教育研究》2017 年第 1 期。

② 卞金金、徐福荫：《基于智慧课堂的学习模式设计与效果研究》，《中国电化教育》2016 年第 2 期。

③ 崔淑仙：《打造智慧课堂教学模式》，《中国教育学刊》2017 年第 2 期。

④ 刘军：《智慧课堂：“互联网+”时代未来学校课堂发展新路向》，《中国电化教育》2017 年第 7 期。

⑤ 靳玉乐：《中小学生学习效能的现状及提升策略》，《中国教育学刊》2015 年第 8 期。

⑥ 黄梅、黄希庭：《知识的加工阶段与教学条件》，《教育研究》2015 年第 7 期。

⑦ 殷明、刘电芝：《身心融合学习：具身认知及其教育意蕴》，《课程·教材·教法》2015 年第 7 期。

⑧ 钟启泉：《学习环境设计：框架与课题》，《教育研究》2015 年第 1 期。

进行智能手机软件交互环境的建构。[①] 有学者在分析现有网络学习环境的基础上，提出以社交网络模型为资源聚合与推荐框架设计新型学习环境的思路。[②] 有学者对慕课学习者群体分类进行了研究。[③] 有学者对慕课学习者的学习行为进行了研究，并建议加大慕课宣传力度、鼓励学习者参与、加强管理。[④] 还有学者基于情境学习理论，探讨了网络学习情境性评价的基本内容框架和实施策略。[⑤]

三 当前教学论研究存在的问题及发展趋势

（一）"互联网＋"背景下教学研究亟待加强团队合作

当前教学问题的研究主要存在两个方面的倾向：一是单打独斗，学科内部缺乏合作；二是学科与学科之间缺乏必要的合作研究。教学实践领域的诸多问题的解决，需要理论工作者和实践工作者的合作研究，需要教学理论工作者、学科教学论研究者、一线教师的通力合作，这种团队合作旨在解决实践问题，并在问题解决的基础上形成理论建构。在信息化背景下，团队合作研究还需要不同学科之间的联盟，教学论研究者、学习论研究者、信息技术理论研究者的合作团队，才能从根本上解决当前慕课、翻转课程、学习方法变革等方面的问题，也才能为现代教学论学科体系的形成与发展奠定基础。实践领域的问题解决需要团队之间的合作，"互联网＋"背景下现代教学理论的学科体系重构需要团队之间的合作。

信息化背景下的教学问题正在或已经生了巨大的变化，要求教学论研究者必须顺应时代要求，科学及时地回应教学领域出现的新问题。以数字化视听技术、多媒体交互技术等为特征的现代教学技术，不仅对教学手段和方式的变革产生重大影响，而且对教学观念、教学

---

① 陈明选、刘萃：《基于智能手机的交互式学习环境设计》，《中国电化教育》2015 年第 4 期。

② 杨进中、张剑平：《基于社交网络的个性化学习环境构建研究》，《开放教育研究》2015 年第 2 期。

③ 梁林梅：《MOOCs 学习者：分类、特征与坚持性》，《比较教育研究》2015 年第 17 期。

④ 方旭：《MOOC 学习行为影响因素研究》，《开放教育研究》2015 年第 3 期。

⑤ 黄越岭、朱德全：《情境学习理论视阈下的网络学习评价：体系与策略》，《中国电化教育》2015 年第 2 期。

目的、课程内容与教材、师生关系以及教学评价与管理的改变都起着不可忽视的作用，它已成为教师从事教学实践与研究的不可或缺的资源和工具，也为学生的学习和发展提供了丰富多彩的教育环境和学习空间。这些教学论研究出现的新现象、新问题急需教学论研究者以极大的学术魄力和勇气予以关注和回应。从近年来研究的趋势来看，许多研究都是关注某一时段、某一人物或某一事件所负载课程与教学主题、内容和意义的探讨，缺乏整体观念的系统思维。面对实践者的诉求，如“微课”怎样更好地和课堂教学形成优势互补、“翻转课堂”运用的规范及限度等问题，许多教学论理论研究者都显得力不从心，或和一线教育工作者一起陷入痛苦之中。信息化时代不仅改变了人们的生活方式，也改变了人们的认知方式。学生的认识方式和认知特点决定了我们的教学方式和课程的呈现方式。现在的中小学生是伴随网络逐渐成长起来，他们的认知和学习方式必然和以往的学生有一定的差别，教学论研究理应重点关注这些问题。然而，从近年来的文献来看，教学论研究领域对信息技术背景下学生的研究相对薄弱，大多数研究都是一厢情愿地为学生提供自己认为优质的课程资源和先进的教学方式。事实上，许多新兴的教学模式或教学平台对学习者都有特殊的要求。以慕课为例，慕课对学习者的学习积极性和主动性要求很高，需要学习者根据自己的兴趣自主选择课程，主动参与并完成整个教学过程。慕课的学习整体上是基于兴趣学习，是一种主动参与的学习，是自定学习步调的个性化学习。中小学生对于课程有着不一样的学习需要和动力水平，如果对课程本身缺乏内在学习动力，慕课平台又无法为低动机学习者提供更好的激励和监督措施，那些对慕课提不起兴趣的学生则很有可能在自由的时空里错过慕课的学习内容。而在基础教育阶段，我们如果很难保证学生对课程本身有着浓厚的兴趣，又没有相应的学习监管，仅凭学生的自觉来完成慕课学习有一定难度。只有立足于学生，才能最大可能的实现教，信息化时代学生认知特点是我们以任何方式研究信息技术与教学融合的基础。

从当前中小学教学实践暴露出的问题来看，信息技术在教育教学中的应用为当前教育教学改革带来机遇的同时，也出现了许多问题。一线的教育工作者看到新技术或新产品出现时，总是很急切地想把它应用到教学实践中，希望通过它来更新教学模式、改进教学策略，进而提高教学质量，却很少去考虑这一技术和产品是否真正适用于我们当前的教学内容和教学环境，再加上对技术本身的运用能力不足，必然导致中小学教育教学实践出现“混乱”局面。在这种情况下，教学论研究者应该勇于担当，不仅要加强学科内部的合作，还要加强与相关学科的合作，充分发挥理论研究的引领和指导作用。信息化时代正以不可阻挡之势冲击着传统的课程与教学，给课程与教学带来了革命性的变化，为了使信息技术更好地服务于课程与教学，服务于学生发展，教学论研究者必然要对信息化时代的课程、教学、教师、学生、学习等问题进行系统研究。

（二）“互联网＋”背景下教学论研究范式亟待转型

传统的教学论较多地运用思辨的研究方法，强调对本质、规律、原则等基础性问题的思辨，旨在建立普适性的、能解决一切场域中发生的课程问题和的教学问题宏大体系，这种研究方法只能揭示静态的、线性的课程问题和教学问题，不能解决不断变化发展的教学实践问题，研究的过程也多是借用其他学科的概念、术语、理论、方法来研究自己的问题，这种研究实质上是一种演绎的研究，演绎的研究范式曾经为我国教学论学科体系的构建做出了一定的贡献，使我国在有限的时间内构建起了课程论与教学论的学科体系。但由于缺乏体现学科特色的概念范畴和言说方式，难以形成相对统一的逻辑结构，致使教学论学科体系较为混乱，也使得教学论长期以来受到合法性的拷问。新一轮基础教育课程改革以后，这种现象有所改善，但还是演绎思辨的研究范式并没有得到彻底反思。随着信息时代的到来，教学的实践领域顺应信息时代的要求，发生了翻天覆地的变化，走了很多弯路，也总结出许多有价值的经验。从当前的情况来看，信息化背景下的教学实践已经走在了理论研究的前面，虽然步履蹒跚，但依然坚定地向前发展。信息化已经成为这个时代的主题，信息化背景下教学相关要素的表现形态、呈现方式等都发生了巨大的变化，这就需要教学论研究者把握时代脉搏、深入研究变化了的和正在变化的教学问题。从当前来看，面对信息技术背景下的课程与教学实践问题，理论研究者、实践研究者、教研员等不同研究团队要合作开展关于慕课、微课、翻转课堂、远程教学、混合学习等显得十分迫切，如何让创新的理论成果引领教学实践的发展成为当前教学论的主要任务，与此同时，课程论研究者、教学论研究者、学习论研究者、信息技术研究者等不同领域的学者之间通过通力合作，为构建现代教学论学科新体系而解决基本的理论问题，让现代教学论成为信息技术时代的标志性学科理论。这种研究除了必要的理论探讨之外，更重要的是关注中小学的课程与教学实践，走归纳研究之路，使课程与教学论学科建设有了新的生长点。另外，要想真正提高教学论研究的理论品性，必须拓展研究视域，必须广泛汲取一切有价值的思想资源，进一步拓展现代教学论学科的发展空间，不仅要借鉴国外的先进经验，也要借鉴和利用相关学科的研究成果。① 因为借鉴和利用不仅使教学论学科发展有一个较高的起点，而且开拓了学科研究空间，拓展了研究者的学术视野，进而促进教学论研究主题及研究范式的转换。因此，我们认为，在今后一段时间内，教学论的研究会将重心放在归纳研究方面，增强教学论学科的实践性，关注信息化背景下教学实践出现的各种新问题、新现象，提升课程与教学论的学科功能。

（三）“互联网+”背景下现代教学论学科体系有待重建

经过近四十多年的恢复和发展，我国教学论的学科地位日益突出，价值日渐彰显。其主要原因在于我国教学论在引领和解决中国的教学的理论和实践问题中做出了应有的贡献。作为学科存在的课程与教学论，想要继续立于理论学科之林，必须与时俱进，不断完善和提高自身理论思维水平，构建基于本土实践、具有时代特征的学科体系。信息化已经成为这个时代的最强音，它影响和改变着人类生活的方方面面。教育领域许多观念、认识和做法也将随之发生一定的变化。教学论学科所关注的问题，或者说所关注问题的角度也在发生着变化。因此，教学论学科发展必须思考信息技术背景下学科体系的构建问题，将信息技术的作为一个重要元素，落实在学科体系的重建过程中。然而，近年来，有关“互联网+”背景下教学论学科重建问题

① 安富海、王鉴：《近年来我国课程与教学论研究的回顾与展望》，《教育研究》2016年第1期。

的研究文献相对较少，关注点还主要集中在过去教学论学科发展的问题方面，对信息技术背景下教学论学科发展路径、变革方式等问题的关注不多，虽然大多数教学论研究者已经意识到信息化时代将对过去教学论学科发展带来一定的挑战。信息化时代打破了传统的教学结构，挑战了标准化的教学规则；实现了教师教学方式的变革；撼动了以教为中心的课堂教学模式，促进学生的学习方式发生转变；冲击了现行的教学评价方式，使得评价方式更加开放多元。[①] 另外，随着智慧课堂及相关学习环境、学习工具在教育市场的不断渗透，技术在教学论领域的价值不断得到彰显。但技术在教育教学中的广泛应用也存在许多局限性，而且信息化时代对教学的这种挑战和与生俱来的局限将会持续存在，这就需要教学论研究者对此进行系统深入的研究，以实现技术最大限度地促进学生发展。对于教学论研究者来说，不能单纯从技术出发去思考问题，也不能盲目地将信息技术应用到教育中，更不应评定哪一种技术嵌入方式的教学最佳，而是要明确将哪一种技术嵌入教学，针对什么教学目的，可以解决什么问题和取得怎样的效果作为课程与教学论研究的重要方面，整体上把握技术在学科发展作用。从当前的情况来看，大多数研究都停留在对具体问题的探讨之中，如翻转课堂优劣势的问题、慕课合理运用问题、微课的价值及限度问题、信息技术融入课程教学的方式方法问题等。

在新的时代背景下，教学论研究者必须正视并重新思考信息化对理论与实践的双重影响，合作开展关于“互联网 +”时代的教学论学科新体系的研究，从学科性质、研究对象、核心问题、研究方法等设计学科发展的主要内容，并形成团队研究力量，集中研究信息技术背景下教学领域的慕课、翻转课堂等新问题，结合信息技术理论与现代学习理论，建构适应现代社会发展、体现学生学习特点、指导教学实践的新型的课程与教学论学科体系。因此，我们认为，信息化背景下现代教学论学科发展将会成为在今后一段时间内教学论领域研究的核心议题。

---

① 刘志军等：《数字化时代的教学理论与实践——第十四届全国教学论专业委员会学术年会综述》，《课程·教材·教法》2015 年第 10 期。

第二节 信息技术与课程教学深度融合路径研究

信息技术正在成为中国教育发展的新引擎。信息技术与教育的深度融合极大地改进了教育资源的供给方式，提升了教育资源的适应性服务能力。信息技术与课程教学的深度融合扩大了优质课程资源的覆盖面，为创新教学模式、变革学习方式提供了条件、搭建了平台，也引发了整个教育界对其正在坚守和秉持的课程观、教学观、学习观的重新思考，并期待着信息技术与课程教学深度融合能从根本上解决课程教学的所有问题、彻底变革传统的课堂教学。站在学生发展的立场，深刻认识信息技术与课程教学深度融合的含义、理性把握信息技术与课程教学深度融合的限度、科学探索信息技术与课程教学深度融合的路径，对推进信息技术与课程教学深度融合具有重要意义。

一 信息技术与课程教学深度融合的内涵及核心要素

（一）信息技术与课程教学深度融合的内涵

什么是“融合”?《现代汉语词典》（第6版）解释为：“几种不同的事物合为一体”。[①]“融合”相对应的英文是“fusion”，其含义为“交融和一体化”。[②] 关于“融合”的理解，无论是汉语的释义还是英语的解释都在强调成为一个整体或一体化。也就是说，融合不是将两个或多个事物简单相加，而是强调基于新的需要和更高的目标而将两个或多个事物通过一定方式聚合在一起，以便发挥其新的、更大的功能。基于以上认识，“深度融合”可以理解为基于新的需要和为实现更高的目标，运用一定的方式和手段将两种或多种事物更加深入地糅合为一个整体。什么是“信息技术与课程教学深度融合”呢？当前学术界关于“信息技术与课程教学深度融合”的理解主要集中在四个方

① 中国社会科学院语言研究所词典编辑室：《现代汉语词典》（第6版），商务印书馆2012年版，第1101页。

② 《朗文当代高级英语词典》，朱原等译，商务印书馆2012年版，第619页。

面：一是将信息技术作为课程教学的一部分来理解。认为现代信息技术是促进课程教学变革的核心力量，它能够实现课程的开发、再造、生成等功能，也能够实现教与学方式的变革，促进教师有效的教、学生有效的学等功能。① 二是将信息技术作为一种工具融入课程教学。认为对于课程教学来说，信息技术应该作为工具、媒介和方法融入课程教学的各个层面，使学习内容的组合更加合理、清晰，课堂教学结构的设计更加优化。② 三是将信息技术作为一门课程来理解。认为信息技术是信息时代学生必须掌握的基本技能，应该将其纳入中小学课程体系中，作为一门课程开设，旨在培养学生的信息素养，提升学生获取信息、整理信息和运用信息的能力。③ 四是将信息技术作为一种课程教学环境来理解。强调要利用信息技术改变以往教师中心的教学环境和教学结构，营造一种更有利于教师和学生互动的、新型的教学环境。④ 上述关于信息技术与课程教学融合的认识，为本研究理解信息技术与课程教学深度融合提供了广阔的思路。同时也发现上述认识都是从技术、课程教学、教与学的环境等条件性要素出发去考量两者之间的关系问题，没有将学生的发展作为考量两者深度融合的出发点。学生发展是信息技术与课程教学深度融合的理由，只有站在学生发展的角度定位它们之间的关系、探究它们融合的方式与途径以及展望它们的发展趋势才有意义，才符合教育研究和教育行动的价值追求。

基于以上分析和认识，本研究认为，促进学生发展是信息技术与课程教学深度融合的出发点和归宿。关于信息技术与课程教学深度融合的理解一定要超越信息技术、课程教学、教学环境等条件性要素，站在学生发展这一本质性要素的立场来考量信息技术与课程教学深度融合是什么、为什么、怎么做的问题。鉴于此，我们可以将信息技术与课程教学深度融合理解为：为了更好地发挥课程教学的育人功能，

---

① 郭绍青：《论信息技术与课程整合》，《电化教育研究》2002 年第 7 期。

② 余胜泉：《信息技术与课程整合的目标与策略》，《人民教育》2002 年第 2 期。

③ 黄甫全：《试论信息技术与课程整合的基本策略》，《电化教育研究》2002 年第 7 期。

④ 何克抗：《如何实现信息技术与教育的“深度融合”》，《课程·教材·教法》2014 年第 2 期。

在满足学生学习需要的前提下，按照学生的认知特点、时代特征和课程教学的本质要求，将信息技术有效地融合于课程教学的全过程，通过聚合和推送优质课程资源、提供智能化的学习分析、进行科学合理的人机分工和营造既能充分发挥教师主导作用又能突出体现学生主体地位的信息化教学环境来促进学生更好的发展。

（二）信息技术与课程教学深度融合的核心要素

深入推进信息技术与课程教学深度融合需要把握几个关键问题。第一，更好地发挥课程教学的育人功能是信息技术与课程教学深度融合的终极目标。任何时代的教育中，无论运用什么材料、借助什么工具、凭借什么手段，也无论这些材料、工具、手段等条件性要素怎样组合，考量它们适且与否的唯一标准就是它们及其组合方式是否能够更好地促进学生发展。能够促进学生的发展的一切条件性要素及其组合方式都应该纳入育人的体系中来，既是当前由于观念、条件等种种因素的限制未能纳入育人的体系中，也应该想方设法克服困难、创造条件将其渐进式地纳入育人体系中来。第二，学生生活环境的变化和学生学习需要是信息技术与课程教学深度融合的前提条件。整个人类社会已经进入信息时代，即使那些经济社会发展落后的国家和地区也已被抛入信息时代。信息化理所当然会成为时代的符号，并已经成为这个时代发展不可或缺的重要组成部分，在促进各行各业的快速发展方面彰显出了不可替代的价值，深刻地影响和改变着人类社会自身的历史、现实和当下生活的方方面面，人类的学习环境也随之发生了和继续发生着巨大的变化，数字化学习逐渐成为学习的新常态，也成为“数字原住民”最受欢迎的学习方式。学生生活环境的变化和学生“青睐”的学习方式的改变需要信息技术与课程教学深度融合。第三，学生学习的特点是信息技术与课程教学深度融合的关注重点。学生学习的认知特点和时代特征是教育者选择教育材料和教育方式的基础。无论教育的材料多么的重要和有价值，无论教育的方式方法多么的先进和具有可操作性，如果不符合学生学习的认知特点和时代特征，这些重要的材料和先进的方式方法对学生的发展来说，其重要性和先进性都只能停留在理论层面。随着时代发展，学生感知、注意、记忆、分析等认知特点发生了许多变化，也深深地印上了时代的痕迹。信息技术与课程教学深度融合过程中，只有深刻地把握学生的学习特点和时代特征，才能做到有的放矢，事半功倍。第四，变革课程教学模式和改善教学环境是信息技术与课程教学深度融合的实践追求。信息化背景下的课程与教学问题正在或已经发生了巨大的变化，以数字化视听技术、多媒体交互技术等为特征的现代信息技术，不仅对教学手段和方式的变革产生了重大影响，而且对教学观念、教学目的、课程内容、师生关系以及教学评价与管理的改变发挥着不可忽视的作用，它已成为教师从事教学研究与实践不可或缺的资源和工具，也为学生的学习和发展提供了丰富多彩的教育教学环境与学习空间。信息技术与课程教学深度融合就是要解决课程与教学当下存在的一系列问题，进一步变革课程教学，营造更有利于学生学习的教学环境，促进学生更好地发展。

二　信息技术与课程教学深度融合的限度

信息技术具有传递速度快、资源共享范围广、信息处理能力强等特征，它与课程教学的深度融合不仅改变着传统的课程观、教学观和学习观，还为教学模式的创新和学习方式的变革创造了条件、营造了环境，更重要的是扩大了优质资源的覆盖面，改进了教育资源的供给方式，提升了教育资源的适应性服务能力，促进了教育均衡发展。基于这一事实，一些研究者认为，信息技术一旦以应有的方式融入课程教学，就会通过变革课堂教学结构，彻底解决多年来课堂教学中存在的顽疾，真正实现差异化的教学和个性化的学习。[①] 这种理想值得尊重，但这种判断需要反思。这是典型的技术至上的思维方式，这种思维方式将课程教学中的认知目标和能力要求置于优先考虑的地位，忽视了课程教学中的社会性和情感性维度，将课程教学变成了冷静客观的事件和活动。信息技术与课程教学深度融合中技术至上的思维习惯一旦形成，就会自然地进入我们的潜意识，从而无所不在地影响、掌握和控制着我们课程教学的思维和活动，我们所有的课程教学思想和

① 何克抗：《智慧教室 + 课堂教学结构变革——实现教育信息化宏伟目标的根本途径》，《教育研究》2015 年第 11 期。

行为都必须在技术理性的方式或名义下被重构，技术的方式便成了我们课程教学生活的唯一合理方式。这样，教学势必会失去其应有的人性向度，沦落为被严密组织起来的技术系统。[①] 信息技术之于学生发展，正如课程教学之于学生发展，属于条件性要素。信息技术无论以什么样的方式融入课程教学，也无论课程教学以什么样的方式接纳信息技术，都必须服从学生发展这个根本。

信息技术与课程教学之所以要深度融合，一方面是学习者生活环境变化使然，是学生学习需要使然；另一方面是当前课程教学中存在许多在物理空间中没有办法得到彻底的解决，或者在现有的条件下解决得不尽如人意的课程教学问题，需要通过物理空间和虚拟空间有机结合起来去解决。因此，信息技术与课程教学深度融合不是在技术理性的指导下，尽力让信息技术“装扮”得更像课程教学，而是要看学生学习和课程教学的发展及育人功能的提升需要什么样的信息技术，信息技术究竟能够解决和改善或者在多大程度上解决和改善课程教学中存在的问题。

当前，我国课程教学领域存在诸多亟待解决的问题。但不是课程教学中的所有问题都能依靠信息技术得到有效或彻底解决。

有些问题是课程教学理论研究不深入造成的，课程与教学理论研究不深入，对相关的概念、原理理解不清，不能引领和指导当下的课程与教学实践。

有些问题是体制机制不顺畅、不合理造成的，如教师招聘机制和使用机制存在许多供需矛盾。人事部门系统负责招人，教育部门负责用人，常常会出现想用的人招不来，不想用的人不断涌入的局面。这类问题与信息技术关系不大或没有必然的联系。理论研究问题需要加强理论研究、厘清相关概念和原理，用更符合人的成长和教育发展的理论引领和指导课程教学变革；体制机制问题的解决不仅要重视和加强顶层设计、理顺各种关系，还要尊重基层探索、总结实践经验，要将顶层设计和基层探索有机结合起来破解课程教学发展中的体制机制问题。

---

① 徐继存：《教学的技术嵌入及其规约》，《课程·教材·教法》2015 年第 7 期。

有些问题是教师素质不高、管理能力低下造成的。基础教育阶段部分教师教学能力有待提升、教学观念比较陈旧、自我学习和提升的意识不强；教学管理人员能力不足、责任意识淡薄。这类问题可以借助信息技术途径和手段进行改善和提升，但网络研修等网络学习的实践已反复证明，在人的素质和能力的提升方面信息技术的力量较为有限。

有些问题是资源匮乏和环境落后造成的。这类问题可以借助信息技术提供优质的、多类型的课程资源和建设信息化教学环境进行解决，为学生学习和教师教学提供更加丰富和优质的资源，营造智能化的教学环境，为教师差异化教学和学生个性化学习提供资源和环境支持。

有些问题是教学组织形式和教学方式造成的。这类问题可以利用信息技术，通过创建平台、开发空间等创新教学组织形式；通过信息化的教学设备和教学环境更好地开展启发式、探究式、讨论式、参与式教学，变革传统的教学模式。

有些问题是评价方式造成的。这类问题可以通过云计算与云服务、学习分析等技术对学生学习状态进行实时监控、统计与分析，并为学生改进学习和教师调适教学提供精准的信息报告，从而更好地发挥评价促进教师教学和学生学习的目的。

总之，信息技术与课程教学的深度融合可以改进、完善和解决当前我国课程教学存在的许多问题，但无论采取什么融合方式，都要将学生发展放在优先考量的地位。

三　信息技术与课程教学深度融合的路径

信息技术与课程教学深度融合就是利用信息技术解决课程教学存在的、信息技术有能力解决的问题，以期更好地发挥课程教学促进学生发展的功能。就当前信息技术和课程教学发展情况来看，应该通过聚合和推送优质课程资源、提供智能化的学习分析、进行科学合理的人机分工、创建智慧化环境来实现信息技术与课程教学的深度融合。

（一）聚合和推送优质课程资源：解决课程资源匮乏及共享问题

发展不均衡是我国教育发展中面临的突出问题，在学校课程建设中不均衡问题表现得尤为突出。如云南、贵州、甘肃、青海等西部地区的农村中小学除了有国家统编的教科书和一些市面上销售的良莠不齐的配套练习资料之外，其他课程资源比较匮乏，当地教育行政部门也通过“派出去，请进来”等方式学习优质学校课程资源的建设路径和方法，但是由于当地学校教师整体素质不高，很难在短期内真正解决课程资源匮乏的问题。匮乏、单调的课程资源和传统的教学方式必然使这些学校学生的学习走向低效。另外，一些学校虽然已经开发了许多适合本校学生学习的课程资源，但由于这些课程资源大多都以纸质或者简单的多媒体形式呈现，而呈现的方式不是学生喜欢的方式，所以，无论这些课程资源多么有价值，也激不起学生学习的欲望。信息技术利用其传递速度快、资源共享范围广、信息处理能力强等特征，将优质的、多形态的课程资源分门别类地聚合在专门的网络空间或指定的云平台，这个空间或平台不仅要有存储和共享资源的功能，还应具有根据教师和学生学习行为数据进行智能化的推送优质资源的功能。① 教师和学生可以在相关体制机制的引导下，通过这些专门的平台和空间共享优质的课程资源。

（二）提供智能化的学习分析：促进学生的个性化学习

学生的个性化学习是指学生按照自己的目标、进度、喜欢的方式和状态进行学习。学生的个性化学习问题向来是教育哲学、教育心理学、课程与教学论共同关注的问题，也是学习的理想状态。从卢梭的“自然主义”到杜威“儿童中心”，从孔子“因材施教”到陶行知“六个解放”等研究和观点都属于这方面的探索。但由于种种条件限制，这一理想没能在现有的物理空间中变成现实，或者说没有变成普遍存在的现实。其主要原因是：教师面对的学生太多，加上教师个人素质和能力有限，不能为每个学生提供有针对性的学习分析和适切性的学习指导。因此，在现有的物理空间中学生没有办法实现个性化的学习。信息技术创造的虚拟空间，利用云计算与云服务、大数据分析、人机交互等技术通过记录学习过程、识别学习情境、感知学习状

① 安富海：《学习空间支持的智力流动：破解民族地区教师交流困境的有效途径》，《电化教育研究》2017 年第 9 期。

态，并进行实时统计与分析，为学生的学习提供智能化的学习指导和帮助，包括提供适合学生个性化学习的方式方法、学生学习存在问题的原因分析及改进建议、学生学习资源的智能化选择和推送等关涉学生个体的学习信息。学生根据这些智能化的信息，在教师的现场引导和帮助下，及时改进和调适自己的学习，进而实现个性化的学习。

（三）科学合理的人机分工：提升教师在学生高阶思维发展中的贡献力

按照布卢姆教育目标分类学的标准，许多教师在教学过程中都将主要精力用在学生记忆、理解和简单应用等低阶教学目标的达成上，对于分析、评价和创造等高阶思维能力的训练关注不够。[①] 造成的结果是教师教得艰难、学生学得痛苦。因为教师重点关注的内容都是学生借助一定的学习工具或在同伴互助下可以自行解决的。而学生感兴趣的，需要教师深度引导和讲解的内容，教师又无暇顾及。在这种课堂教学中，教师和学生都体验不到或者很少能体验到教与学的成就感，教师和学生都处在煎熬的状态中。无论是课程与教学的理论研究，还是一线教师的实践探索都给予了这些问题充分的关注，但改变的程度和范围仍然极其有限。一方面是长期以来形成的教师主导课堂教学的观念使然；另一方面是过去的教学条件不能协助教师和帮助学生很好地达成低阶教学和学习目标。信息技术的介入可以通过人机合理分工减轻教师简单的知识传送、学习效果测试、数据处理等重复性工作，引导教师专注于教学设计、解难答疑、个性化指导等创造性工作，[②] 和促进学生高阶思维能力的发展。从分布式认知视角看，认知可以发生在人和工具的交互过程中；当技术用于排除低级的和不重要的要求时，与该任务相关的认知负荷就能降到最低点，此时学生的认知资源重新配置，将主要精力用于支持高级的思维与学习活动。[③] 因此，通过制作微课、智能测试等方式让信息技术协助教师实现学生低阶

---

① 安富海：《促进深度学习的课堂教学策略研究》，《课程·教材·教法》2014 年第 11 期。

② 祝智庭等：《翻转课堂国内应用实践与反思》，《电化教育研究》2015 年第 6 期。

③ ［美］戴维·乔纳森：《学习环境的理论基础》，郑太年、任友群译，华东师范大学出版社 2002 年版，第 89 页。

思维发展的教学目标，引导教师将主要精力投入学生高阶思维的发展，这样不仅可以增强学生学习的自主性，也可增强教师教学的成就感。

（四）创建智慧化环境：为教与学的有效开展提供环境支持

教学环境是教与学顺利开展的保障。长期以来，我们在信息化教学环境的硬件建设、数字化教学资源的设计和网络环境下新型教学模式变革的实践中，往往着眼于知识传递和以学生认知发展为中心的教学，把注意力集中在知识、设备、软件等方面，忽视了知识、设备、软件服务的对象——人的体验，忽视了学生作为独特的个体在课堂内外自己选择资源和运用资源的自主性。这是一种典型的技术至上的逻辑。基于学生发展的教与学环境的构建一定要将“人”的发展放在第一位，要从关注技术、计算机、网络、软件、资源库的建设和运用上转移到如何有效地促进“人”的发展上，将“人”作为环境建设的逻辑起点和归宿。从根本上说，创建适合教与学的信息化环境就是借助现代信息技术为教师和学生创造一个现代化的生存环境，其目的是提高学生和教师在教学活动中的生命质量，促进人的全面发展。① 信息技术与课程教学的深度整合，关键并不在于是否应用了计算机、网络、课件或网络探究等新型的教学设备和教学模式，核心问题是看是否尊重教师和学生作为个体的生命活动，提高了他们生命存在的质量。鉴于此，在创建适合教与学的信息化环境的过程中，一定要突出教师和学生在教学活动中生命质量的提升。从生命的高度、用动态生存的思维来创建教与学的信息化环境。具体来说包括两个层面：一是思维层面要融入系统观和生态观，构建教与学的“信息生态”，要将信息化教学环境看作是一个有层次的、各因子在功能上协调一致发生作用的生态系统，强调人、技术、教学活动之间的和谐互动，并使网络设施、软件平台、资源库、人员等各要素相互补充，和谐发展。二是技术层面要建立能够支持真实的情境创设、启发思考、信息获取、资源共享、多重交互、自主探究、协作学习等多方面要求的教学环境，② 从

---

① 黎加厚：《创造学生和教师的精神生命活动的信息化环境》，《电化教育研究》2002年第2期。

② 何克抗：《智慧教室+课堂教学结构变革——实现教育信息化宏伟目标的根本途径》，《教育研究》2015年第11期。

而帮助教师更加有效地“教”，学生实现个性化地“学”。

第三节　人工智能时代的教学论研究要聚焦深度学习

近年来，随着云计算、大数据、智能识别、机器学习等新技术的快速发展，信息技术疾步进入智能化阶段，并开始以其强大的智能优势介入人类生活和工作的方方面面，改变着人们的思维方式、生活方式和工作方式。在社会需求与国家政策的双重驱动下，人类社会也逐渐迈向人工智能时代。教学论作为一门以动态的教学整体为研究对象，探索教学一般规律的学科，[①] 其研究理应体现时代要求、回应时代问题。深度学习是人工智能时代对教与学提出的新要求，也是人工智能时代学校教与学面临的重要话题。人工智能时代的教学论研究应该聚焦深度学习。

一　人工智能的内涵及时代特征

（一）人工智能的内涵及类型

人工智能是一个研究和开发模拟、延伸和扩展人的智能的综合性领域，主要包括语言识别、图像识别、自然语言处理、机器人和专家系统等方面。其目标是通过模仿人脑使机器能够像人一样认知、学习、思考和工作[②]。人工智能作为引领未来发展的战略性技术，已经成为社会和经济发展的重要推动力。

根据不同的标准，可以对人工智能进行不同的分类。以智能化的强弱为标准，人工智能可以分为强人工智能和弱人工智能。强人工智能认为有可能制造出有知觉的、有自我意识的，能推理和解决问题的智能机器。强人工智能又可分为类人的人工智能（能像人一样思考和推理的人工智能）和非类人的人工智能（产生和人完全不一样的知觉和意识，使用和人完全不一样的推理方式的人工智能）。弱人工智能

---

① 徐继存：《教学理论反思与建设》，甘肃教育出版社2000年版，第26页。

② 潘云鹤：《人工智能2.0与教育的发展》，《中国远程教育》2017年第5期。

认为不可能研究和开发出像人一样推理和解决问题的智能机器，当然更不会有自主意识和反思能力。以智能化层次为标准，人工智能可以分为计算智能（能存会算）、感知智能（能听会说，能看会认）和认知智能（能理解会思考）三个层次。在计算层面，计算机在存储、记忆等方面已经远远超过人类。在感知层面，计算机在语音识别、图像识别等方面取得了巨大的成就，但让计算机真正能理解、会思考、进行自我学习，还有很长的路要走。在认知层面，虽然也取得了可喜的进步，但还没有突破性进展。只有在认知层面有所突破，人工智能才有可能实现其预期的目标。①

（二）人工智能时代的特征

人工智能时代是信息时代的高级形态。智能化是人工智能时代的主要特征。② 它是指事物在互联网、大数据、物联网等技术的支持下，所具有的能动地满足人的各种需求的属性。③ 其特点是将智慧融入一个系统中（这个系统可以是一个国际机场，也可以是一所学校；可以是一个商场，也可以是一个餐厅），系统能够按照个人的需要适时提供个性化服务、满足差异性需求。

人工智能致力于使机器拥有类似人类的感知、认知、操控、交互能力，并与人类协同工作，提高人类的生活质量。④ 从目前人类认识的水平来看，人工智能将可能具备以下四种能力：一是能模拟人的行为。人工智能技术可以让机器对外界的刺激做出反应、采取行动。二是能模拟人的感知。人工智能技术可以模拟人的感觉器官，通过视觉、听觉等感知客观世界。三是能模拟人的学习。利用机器学习技术，可以让计算机具备学习能力，从数据中学习知识和经验。四是能模拟人的思维。人工智能技术可以模拟人脑，具有思维能力。通过自

① 胡郁：《人工智能的发展未来与创业》，《中国人工智能学会通讯》2017 年第 1 期。

② 安富海：《人工智能时代教学论研究：坚守与变革》，《课程·教材·教法》2019 年第 5 期。

③ ［美］杰瑞·卡普兰：《人工智能时代》，李盼译，浙江人民出版社 2016 年版，第 3 页。

④ 李修全：《新一轮人工智能发展的三大特征及其展望》，《中国人工智能学会通讯》2017 年第 5 期。

然语言处理技术，计算机可以理解人类的语言。[①] 随着机器学习、自然语言处理等人工智能关键技术的突破，人工智能系统与产品将会快速进入人们的生活与工作环境，对教育、医疗、交通、金融等领域产生重大影响。整个人类社会的产业结构、生活方式、工作环境等将被重构。[②] 智能机器逐渐解放人的双手，很多今天由人从事的工作，未来将会由机器或人与机器共同完成。我们已经看到，机器正在很多领域取代人的劳动，包括繁重粗糙的体力劳动和较为复杂的脑力劳动。[③]

二 人工智能时代教学论研究聚焦深度学习的原因

（一）深度学习能够促进创新型人才的成长

创新已经成为当今世界综合国力竞争的焦点和重塑世界格局的主导力量。我国政府高度重视创新型人才的培养。党的十八大以来，习近平总书记将创新发展提高到国家发展的战略高度，并强调指出，抓创新就是抓发展，谋创新就是谋未来。这是党和国家基于时代发展和国际经济形势与全球政治格局变化而做出的科学判断。然而，人才是创新的核心要素，创新型人才必须具有创新思维和创新能力。创新思维和创新能力的培养又依赖于学校教育教学的全过程。深度学习通过对现有教与学的目标、内容、方法、评价等诸要素的调适，可以进一步激发学生的创新思维、培养学生的创新能力，满足时代对人才的基本要求。深度学习必将成为人工智能时代主要的学习形态，教学论研究理应聚焦深度学习。

（二）深度学习能够弥补数字化学习的不足

人工智能正在以各种方式嵌入人类生活的各个层面，人类的学习环境和学习方式也随之发生了和继续发生着巨大的变化。数字化学习逐渐成为学习的新常态，也成为“数字原住民”最受欢迎的学习方式。然而，虽然高效、便捷的数字化学习能够使海量信息短时间内尽收眼底，但学习中系统化不够、深刻性不足等问题也由此产生。学习

---

① ［美］杰瑞·卡普兰：《人工智能时代》，李盼译，浙江人民出版社 2016 年版，第 3 页。

② 郭绍青、杨鸿武：《走进智能社会的“底气”》，《中国教育报》，2018 年 7 月 7 日第 3 版。

③ 汤敏：《人工智能与新师徒制》，《华东师范大学学报》（教育科学版）2017 年第 5 期。

者常常游离于与学习无关的资源中，往往出现多任务信息查询、浅层次阅读等现象，易导致注意力分散，甚至出现“学习迷航”或偏离学习目标的问题。最为致命的问题是快餐化的学习会影响学习者学习心理和思维方式，学习者对知识信息的理解也往往停留在浅表的感受层面，很难形成批判性思维能力。[①] 长此以往容易造成文字感悟力低下、知识系统性缺乏和高阶思维能力发展缓慢等问题。深度学习可以弥补数字化学习的弊端，促进学生在海量阅读的基础上深度思考和批判建构。因此，人工智能时代的教学论研究必须关注深度学习。

（三）当前浅层学习未能有效促进学生高阶思维发展

浅层学习是指学习者基于外在动机，通过简单描述、重复记忆和强化训练等方式学习新知识，领悟新思想的一种学习形式。当前浅层学习在我国中小学课堂学习中的表现集中在以下几个方面。第一，记住和理解仍然是当前中小学生最主要的学习目标。“丰富多彩”的教学目标下面隐藏的最主要的学习方式仍然是浅层理解和重复记忆。第二，学习内容仍然以彼此独立、互不相干的面孔呈现在学生面前。虽然课程文本的内容得到了整合，但由于教师对知识的关联性理解不足，知识并没有得到实质性的整合。第三，“热闹非凡”的学习方式并没有促进学生对知识深层理解，学生只是运用了比过去更为愉快的方式记住了知识、理解了知识，而没有真正实现知识的迁移和问题解决能力的提升。上海学生在两届 PISA 数学测试中获得了全球第一的好成绩是否说明上海中小学生的学习就处于深度学习状态呢？从 PISA 问卷调查看，上海参加测试的学校的授课时间与其他国家（地区）相当，但学生周平均作业时间为 13.8 小时，位列所有参加测试的国家和地区首位。如果再加上学生课外辅导时间，上海学生每周课外学习时间的总数达 17.1 小时。[②] 也就是说，上海学生的 PISA 测试中的优异成绩主要得益于重复训练，而非学生思维发展使然。中国学生数学知识的学习和掌握存在肤浅和“深度学习”不够的问题。[③] 因此，教

---

① 康淑敏：《基于学科素养培育的深度学习研究》，《教育研究》2016 年第 7 期。

② 张民选、黄华：《自信·自省·自觉——PISA2012 数学测试与上海数学教育特点》，《教育研究》2016 年第 1 期。

③ Schleicher A.，“PISA 2012. Evaluating School Systems to Improve Education”，Archivalische Zeitschrift 62.1（2013），pp. 87 – 125.

学论研究应该研究浅层学习的问题，促进浅层学习向深度学习转化，实现学生高阶思维的发展。

三　深度学习的含义及核心要素

（一）深度学习的含义及类型

深度学习是相对于简单学习或浅层学习而提出的一种新的技术或学习形态。目前关于深度学习的论述和研究主要涉及两个领域。一是作为技术的深度学习。深度学习作为机器学习算法研究中的一种新技术，是相对于机器的简单学习而言的，其动机是建立、模拟人脑进行分析学习的神经网络。过去很长一段时间内，机器学习和信号处理技术的探索基本停留在对单层非线性变换的浅层学习层面。它通常只包含一层或两层的非线性特征转换层，采用一层简单结构将原始输入信号或特征转换到特定问题的特征空间中，其局限在于对复杂分类问题缺乏表征和分析能力。深度学习则采用了与神经网络相似的多层结构，包括输入层、隐层（可单层、可多层）、输出层等多层网络，通过学习深层非线性网络结构，能够发现高维数据中的复杂结构。作为技术的深度学习的起源与发展均源于对人工神经网络的研究。1943年，受人类大脑结构的启发，Warren McCulloch 和 Walter Pitts 提出了最早的神经网络数学模型，该模型利用简单的线性加权方式来模拟人类神经元对输入信号的处理，解决了简单的线性分类问题。到20世纪80年代末，随着分布式知识表达和神经网络反向传播算法的提出，对神经网络的研究从宽度转向了深度，深度神经网络解决了非线性不可分问题，大幅度降低了训练神经网络所需要的时间。随着计算机性能增强和云计算、大数据的出现，深度学习的发展开启了人工智能的新时代，涉及的范围也从最初的图像识别领域扩展到机器学习的各个领域。[①] 二是作为学习形态的深度学习。作为学习形态的深度学习是1976年美国学者 Ference Marton 和 Roger Saljo 针对学习过程中简单记

---

① Hinton G. E., Osindero S., Teh Y. W., "A Fast Learning Algorithm for Deep Belief Nets", *Neural Computation*, Vol. 18, No. 7, 2006, pp. 1527–1554.

忆和非批判性接受知识的浅层学习问题而提出的一个概念。① 此后，关于深度学习的研究就逐渐丰富起来了。Biggs 和 Collis、Ramsden、Entwistle 等学者基于不同的实验，从各自的角度发展了深度学习理论。② 近年来，学习心理学、学习科学、教育技术学和课程与教学论等领域的学者开始关注深度学习。学者们基本都是按照布卢姆认知领域学习目标分类的六个层次来研究深度学习的。③ 将浅层学习对应在"知道、理解"两个层面，主要涉及知识的简单描述和重复记忆；将深度学习对应在"应用、分析、评价、创造"四个层面。浅层学习是一种只关注低阶思维活动的学习形态；深度学习则不仅观照低阶思维活动，更强调高阶思维的发展。④

无论是作为技术的深度学习，还是作为学习形态的深度学习，都依赖并指向高级神经网络的发展。本研究探讨的是作为学习形态的深度学习。只有作为学习形态的深度学习的有效实施和不断发展，才能真正促进作为新技术的深度学习的可持续发展。

（二）作为学习形态的深度学习的核心要素

作为学习形态的深度学习的核心要素主要表现在四个方面。第一，学习准备方面。深度学习强调内在学习动机的激发和高阶思维目标的导向。内在的学习动机能促使学生克服主客观困难，将各类要素转化为资源，积极面对具有挑战性的问题。⑤ 高阶思维发展的目标必然会引导教与学都围绕"应用、分析、评价、创造"等高阶思维发展的目标展开。第二，学习过程方面。深度学习强调有机整合的学习内容呈现和批判理解的建构活动。有机整合的学习内容能够增强学习者

---

① Marton F., Säljö R., "On Qualitative Differences in Learning: I—Outcome and Process", *British Journal of Educational Psychology*, Vol. 46, No. 1, 1976, pp. 4 - 11.

② Smith T. W., Colby S. A., "Teaching for Deep Learning", *The Clearing House: A Journal of Educational Strategies, Issues and Ideas*, Vol. 80, No. 5, 2007, pp. 205 - 210.

③ ［美］洛林·W. 安德森等：《布卢姆教育目标分类学》，蒋小平、张琴美、罗晶晶译，外语教学与研究出版社 2009 年版，第 75 页。

④ 安富海：《促进深度学习的课堂教学策略研究》，《课程·教材·教法》2014 年第 11 期。

⑤ 李强、卢尧选：《学生学习成绩和学习能力影响因素之研究》，《西北师大学报》（社会科学版）2019 年第 3 期。

对新知识的理解、保持和迁移应用。批判理解的建构活动能使学习者对任何学习材料保持一种批判继承的态度，并在质疑辨析中深化对复杂概念和基本原理的理解。第三，学习结果方面。深度学习强调“网状”知识结构的生成和现实问题解决能力的提升。“网状”的知识结构不仅能有效地贮存和保持知识，还能将其灵活地运用到各种具体情境中。现实问题解决能力的提升要求学习者要基于相似情境做到“举一反三”，并能突破原理的束缚创造性地解决问题。[①] 第四，学习环境方面。深度学习不仅强调物理环境与虚拟环境的有机融合，也强调开放探究与包容分歧的人文环境的和谐统一。物理环境与虚拟环境的有效融合旨在增强学习过程的体验性和交互性。开放探究是指在遵循基本规则的前提下，为学生提供尽可能丰富的探究资源，鼓励学生按照自己的想法大胆探究、积极实践；包容分歧是指教师要摒弃唯一答案的教学逻辑，包容和尊重学生的“奇思异想”，关注和聆听学生的“奇谈怪论”，引导学生深入思考。

四 人工智能时代教学论聚焦深度学习的路径：研究深度学习的发生机制

近年来，计算机科学、教育技术学、学习科学等学科从不同的视角关注了深度学习，也产生了大量的研究成果。然而，学者们的研究基本都集中在深度学习的含义、特征等方面，对深度学习的发生机制关注不够、研究不深。每一种学习形态都有其特定的发生机制，只有弄清楚深度学习的发生机制，才能有的放矢地调整教育教学的方式方法，更好地促进深度学习。本书借鉴学习的信息加工模式理论，从学习准备、学习过程、学习结果和学习环境四个方面探讨深度学习的发生机制。

（一）学习准备

信息加工理论认为，积极内在的学习动机和选择性直觉是学习发生的前提条件。当学习者对自己将要完成的学习任务有一种满意的预

① 安富海：《促进深度学习的课堂教学策略研究》，《课程·教材·教法》2014 年第 11 期。

期时，就会积极投入学习。除此之外，学习者还必须注意和选择与学习有关的刺激，忽略其他无关刺激。当学习者把需要注意的刺激从其他刺激中分化出来时，学习的效率就会提高。[①] 因此，在深度学习的准备阶段，引导者应将重点放在激发学习者内在的学习动机和展示高阶思维发展的学习目标方面。

1. 激发学习者内在的学习动机

学习动机是直接推动学生学习的一种动力，它决定了学习者获得学习经验的态度和倾向。积极内在的学习动机是学习者对所参与的学习活动本身感兴趣且乐意付诸行动的态度和倾向。[②] 它能指引和激励学生进行深度学习。学习者只有在积极内在的学习动机的引导下，才会全身心地投入和探索解决那些略高于他们当前认知发展水平的问题。如果学习的动机是一种外在的、或者物化的东西，一旦遇到挑战和巨大困难，学习者放弃继续探索的可能性就会增大。可以说，积极内在的学习动机是深度学习的先导条件。因此，教师要通过调适学习内容、设计学习活动等方式和途径激发学习者内在的学习动机，而不是仅仅通过考试和物质奖励等方式来逼迫和诱导学生学习。

2. 展示高阶思维发展的学习目标

学习目标对学习过程和学习结果及学习者个人的学习投入均具有重要的导向和约束作用。如果高阶思维发展成为学习的主要目标，学习者的学习方式和学习策略等一系列学习活动都会围绕高阶思维发展而展开。因此，在学习之初，教师应该从“应用、分析、评价、创造”等高阶思维发展方面明确向学生提出学习要求及努力方向，并在教与学的过程中不断提示和引导学生向学习目标靠近。明确的高阶思维目标的呈现和适时引导，能使学生在学习新材料的过程中在批判性接受的基础上提出自己独特的认识和见解。这种学习自然会使学生的高阶思维获得应有的发展。

（二）学习过程

有了学习动机和学习目标的引导，学习者会很快进入学习状态。

---

① 冯忠良等：《教育心理学》，人民教育出版社2015年版，第125—128页。

② ［美］戴尔·H. 申克：《学习理论》，何一希等译，江苏教育出版社2012年版，第373页

但快速进入学习状态并不意味着深度学习。信息加工理论认为，新的信息和知识要为学习者所接受，还需要进行加工处理。加工处理的过程不仅要有相关领域知识的储备、选择性注意的自动化、知识的模型化加工，还需要适时提取、适时反应和有效强化已经学习的信息和知识。

1. 相关领域知识的储备

相关领域知识的储备是学习者进行深度理解的前提条件。研究发现，一个人要想在一个领域有效地思考，就必须知道这个领域的知识，一个人知道得越多就越能有效地思考。没有丰富的背景知识，试图利用策略来编码信息和把它们存储在长时记忆中是极端困难的。没有足够的背景知识，学生只能利用策略来预测无关紧要的事件、概括细节或者仅仅是说大话，根本无法进行深入而又富有逻辑的分析和思考，当然也不可能得出有价值的推论。① 深度学习是一种基于理解和批判的学习，理解和批判的前提是掌握足够的能够促进理解和批判的知识和信息。鉴于此，深度学习要求学习者在进行相关领域的学习和研究之前必须深入了解和掌握该领域的相关知识和信息，也只有这样，深度的思考、理性的批判、创造的建构才可能发生。

2. 选择性注意的自动化

选择性注意包括选择并集中注意有关的学习信息，对重要信息保持警觉，并使这种集中注意和警觉能够成为学习过程的常态。美国著名认知心理学家维特罗克在研究学习的生成过程模型时指出，学习是从对感觉经验的选择性注意开始的。人类在学习的过程中不是对他们感觉到的事物都进行学习，而是会严格筛选进入大脑的信息，保证大脑能有效地编码、贮存、加工信息。② 深度学习要求学习者在学习过程中，必须始终保持与高阶思维相一致的信息，并排除干扰性的或不相关的信息，同时，还要随时调节注意的目标以便适应不同学习任务的需要。因此，要想使深度学习真正发生，教师就必须在信息处理过

---

① Anderson, C. W. and Roth, K., "Teaching for Meaningful and Self-regulated Learning of Science", *Advances in Research on Teaching*, No. 1, 1989, pp. 265 – 309.

② 周详、沈德立：《高效率学习的选择性注意研究》，《心理科学》2006 年第 5 期。

程中引导学习选择适合自己的注意策略，尽可能让注意力自动化地服务于学习目标。学习者在学习过程如果不能注意到关键信息，无关信息太多，必然会降低视觉加工的效率。一旦涉及高阶思维发展的关键信息处于注意焦点之外，即便是非常清晰的视觉信息也会在学习者眼前消失。

3. 知识的模型化加工

知识的质量取决于它是怎样被加工的，知识加工越合理和明确，它们就越容易被存储和提取。信息加工理论认为，当学习材料在较深层次上进行加工时，学习者会理解地更好。[①] 深度学习要求学习者一定要对所学知识进行深入理解，其目的是在一定情景中建立起知识之间的逻辑关系和立体性的、属于自己的知识网络结构。[②] 深度学习还要求学习者对所学知识进行模型化加工，即通过创设一定的学习情景，引导学生用一种非线性的方式在概念之间架起因果逻辑的桥梁，其目的是让概念概括化，进而形成具有时间、空间、因果和逻辑等多维特征的知识模型。这样生成的知识模型不仅能有效储存知识，还能快速提取和应用知识，甚至在忘记一些知识的情况下，也能利用知识模型进行一定的预测、解释或推理。[③] 知识的模型化加工对促进知识的高位迁移和学生创新能力的提升具有非常重要的意义。

4. 适时提取、及时反应和有效强化

适时提取是指学习者在适当的情境中和任务驱动下从记忆中提取新信息的过程。提取有赖于编码的方式，知识编码的方式决定了信息提取的效率。当提取线索与学习时出现的线索相匹配时，能产生最好的提取效果。[④] 及时反应是指学习者将所学概念和规则运用到新情境

---

① ［美］戴尔·H. 申克：《学习理论》，何一希等译，江苏教育出版社 2012 年版，第 162 页。

② Lorin W. Anderson and David R. Krathwohl, *A Taxonomy for Learning and Teaching and Assessing: A Revision of the Bloom's Taxonomy of Educational Objectives*, New York: David McKay Company, Inc., 2001. pp. 31 - 42.

③ Frederrick Reif, *Applying Cognitive Science To Education: Thinking and Learning in Scientific and Other Complex Domains*, Cambridge: The MIT Press, 2008, pp. 54 - 58.

④ ［美］戴尔·H. 申克：《学习理论》，何一希等译，江苏教育出版社 2012 年版，第 195 页。

中的过程。有效强化是对学习者学习准确性的及时反馈并提出必要的矫正信息。模型化加工和高路迁移的知识加工、储备和概括化的过程决定了知识的提取高效顺畅。然而，深度学习不仅强调知识提取的高效顺畅，更强调学习者高阶思维的发展。因此，深度学习要求在知识的提取和反应阶段结合内容创设基于良构知识运用的情境，增强学习者知识运用的实践性。在强化阶段一定要及时向学习者反馈其学习状况，并从思维方式、学习内容和学习方法等多方面对学习者的学习结果进行肯定和矫正，而不是仅仅围绕学习内容本身简单做出正确与否的判断。

5. 元认知策略的合理运用

除信息加工理论强调的几个环节外，深度学习还要求学习者在学习过程中能够有效地运用元认知策略。元认知是对自身认知过程的意识和控制，是以各种认知活动的某一方面作为其对象或对其加以调节的知识或认知活动。[①] 它强调不仅要知道什么时候用什么策略解决问题更有效，还要知道在什么情境使用什么策略最适当，达到目标最佳。与浅层学习者相比，深度学习者要更能意识到他们自己进行的学习和研究的方式，并且适时改进和提高自己的学习和研究方法；要能够较为清晰地意识到什么时候利用那些技能、它们如何同特定领域的知识相联系以及使用它们的原因。也就是说，深度学习者不仅要根据学习材料批判性地发现问题和形成结论，还要清楚地意识到他们在做什么以及为什么这样做。[②]

6. 高度专注的学习投入

学习投入作为个体学习的积极心理品质，是衡量学习者深度学习的重要指标。[③] 学习投入包括认知投入、情感投入和行为投入三个维度。认知投入是指学习者对自己学习的感知和信念；情感投入即学习者在完成相关学习的任务中所表现出来的情感状态；行为投入是指学

① 李明洁：《元认知和话语的链接结构》，华东师范大学出版社2008年版，第132页。

② ［美］保罗·埃根、唐·考查克：《教育心理学：课堂之窗》，郑日昌译，北京大学出版社2009年版，第376页。

③ 高洁等：《主动性人格与网络学习投入的关系——自我决定动机理论的视角》，《电化教育研究》2015年第8期。

习者进行学习时的努力程度及表现。[①] 研究发现，在学习过程中，单一的行为投入并不能促进学习者创新思维能力的发展。只有深层认知、积极情感和科学行为综合作用下，才能促进学习者包括高阶思维在内的整体素质的提高。当学习者的学业情绪处于积极的状态时，学习者对自己的学习行为和获得学业成绩能力的评价会更高；当学习者的学业情绪处于消极状态时，学习者对自己学习能力缺乏信心。积极学习情绪相对于中性情绪和消极情绪更有利于促进积极学习行为的出现。因此，深度学习不仅要求学习者要对学习的主题或材料能够进行客观的评估和正确的认识，还要求学习者能够调动积极的情绪持续努力地投入学习。

（三）学习结果

综合人工智能时代对人才质量规格的要求和深度学习的核心要素，本研究认为，衡量深度学习质量的主要依据是“网状”知识结构的生成和现实问题解决能力的提升两个方面。

1. “网状”知识结构的生成

认知心理学研究表明，将知识关联在一个网络之中有利于知识的结构化。知识结构化就是将知识按照逻辑、层次和个人对知识的加工方式，有序地聚集在一个网络之中，其目的是促进知识的有效存储和高位迁移。[②] 一般来说，学习者学习前后的认知结构有三种变化方式。第一种是“轮轴”结构，在这种结构中，学习者学习之后增加的只是知识的数量和认知结构中的概念数量，概念的“水平”和层次仍然处在比较单一的状态，概念与概念之间没有基于一定情景形成语义关系，这种学习状态属于典型的浅层学习状态，在这种状态中的知识，其保持性和迁移能力都处在一个较低水平。第二种是“链状”结构，在这种结构中，虽然概念的数量和认知的深度都有所增加，但概念与概念之间依然没有建立语义联系，概念之间是一种线性的链条状关

---

① Chen P. S. D., Lambert A. D., Guidry K. R., “Engaging Online Learners: The Impact of Web-based Learning Technology on College Student Engagement”, *Computers & Education*, Vol. 54, No. 4, 2010, pp. 1222－1232.

② ［法］安德烈·焦尔当：《学习的本质》，杭零译，华东师范大学出版社 2015 年版，第 8 页。

系，这种线性的链条状关系在知识的保持方面比第一种结构有所改善，但知识的迁移性仍然很差，故在解决实际问题时缺乏灵活性，不符合深度学习的问题解决属性。第三种是“网状”结构，在这种结构中，经过学习，学习者所获得的概念体系是呈“网状”排列的，这种排列方式符合人类认知的“ACT-R”模型。在该结构中，不仅知识的数量有所增加，而且认知深度也明显提升。最主要的是概念与概念之间不仅建立了语义联系，而且根据抽象程度以及亲疏关系建立“网状”联系，这种“网状”联系不仅能有效贮存和保持知识，还能将其灵活地运用到各种具体情境中。① “网状”知识结构的生成是高阶思维发展的重要表现形式，也是深度学习的重要指标，符合人工智能时代对人才质量的要求。

2. 现实问题解决能力的提升

在信息加工理论看来，无论是信息的存储、加工，还是信息的提取、反应和强化，其目的都是为了促进知识的有效迁移和提升问题解决能力。② 当学习者以死记硬背、机械训练的方式学习某种知识或原理时，他们并没有理解其背后的逻辑和运用范围。在今后的学习和工作中，当他们遇到类似的问题情境时，就会含糊其辞地将自己所学习的知识或原理应用到类似的问题情境中，往往会获得无逻辑、甚至错误的答案。也就是说，基于重复记忆和机械训练的浅层学习，对提升学习者解决现实问题能力的价值非常有限，其原因在于，当前的学校教育在教授问题解决的理论与方法时，往往将主要精力集中于教授学习者如何用所学的知识或原理解决良构问题，不重视引导和帮助学生学习解决劣构问题。研究表明，无论怎样重复训练学生良构问题的解决能力，对劣构问题解决的帮助都极其有限。③ 解决良构问题的知识不能很好地迁移到解决劣构问题的情境中去。然而，现实中的问题绝

---

① Hay D. B., Kehoe C., Miquel M. E., et al., “Measuring the Quality of E-learning”, *British Journal of Educational Technology*, Vol. 39, No. 6, 2008, pp. 1037 - 1056.

② Mayer R. E., Wittrock M. C., “Problem-solving Transfer. In D. Berliner &R. Calfee (Eds.)”, *Handbook of Educational Psychology*, 1996, pp. 47 - 62.

③ ［美］保罗·埃根、唐·考查克：《教育心理学：课堂之窗》，郑日昌译，北京大学出版社 2009 年版，第 38 页。

大多数都是劣构问题，几乎没有简单运用书本所学的原理和方法就能轻而易举解决的良构问题。因此，深度学习在学习目标和学习结果方面一定要关注学习者解决劣构问题能力的提升，要求学习者不仅能在相似情境做到"举一反三"，更要能在新情境中判断差异，突破原理束缚，分析问题并创造性地提出和解决问题。

（四）学习环境

深度学习不仅在学习准备、学习过程、学习结果方面与浅层学习有明显的区别，而且对学习环境的要求与浅层学习也有一定差别。学习环境包括物质环境和人文环境两个方面。深度学习要求的物质环境应该具有体验性、交互性等特征。在人工智能时代，我们应该充分利用人工智能等技术使物理环境和虚拟环境能有机融合，尽可能地为学习者创建具有体验性、交互性的学习环境，增强学习的现实感，有效地服务学生学习。在人文环境方面，浅层学习的学习环境强调控制性、传授性和教师主导，服从、听话是这种环境的代名词。可以说，浅层学习的学习环境是一种为教师的"教"而设计的环境，学生的"学"在这种环境中得不到应有的彰显。这种学习环境阻碍了学生对知识的自我建构和理解，限制了学生知识的应用范围，影响了学生高阶思维的发展和迁移能力的提升，已经不能适应人工智能时代对人才的要求。深度学习是一种理解性学习，强调学习过程的概念重组和批判建构，因此，深度学习的人文环境应该是一个具有开放性、支持性的特征，并能够促进知识建构、承认个体差异、鼓励质疑论辩、重视批判理解、包容和滋养多样发展的环境。

第四节　人工智能时代学与教形态变革的路径

时代变迁和技术发展必然引起学与教形态的变化。每一种学与教的形态都是时代的产物，蕴含着时代精神、承载着时代使命、体现着时代要求。人工智能时代，社会对人才质量、规格要求的变化以及新技术在学与教过程中的深度融入，要求学与教的形态进行变革。自阿尔法围棋（AlphaGo）战胜世界围棋冠军以来，"人工智能"作为一个热词和焦点进入政策文本、学术研究及公众的视野。美国、英国、法国和德国等发达国家相继发布了有关人工智能的国家规划。我国政府于2016年发布了《智能制造发展规划（2016—2020年）》《“互联网+”人工智能三年行动实施方案》等多部人工智能领域的规划性文件。2017年全国两会首次将“人工智能"写进政府报告，随后，国务院又出台了《新一代人工智能发展规划》，进一步明确了我国人工智能发展的指导思想、战略目标和重点任务。人工智能迅速发展和各国高度重视的事实不断提醒我们，人工智能时代国际经济秩序和全球政治格局都将发生重大变化。“中国怎样才能有效应对这些重大变化，在人工立智能时代站在世界舞台中央，展现大国担当，为世界贡献中国智慧与中国方案?”① 人才是核心要素，而学与教的形态对人才的质量规格具有决定性影响。鉴于此，本书从人工智能时代对人才质量规格要求和现存学与教形态面临的挑战入手，探讨人工智能时代学与教形态变革的路径，以期为人工智能时代的社会发展培养高质量人才。

一　人工智能时代人才质量的要求

不同时代和不同社会发展阶段对人才的质量、规格有不同的要求。农业时代，土地是最主要的生产要素，地方性知识或经验性知识是农业时代最主要的知识形态，社会发展最主要的动力是土地的扩张和简单劳动力的增加。因此，农业时代对人才质量的要求主要是身强力壮、经验丰富，靠“博闻强记”和“八股文章”而金榜题名的书生最容易出人头地。工业时代，资源的利用和技术工人的增加是社会发展的主要动力。石油、化工、钢铁等无生命的材料是其主要的生产资料。精细化的社会分工是工业时代的主要特征，社会被分成专门化的行业，大多数人都被赋予了一定的行业身份。② 善于用机器的力量改变世界的发明家以及那些精通专业、埋头苦干的工程师成了工业时代的佼佼者。专业化是工业时代考量人才的核心标准。

人工智能时代与农业时代和工业时代最大的区别是社会发展的动

① 习近平：《决胜全面建成小康社会　夺取新时代中国特色社会主义伟大胜利——在中国共产党第十九次全国代表大会上的报告》，人民出版社2017年版，第60页。

② 程介明：《教育问：后工业时代的学习与社会》，《北京大学教育评论》2005年第4期。

力不是以体能和机械能为主，而是以智能为主。智能技术正在迅速渗透到社会的方方面面，深刻改变着人类的生活方式和社会结构，也改变着人们的思维模式。智能机器成为人类活动的积极参与者，甚至会参与人类的知觉活动、概念活动和思维活动，并以系统的方式变革物质资源，替代人类劳动成为国民生产中“附加值”的源泉。从当前智能技术发展的情况来看，感知类技术（计算机视觉、语音识别、自然语言处理等）的不断成熟，推动了产业自动化水平达到新的高度；智能思维在产业界的不断渗透，推动了新产品和新商业模式的出现，原有产业形态被改变，许多标准化、程序性甚至需要一定思维的工作被智能机器替代，社会对人才的需求将发生结构性变化，原有的人才培养目标与方式都将面临巨大挑战。那些基于重复记忆和机械训练而培养出的人才因缺乏创新思维和创新能力，很快就会被社会淘汰，成为“高学历失业者”。只有那些具有创新意识、创新思维、创新能力且能不断学习的人，才能适应并促进和引领人工智能时代的社会发展。

二　学与教形态的时代变迁及其在人工智能时代面临的挑战

形态也称为形式或状态，是指事物存在的样貌，或在一定条件下的表现形式。[①] 学与教的形态是指学与教的目标、学与教的内容、学与教的方法、学与教的评价等学与教的基本要素在一定时代背景下的表现形式。每一种学与教的形态都是时代产物，蕴含着时代精神、承载着时代使命、体现着时代要求。

在农业时代，获得基本的生存技能是人们进行学与教活动最主要的目标。学与教的内容主要包括两部分：一是在认识自然过程中形成的宗教知识；二是在获得基本的生存生活资料过程中形成的部落或族群习俗、道德规范和生存生活的知识与技能。在农业时代，教师教的方式主要是讲授，因为教师是农业时代知识、技能的生产者和持有者，也是学生获取知识和技能的唯一来源。学生学的方式主要是反复吟诵和重复记忆。学与教的方法虽然也重视虚心涵泳、启发诱导，但

---

① 中国社会科学院语言研究所词典编辑室：《现代汉语词典》，商务印书馆2012年版，第1626页。

教师讲解和学生记忆是学与教方法的核心；学与教的评价主要关注学生对教师所教授的知识、技能等内容记忆和领悟的程度。教学组织形式以个别化教学为主，没有严格的班级及学年区分。学与教的环境在农业时代发生了较大变迁，在农业时代早期，学与教的环境主要是家庭、私塾等一些私人的场所，随着社会的发展和人们对教育需求的不断增加，农业时代后期产生了专门进行教育教学活动的场所——书院和学校，并形成了相对完备的教学体系。

18 世纪 60 年代起，人类逐渐迈进工业时代。掌握工业生产所需要的基本知识与职业技能是工业时代学与教的主要目标。学与教的内容以科学知识、人文素养等专门化的知识和技能为主。与农业时代相比，工业时代学生学习的途径和知识虽然更加丰富，但教师仍然是学生知识的主要来源。所以，工业时代教的方式还是以讲授和训练为主。讲授是希望学生按照教师讲的去做，训练是为了提升学生对知识和技能的熟练程度。学的方式主要是重复记忆、简单理解和反复练习。标准化考试是工业时代最主要的评价方式。大规模工业化生产需要大量操作熟练的产业工人，体现规模、效率的教学组织形式一班级授课制应需而生。工业时代的学与教都发生在固定的班级和规定的时段，科层化管理是工业时代学与教最主要的管理方式，学校形成了校长、教学副校长、教务处、学科组、年级组、班主任、班委会等完备的科层化学与教管理体系。整个学与教的形态弥漫着标准化、规范性等体现时代特征的气息。

随着人工智能时代的到来，整个社会的发展模式和人类的工作形态都发生了巨大变化，许多标准化、程序性甚至需要简单思维的工作会被机器代替。创新成为人工智能时代的最强音，具有创新意识、创新思维和创新能力的创新性人才是人工智能时代对人才的基本要求。以掌握普适性知识和拥有标准化技能为目标的人才培养模式已经不能满足社会发展对人才的要求，曾为工业时代培养了大批优秀建设者的学与教的形态面临新的挑战。从学与教的目标来看，以掌握基础知识与基本技能为主要目标的教学显然不能培养出具有创新能力的人才；从学与教的内容来看，标准化的学与教的内容充其量只能提升学生解决秩序化问题的能力，无法或很难将这种能力有效迁移到解决现实的、复杂的问题中去；从学与教的方式来看，简单讲授、反复记忆和重复训练的方法以及固定不变的组织形式不仅不会增强学生的创新思维，还会抑制或阻碍学生创新思维的发展和创新能力的生成。

总之，人工智能时代的社会发展无论是对教师教的方式、学生学的方式，还是学与教的评价方式和教学组织形式等都提出了新的、更高的要求，所以，人工智能时代的教育目标及关注的重点应该发生变化。教育目标的改变将加速推动培养模式、学与教的目标、学与教的内容、学与教的方法、学与教的评价等深刻变革。人工智能会改变育人环境。物理育人环境和虚拟育人环境将会充分融合，实现从环境的数据化到数据的环境化、从教学的数据化到数据的教学化的转变。人工智能还会改变教师的角色和作用。虽然人工智能不会完全代替教师，但可以使教师从低附加值的简单重复工作中解放出来，从而更加专注于促进学生高阶思维发展的教学。

三　人工智能时代学与教形态变革的路径

考察学与教形态时代变迁的历程，审视人工智能时代的特征及其对人才质量的要求，笔者认为，人工智能时代学与教的目标要从注重知识与技能走向强调学习能力、创造能力和社会责任；学与教的内容应从标准化走向个性化；学与教的模式应从以教师为本走向以人为主、人机协同；学与教的评价应从关注整体发展走向强调个体成长；学与教的环境应从单一的物理环境走向物理环境与虚拟环境的融合。

（一）学与教的目标：从注重知识与技能走向强调学习能力

在整个工业时代学与教目标关注的重点仍然是知识和技能。教与学的过程和评价都围绕学生知识和技能的掌握程度展开。然而，随着人工智能时代的到来，“一朝学习终身受用”的观点将会受到巨大挑战。学习者靠死记硬背和强化训练所掌握的部分知识和技能可能很快就会被智能机器所取代。我们的学校教育如果还按照以前的方式引导学生靠死记硬背和强化训练掌握知识和技能，就会出现刚毕业就面临失业的问题。所以，人工智能时代学与教的目标必须强调学生学习能力的培养。第一，在学与教的目标的设置中，要将学习能力的培养作为重要要素纳入目标范围。第二，在学与教内容的选择中要将有利于学习能力形成的内容和方式纳入学与教的内容范围。第三，在学与教的评价中要将学生学习能力的发展状况作为学与教目标达成与否的重要指标进行考量。

（二）学与教的内容：从标准化走向个性化

标准化是工业时代学与教内容的主要特征，统一的学与教的内容虽然满足了工业时代对标准化人才质量规格的要求，但不利于个体个性化的成长和创造性的激发，也不符合个性发展的规律。每个学生的认知特点、学习兴趣、学习基础都存在差异，按照学生的学习特点设计学与教的内容是长期以来教育学、心理学和学习科学等研究领域努力的方向。过去，由于条件限制，教师未能充分实现根据每个学生学习特点设计学与教的内容。在人工智能时代，根据学生的天赋、潜能、个性和兴趣来精准定制学与教的内容成为可能。① 人工智能利用大数据、学习分析、智能跟踪与推送等技术，从知识关联、群体分层、大脑思考方式、个体性格特点、学与教的环境等方面，分析和准确把握每个学生的知识掌握情况、学习兴趣、学习困难、学习需要等要素，可以为每个学生提供个性化、定制化的学习内容、学习方法和学习建议，也可以为教师改进和调适教学提供适切的建议。个性化与定制化学与教内容的提供必然会使学生所选科目存在差异，在同一年级的同一门课程中，不同学生的学习方案、学习进度、学习内容可能大相径庭。教师教学目标、教学进度安排、教学内容设计等将处处体现个性化的特征。因此，为了使学生个性化的学习需求都能得到满足，选修课程在今后学校课程中所占的比重将会大幅增加，学生自主选择课程、选择学习内容的权利将会得到进一步保障。

（三）学与教的模式：从以教师为本走向以人为主、人机协同

无论是农业时代还是工业时代，教的主体主要是教师。随着大数据、语音识别、语义分析、人机交互等人工智能技术的不断发展，在人工智能时代，通过教育大数据平台建设和全学习过程数据的采集，对青少年的知识、情感、认知、社会网络等全面仿真和发展的一般规律及个体特征的精确了解，能够用自然语言进行交互的、协助教师完

① 朱永新：《未来学习中心构想》，《华东师范大学学报》（教育科学版）2017 年第 4 期。

成教学任务的人工智能教师将被研发出来。人工智能教师可以自动出题和自动批阅作业、自动诊断学习障碍与反馈、测评学生问题解决能力、测评学生心理素质、监测学生体质、形成综合素质评价报告、规划学生成长发展生涯、解决学生个性化学习问题、生成与汇聚个性化学习内容、帮助教师进行教学决策和精准教研。①

2016 年 5 月，美国佐治亚理工学院计算机科学教授艾休克·戈尔在所授的网络课程中，将一款聊天机器人安排为自己的助教。这一聊天机器人在后台回答问题的功能非常强大，学生们根本没有注意到自己的聊天对象是机器人。② 人工智能教师并非无所不能，虽然教师不可能被人工智能教师所取代，但人工智能教师将在未来学校占有一席之地，人与机器合理分工、协同工作将会成为人工智能时代学与教的主要模式。③ 合理分工是指教师与人工智能教师所承担的教学任务应该有所区别。人工智能教师主要承担程序性教学任务和个性化教学任务，如批改作业、诊断学习问题、收集和分析学生学习行为数据、针对学生个性化问题进行指导等，教师会逐渐从繁重的程序性教学工作中解放出来，将主要精力投向学生高阶思维能力的培养和良好的情感、态度、价值观养成上。协调工作是强调教师必须充分利用人工智能教师所具有的数据采集、精准分析和个性化服务等优势促进学生深度学习。以人为主、人机协同的学与教的模式必然要求学与教的方式应根据学习者的特点和学习内容的属性从线下走向线上与线下结合。这种教学模式不仅充分利用了技术发展的成果，体现了时代发展对人才质量的要求，而且回应了数字环境下成长起来的新一代学习者的需求，实现了真正的个性化学习和因材施教。随着认知科学、脑科学和学习科学的快速发展，人机协同增强智能、群体集成智能将为人机共教提供更加适切的服务。

（四）学与教的评价：从关注整体发展走向强调个体成长

工业时代学与教的评价主要关注学生整体发展状况，虽然也在不断呼吁要重视个体成长，但无论是诊断性评价还是终结性评价主要指

---

① 余胜泉：《人工智能教师的未来角色》，《开放教育研究》2018 年第 1 期。

② 苏令：《人工智能时代需要怎样的教师》，《中国教育报》2018 年 5 月 17 日第 1 版。

③ 杨桂青：《人工智能时代学生如何学习》，《中国教育报》2018 年 5 月 16 日第 1 版。

向的都是学生整体发展状况。随着人工智能技术的发展和社会对个性化人才需求的增加，关注个体差异化的成长将成为未来学与教评价的重点，标准化考试会逐渐退出历史舞台，针对个体成长的智能测评系统将会不断涌现。从当前发展情况来看，智能机器人不仅能考核人的知识和技能，还能分析人的思维与行为特征、身体素质和健康水平以及与职业的匹配度。技术的发展使人工智能时代学与教的评价关注个体成长成为可能。学与教评价的目标是捕捉、收集学生学习、教师教学过程和结果中所表现出来的进步与问题、困惑与需求等相关信息并通过科学的分析为后续学与教的推进提供精准的科学依据。通过学生学习过程中的行为数据，预测学生是否存在不合格或高辍学的风险，及早提醒学生和教师改变学与教的方式、策略和增加学习投入；根据学生兴趣、学习能力、知识掌握情况等因素，为学生提供适宜的学习内容，如为对图像敏感的学生提供以视觉刺激为主的学习资料等。通过大数据分析而非传统的考试对学生学习过程进行测评，用于改进学习和教学，目前，这一做法已经在部分学校实验并取得了良好的效果。墨尔本大学教育学院的研究团队通过分析学生在一项游戏化学习过程中的16个行为数据，对每个学生的合作解决问题能力、批判性思维能力、创新领导力等几项核心素养进行了科学评估，并为每个学生的思维特征提出了有针对性的学习建议。①

（五）学与教的环境：从单一的物理环境走向物理环境与虚拟环境的融合

农业时代和工业时代的学与教基本都在固定的物理学习环境中进行。教师是这个环境中的主导，学生基本都在规定的物理环境中在教师指导下进行学习。单一的物理环境无法实现教学中需要亲身体验和情景再现的学习要求，如中学地理中的背斜、向斜、断层、地垒、褶皱等专业概念，学生由于不能看到真实情境，所以对概念的认识基本停留在记忆层面，在人工智能时代，随着虚拟仿真、增强智能等技术的发展和人工智能教师的出场，对物理环境的感知、监控和调节功能

---

① 黄晓婷：《人工智能在教育测评领域的应用与研究现状》，https：//www. caigou. com/cn/news/2018070285. shtml，2017。

进一步增强，虚拟环境与物理环境将实现有机融合，教师可以利用增强现实技术呈现各种真实的学习场景，使学生能够身临其境地体验学习对象，增强学生的学习兴趣和动机。教师根据系统记录的学生预习结果，重点讲解学生较难理解的知识点；利用系统提供的丰富学习资源，设计各种学习活动；通过集成化的课堂控制系统，灵活地控制学习终端，实时推送相关学习资源；根据学习者特征，快速分组，方便组织课堂协作学习。学生可以利用系统提供的便捷交互工具，与同伴和教师进行互动；可以利用内置的投票器与教师即时互动，教师第一时间获得学生的反馈信息，根据反馈信息及时调节教学。另外，学生在自己学校的学习需求得不到满足时，还可以利用网络学习空间向虚拟教师进行学习，这里的虚拟教师可能是在网络学习空间中进行针对性服务的现实学校的教师，也可能是进行专业化学习服务的人工智能教师。[①] 在物联网、云计算和大数据等智能技术所打造的物联化、智能化、泛在化的教育信息生态系统支持下的物理环境与虚拟环境的有机融合符合学习发生的自然过程，具有开放性和按需供给的特性。随着教学改革的深入和人工智能技术的不断发展，学与教的物理环境与虚拟环境将深入融通，教师和学生可以超越空间的限制，游走于真实学习空间、虚拟学习空间和真实与虚拟相互融合的学习空间之间，“课堂中心、书本中心、教师中心”将会逐渐消解。学与教的自主性会极大增强，学与教的效率也将得到极大的提升。

---

① 黄荣怀等:《从数字学习环境到智慧学习环境——学习环境的变革与趋势》,《开放教育研究》2012 年第 1 期。

第四章　走向课堂的教学论研究

课堂是教育的主战场，它一端连接着学生，一端连接着民族的未来！

——中华人民共和国前教育部部长陈宝生

第一节　课堂研究的形式及路径

课堂是教师与学生的主要生活场所，从课堂教学活动的视角来审视教师与学生的教学生活与学习生活，我们发现，课堂生活就是指教师与学生在教学活动中非主题性的、奠基性的、主观的、直观的存在，是教师和学生将课堂教学作为其生命存在的展现过程。作为教师与学生的课堂生活应该具有自然、习惯、非课题、非预设、自发本能等特点。然而，“实然”的课堂生活则成为一个完全与教师和学生的生活世界隔绝的目标性、科学性、规范性、预设性、非交往性的过程，成为一个教师与学生为了知识而存在的过程。在这种课堂生活状态下，一方面，教师与学生的课堂生活与其现实生活之间的矛盾日益加深，他们的日常生活世界正在逐渐缩小，日常生活世界的时间与空间正在被无限扩大的教学专业世界所填充，使教师和学生封闭地生活在一个狭隘的、没有生命情趣的课堂世界之中；另一方面，教师与学生的教学生活世界缺乏交往的体验，缺乏生命的表现，缺乏与现实生活的联系。正因为这样，对于教师和学生来说，他们的日常生活世界与教学专业世界同时被异化，在日常生活中他们生活得不像一个正常的社会化了的人，在专业的课堂教学中，由于没有生活世界作为基础，专业世界就成为异化人的存在的主要工具。[①] 原本成为学生乐园的课堂成了学生最烦恼的地方；应该是学生健康、快乐成长的地方，却与学生的经验、认知、兴趣、活动、交往、情感等没有多少关系。此外，还会使学生纯真的情感和天生的好奇心得到压制。传统课堂的生活是一种压抑的生活，在这种生活中，教师和学生的角色的异化就决定了他们不可能生活的快乐。我们认为，这种课堂生活状态赖以存在的一个重要的基础是将知识视为客观性、终极性和价值中立的存在，忽视了知识的境域性，从而使教师和学生都成为知识的奴隶。实质上，传统的课堂主要是“知识”的课堂，教师和学生的生活都是围绕着知识而展开的，教知识、学知识、考知识成为学校生活的全部，在这种状态下的人自然就异化为认识的工具。

一 课堂：作为学习共同体的内涵

什么是共同体？“共同体”一词，作为社会学的概念进入学科领域，最早来源于德语“Gemeinschaft”，可以追溯到德国社会学家斐迪南·滕尼斯（Ferdinad Tonnies）1887年出版的 *Gemeinschaft and Gesellschaft* 一书，意为“任何基于协作关系的有机组织形式”。作者采用这一概念主要在于强调共同体的自然形成和整体本位，强调共同体中人与人之间的紧密关系、共同的精神、归属感和认同感。最初关于共同体的理解中，具有一种基于某种关系的自然性和封闭性。从发生的角度来看，血缘的纽带成为共同体最原始的形态，其次是基于地缘的共同体，而精神的共同体则是真正的人的和最高形式的共同体，人的结合或关系脱离了可见的空间联系，而发展成为一种心灵生活的亲近。[②]“共同体”在《牛津高阶英汉双解词典》《朗文当代高级英语辞典》相对应的是“Community”，注解为：（1）the people living in one place，district or country，considered as a whole；（2）group of people of the same religion，race，occupation，etc，or with shared interests。“com-

① 王鉴：《教育与生活》，《华中师范大学学报》2006年第3期。

② ［德］斐迪南·滕尼斯：《共同体与社会》，林荣远译，商务印书馆1999年版，第65页。

munity”译成中文对应有“社区/共同体”，相应的解释为：（1）在一个地区内共同生活的有组织的人群；（2）有共同目标和共同利害关系的人组成的社会团体。《韦氏大学词典》（*Webster's Collegiate Dictionary*）将共同体（Community）定义为：“拥有共同的历史、共同的特征、共同的兴趣、共同的利益的人或群体。”莱夫和温格（Lave & Wenger）通过对人类学、教育学和社会学的研究总结了共同体的特点，即：“共同的文化历史传统，包括共同的目标、协商的意义、实践；互相依赖的系统；再生产循环，通过循环，新来者能成为老手，共同体也因此得以维持。”① 在共同体中，人们通过社会交往逐步形成相同的观念，从而相互理解，并视对方的活动状态作为自己评价活动的参照系，即站在“他我”的立场上去考察“我”的行为和原则。通过对共同体定义的梳理。我们认为，一个共同体至少应该包括四个方面：是个体自愿组成的集体；集体中存在着个体所追求和认同的东西；集体中的个体是自由的、得到尊重的；集体中的成员互相帮助、彼此信任。

什么是学习共同体？学习共同体（learning community），是指一个由学习者及其助学者（包括教师、专家、辅导者等）共同构成的团体，在学习共同体中，成员共同学习、彼此沟通、分享智慧、交流情感、体验和观念，共同完成一定的学习任务，成员之间形成相互影响、相互依赖、相互促进的人际联系。一所学校是一个学习共同体，一个班级是一个学习共同体，班级中的每一个小组也可以是一个学习共同体。教育领域对“学习共同体”的探索可追溯到美国教育家约翰·杜威（John Dewey）提出的学校概念。杜威认为“学校即社会”“教育即生活经历，而学校即社会生活的一种形式”②，学校并不是专门去学习知识或技能的一个场所，是一个社会组织，学校教育是一种人与人交往互动的社会活动。虽然杜威当时没有提出“学习共同体”这个概念，但他的许多观点与学习共同体的思想观念是一致的。佐藤

---

① ［美］戴维·H. 乔纳森：《学习环境的理论基础》，郑太年等译，华东师范大学出版社2002年版，第34页。

② ［美］约翰·杜威：《民主主义与教育》，王承绪译，人民教育出版社2001年版，第29页。

学在描述日本的学习共同体学校时也说，他们正在实现“多种多样的人共同生活的生存方式”。当前，教育学界关于学习共同体的研究也逐渐丰富，但却未能形成关于学习共同体统一的认识。我们比较认同博耶尔关于学习共同体的定义，即：“学习共同体是所有人因共同体的使命并朝共同的愿景一起学习的组织，共同体中的人共同分享学习的兴趣，共同寻找通向知识的旅程和理解世界运作的方式，朝着教育这一相同的目标相互作用和共同参与。”① 共同的信念和目标，使学习共同体也一定是一个充满关怀和自由的环境。综上所述，我们认为学习共同体包括三个层次的含义：第一，它是知识生成、传播、理解和确认的共同体。即知识的生成、传播、理解和确认都与知识所赖以存在的场域有关，没有独立于主体、超越时空的知识。第二，它是学习者的共同体。强调学习者互相关心、彼此信任、相互学习的亲密关系。第三，它是文化的共同体。作为文化的共同体也就预示着共同体中的成员有共同的信仰和愿景，这种共同的信仰和愿景使共同体具有很强的凝聚力和生命力。

课堂，作为学习共同体的内涵是什么？传统课堂，在英国思想家齐格蒙特·鲍曼看来也是一种共同体，只是它是靠强制的力量而形成的乌托邦式的共同体，背后隐藏着人的异化和权利的失衡，这种共同体几乎没有共同体的亲和力和凝聚力，更没有共同的精神可言。② 我们认为，课堂作为学习共同体，首先应该是一个自由的共同体。每个学生的个性都能充分地得到彰显，师生之间、生生之间是一种平等交往和对话的关系，教学主体之间不是以自己的观点来征服或消灭对方的观点，而是一种对对方个性的肯定、接纳、尊重和认同。其次应该是一个生命的共同体。在传统的课堂教学中，教师与学生之间的关系基本上是一种“事际关系”——为了某种外在的社会性目的而建立起来的社会关系。在这种关系中，教师是教学过程的控制者、决定者和绝对的权威，教师和学生不是以一个完整的人的存在方式出现，彼此

---

① John Retallick, Barry Cochlin. I. , *Earning Community in Education: Issues, Strategies and Contexts*, Routledge, 1999, p. 6.

② ［英］齐格蒙特·鲍曼：《共同体》，江苏人民出版社2003年版，第41—42页。

之间缺乏一种本原性的尊重、真诚、信任和理解，也根本不把对方作为存在意义上的“人”来看待。在学习共同体中教师与学生之间的关系首先是一种“人际关系”而不是“事际关系”。[①] 是教师和学生作为人的生命的共同体。再次应该是一个有序的共同体。我们强调共同体中成员思想的自由、个性的充分张扬，并不意味着在课堂共同体中不要规范，但这种公共秩序必须以每一个个体认同作为基础。最后还应该是一个智慧的课堂。课堂作为学习共同体其实质是把教师和学生从一种“客位”的生活状态转向一种“主位”的生活状态。

二　课堂：作为学习共同体的特点

课堂，就是教学主体通过交往和对话构成的一个学习共同体，是开展教学活动的舞台，是教师和学生生活的主要场所。佐藤学认为，在课堂社会中，主要包括以下三种按照不同的社会组织原则构成的从低级到高级的具体形态。第一种是原始共同体社会，这是一种对班集体的直接性归属意识与对课堂之规范的无意识承认结合而成的共同体社会。在这种课堂社会中，正像基于地缘、血缘所结成的亲属与村落共同体一样，每个儿童被埋没于集团之中，其意识与行为具有同化于班级规范并使之均质化的取向，其基本特征是划一主义、排他主义；第二种是群集性社会，这是一种课堂中权利义务的契约关系与制度性的角色关系所构成的课堂社会，也是一种以个人自主为前提的课堂社会。在这种课堂社会中，每个儿童形成着自己的私人世界，每个人获得了摆脱束缚、走向自由的指向，但人与人之间的关系被地位、约束、角色消解了，削弱了人际亲和关系的情感纽带，助长了围绕成绩的排序与竞争的意识，诱发了每个人的孤独这一存在的危机，也隐含着使课堂沦为徒有虚名的集合体的危险。这种课堂社会是与近代学校的制度上的组织原理与实践原理相应的，它构成了现行学校中占主导地位的人际关系；第三种是学习共同体，这是一种在性质上不同于原始性共同体的共同体，它不是靠地缘这一纽带，而是靠语言（知识）

---

① 王攀峰：《“学习与生活共同体”的建设原则初探》，《课程·教材·教法》2006 年第 6 期。

与信息（伦理）的共同拥有所产生的社会亲和力与知性想象力这一纽带而结成的自觉化的共同体，也可称之为“拥有共同舆论的共同体”。在这种课堂社会中，每个儿童在各自自主的个人世界中生活，同时也通过与他人的社会亲和，在课堂的共同体世界之中生活。在这种学习共同体中，无论是第一形态——原始性共同体的人际关系，抑或第二形态——群集性社会的人际关系，都会在每个儿童的意识中有所批判，在每个儿童的主体实践中有所反思。也就是说，在这种课堂社会中，不仅每个儿童的个人世界在与伙伴的人际关系中展现，而且通过这种人际关系在自己的内部世界中体验伙伴们的生活世界。那么，到底哪一种形态的课堂社会对于学生的生存和发展是最有利的呢？佐藤学认为，在原始性共同体中，集体性、共同体的活动受到奖励，追求共同认识和共同文化的形成，全员齐心协力，寻求彼此合作的关系。在这种课堂社会中，教师既是专家，又像是父母般的存在，教师与学生之间的关系表现为绝对尊敬与亲密的信赖。这种课堂社会中的知识内容及其文化，在课堂之外是不开放的，在课堂内则具有排斥异己使之同质化的倾向这一特征；在群集性社会中，个人的主体性活动受到奖励，注重寻求个性的认识及其实现，强调个人的作用与权利的享有和义务的履行。在这种课堂社会中，每个人寻求以自主的个性化的方式参与课堂生活，教师是制度规定的专家，他与儿童的关系是一种契约与角色的关系，或者说表现为提供教育服务的专家与享受教育服务的顾客之间的关系。从某种意义上讲这种课堂文化是一种与学校这一制度的目的手段关系对应的文化，是一种以个人主义为基础而形成的文化；在学习共同体中，课堂社会努力推进个人的活动与合作性活动的统一，寻求个性认识的交流与共享的共同知识的形成，通过自我探索与社会性联合，寻求主体性与共同体的相互媒介的形成。在这种课堂社会中，教师是教育的专家，同时又是学习者，是课堂里建构学习共同体的指导者，自己还是学习共同体中的成员。课堂作为学习共同体是一种教学主体共同确立意义、构筑关系的、文化的、社会的共同体，其人际关系是一种借助交互主体式的实践构筑的共同体关系。在佐藤学看来，学习共同体较原始共同体和群集性共同体最有利于教师和学生的健康成长。这主要是因为，在原始性共同体中，与课堂的集体文化不相容的异质的思考和行为会受到共同体的压抑，个人的自由与自立会受到限制，个性化学习也会受到阻碍；在群集性社会中，课堂社会不仅有扩大学生的学习成就度上的差异的危险，而且还会导致课堂社会的共同的情感纽带逐渐衰退，造成每个人的孤立，在个人的内心世界中引发存在的危机。① 通过对课堂社会的认识，我们认为，课堂作为学习共同体应该具有以下特点：第一，教学目标的整体性。教师教的目标和学生学的目标是共同体中的每一个成员（包括教师和学生）都认同的共同愿景，每个成员在实现个人愿景的同时，也为达到全班的共同愿景而努力。第二，学习系统的开放性。课堂作为一个学习共同体是一个开放的学习系统，在这个系统中，既存在文化的冲突和碰撞，又允许文化多元的存在状态，既可以相互批判，又可以进行彼此认同和接纳。教师和学生都把学习看作是件快乐的事，尊重差异、发展个性、彼此帮助、共同学习、共同参与知识的建构，从而进入高层次的创造性学习，达到共同发展、共同成功的目标。第三，学习过程的有序性。佐藤学在介绍滨之乡小学作为学习共同体的成功经验时谈道："来访者首先惊讶于学校的宁静。"700 人左右的学生尽管在相互学习、交谈，但教室里的声音却如和风吹拂般的轻声入耳，与教室相隔数米的教职员办公室和校长室周围则如节假日般的宁静，自然的举止令人感到平和，每一个人的体内都充满着勃勃生气，这种勃勃生气的交互作用生成出学校这个有机体绵绵不断的能量。② 第四，成员行为的主体性。教学的主体之间是相互学习，相互促进的，教师和学生都是共同体的主人。第五，成员之间情感和谐，交往亲密。教师以理性指导学生的行为，以真挚的情感与学生交流，学生理解并接受教师的指导和约束，从而建立平等、尊重、友爱、团结、关心、互助的和谐关系。作为学习共同体的课堂生活是一种舒适的、惬意的生活，在这种生活状态中，教师和学生都能获得生命中一种由衷的快乐。作为学习共同体的课堂中的教师和学生轻松愉快、生动活泼且富

① ［日］佐藤学：《课程与教师》，钟启泉译，教育科学出版社 2003 年版，第 143—146 页。

② ［日］佐藤学：《转折期的学校改革》，沈晓敏译，《全球教育展望》2005 年第 5 期。

有干劲，幽默风趣的课堂对话，思想交锋中的智慧生成和谐亲密的师生关系，使他们每个毛孔都散发着活力。

三　课堂研究的形式

我国教学论学科历经四十多年的发展，取得了很大成绩，研究队伍空前壮大、研究领域不断拓展、研究成果极大丰富。然而，我们发现教学论学科空前繁荣的景象并没有带来教学论学科威信的提升，教学论依然面临着严重的合法性危机，主要表现为教学论在改善教学实践的乏力、引领教师专业发展的低效和完善自身理论的不足等几个方面。在新课程理念的倡导下，一部分理论研究者开始走向课堂研究，一部分实践工作者也开始研究课堂。这两种研究在改进教学实践、引领教师发展、完善和创新教学理论等方面都向前迈了一大步，教学理论研究者与一线教师之间的关系发生了可喜的变化。然而，由于研究立场、任务以及体制等方面的原因，当前的课堂研究仍然未能成为改进教学实践、引领教师发展、完善和创新教学理论的主要动力，其原因在于课堂研究的两个主体的研究仍然处在各取所需的状态。这种研究状态很难生成基于本土经验、凝聚中国元素、具有世界眼光的教学理论，在改进教学实践、引领教师发展中也显露出自身的不足。

（一）各取所需：当前课堂研究存在的主要问题

统观第八次课程改革二十余年的发展历程不难发现，理论研究者与一线教师的合作研究仍然流于形式或浮于表面，甚至理论研究者的专业引领也常常处在“装点门面”的地位。理论研究者完成项目、发表成果、评奖升职的研究目的仍占主流；一线教师完成任务、晋升职称、获得荣誉的研究期待还在继续。各取所需仍然是当前课堂研究面临的主要问题，表现在以下两个方面。

一是理论研究者解构式的思辨研究仍在继续。在过去很长的一个时期内，“主观臆想式的研究”[①] 和书斋文献的研究在我国教学论研究中处于主流地位。第八次课程改革以后，思辨研究的主流地位受到

① ［法］埃米尔·迪尔凯姆：《社会学方法的准则》，狄玉明译，商务印书馆1995年版，第14页。

了一定的挑战和冲击，但仍有市场。这种关于课堂教学的解构式的思辨研究对于课堂教学的认识近乎“盲人摸象”，不可能了解课堂教学的全貌，当然也不可能提出建设性的改进策略和生成具有引领价值的本土理论。解构式的思辨研究产生的结果是以强调一种行为而否定另一种行为的、非此即彼的、极端化的对策建议和教学模式满天飞。以课堂教学过程的预设与生成的关系问题研究为例，一部分研究者以“肯定教学过程的生成性的方式来否定预设的必要性；另一部分研究者又将生成与预设分别配置给教师和学生，强调预设是教师的任务，生成是学生在教学过程中的变化”①。这种实践者“缺场”、理论研究者作为“局外人”“一厢情愿”的、“殖民”式的思辨研究方式不可能为教学实践的改进提供真正意义上的理论支持，也不可能生成具有本土经验的教学理论。这也是我国教学理论与教学实践长期以来存在“两张皮”现象的根源所在。理论研究者“只有进入课堂与一线教师深入合作，关注课堂教学的整个过程，才有可能从活动本身的角度，对课堂教学形成多元综合、交互生成、全程展开式的理性认识”。②

二是教学实践工作者故事式的叙事研究乱象丛生。近年来，教师成为研究者被倡导，倡导者认为，从理论上讲，教师有能力对自己的教学行为进行反思、研究和改进，并有能力对自己的教育情境提出最贴切的改革建议，教师研究和改革自己的教学实践是教学改革最直接和最适切的方式。③ 但是面对新的角色，一线教师自身存在理论和方法方面的许多不足，因此，教师的课堂研究还需要外来的研究者的及时帮助，即理论研究者的专业引领和同伴之间的专业互助。虽然这一系列将教师推上研究舞台的理论逻辑看似科学合理，然而由于缺乏对实践复杂性的认识和相应的制度保障而使得教师的课堂研究并没有产生理论逻辑所设想的美好结果。理论研究者由于其工作性质、制度规约和自身能力等问题并没有真正成为教师课堂研究的专业引领者。教师的同伴由于理论素养欠缺、方法掌握不够、忙于应付学校的各项工

① 叶澜：《课堂教学过程再认识：功夫重在论外》，《课程·教材·教法》2013 年第 5 期。

② 叶澜：《课堂教学过程再认识：功夫重在论外》，《课程·教材·教法》2013 年第 5 期。

③ 王鉴：《课堂研究概论》，人民教育出版社 2007 年版，第 208—209 页。

作等原因也没有成为教师研究课堂教学的互助者，在一部分理论研究者（这些理论研究者对教育叙事研究的内涵和方法理解不深，“将教育叙事等同于教育叙事研究，把纯粹的讲故事等同于做研究”①）的强力倡导下，讲故事成为一线教师无助之下选择的一种“研究形式”。一时间，中小学出现了许多教学故事，一线教师的研究成果变成了故事汇编。然而，故事式的课堂研究并没有给课堂教学的变革注入多少新活力。事实上，教育叙事和教育叙事研究有本质的区别，教育叙事是一种行为过程或者言语成品，是一种纯粹的故事，而教育叙事研究是一种质的研究方式，是对“所叙之事”的研究，教育叙事研究中“叙事的目的不仅仅是记录与叙述故事，更是一种不断反思自身教育生活与实践的专业精神，以及对教师和学生在日常教学情境中教与学的交往、追问的过程，是对经验的重组和理解，以及提供意义诊释的过程”②。教育叙事侧重于教育经验的呈现，而教育叙事研究侧重于对经验的意义阐释与理论建构。因此，即使教育叙事研究也需要理论研究者和一线教师的深度合作。

（二）通力合作：解决课堂研究问题的有效形式

通力合作是指一起出力，共同完成一项任务。理论研究者和一线教师为什么要通力合作呢？其原因有以下两点。一是创新教学理论需要“二者”通力合作。教学实践是教学理论的“活水源头”，教学论研究要真正生成内含本土经验、凝聚中国元素、具有世界眼光的课堂教学理论需要理论研究者和一线教师的深度合作。二是变革教学实践需要“二者”通力合作。教学理论种类繁多，但只有那些内含本土经验的创新教学理论才有可能推进课堂教学实践的变革，而内含本土经验的创新教学理论的生成需要理论研究者和一线教师的通力合作。

理论研究者与一线教师怎样才能实现通力合作？课堂研究中理论研究者和一线教师的通力合作是指二者在共同的研究目标导引下，聚焦研究问题，利用各自的优势，发挥各自的特长，综合运用一定的研

---

① 张琼、张广君：《教育叙事研究在中国：成就、问题、影响与突破》，《高等教育研究》2012 年第 4 期。

② 丁钢：《教育叙事研究的方法论》，《全球教育展望》2008 年第 3 期。

究方法协同开展课堂研究的一种研究形式。理解理论研究者和一线教师通力合作的概念需要把握以下几个关键。一是共同的研究目的。如前所述，过去理论研究者与一线教师的合作研究之所以不能持久或流于形式，未能从根本上推进课堂教学理论和实践的发展，主要是因为二者怀着各自不同的研究期待，抱着相互利用的功利心态“凑合”在一起做研究，这种各取所需的研究目标当然不会产生预期的研究结果。因此，理论研究者和一线教师的合作研究要想达到预期的目的，研究开展之前合作双方首先必须确定共同的研究目标。从大的方面来说，二者开展合作研究的目的是创新课堂教学理论，变革课堂教学实践。当然，在研究的过程中随着问题的变化可能会产生一些具体的研究目标，但需要强调的是，无论课堂教学中的问题及研究目标发生什么样的变化，合作研究自始至终都要围绕理论创新和实践变革这条主线。实际上，理论创新和实践变革是一对孪生姐妹，只要关注一方，必然会关注另一方。这种聚焦研究目标的合作研究是一种双赢的研究，双赢的研究必然会将合作双方研究引向持久和深入。二是聚焦研究问题。合作双方不仅要聚焦研究目标，更要聚焦研究问题。长期以来，理论研究者和一线教师的研究状态一般都表现为两种情况，要么是理论研究者带着自己预设好的“异己的问题”或“私己的问题”或“炮制的问题”[①] 深入课堂教学收集实践资料；要么是一线教师带着自己在课堂教学中遇到的“困难”或“麻烦”去请教理论研究者。这种没有经过论证的研究问题的价值本身就值得怀疑，理论研究者预设的问题是中国教学实践的问题还是异域教学实践的问题？是教学理论文本中的问题还是教学实践中的问题？一线教师所遇到的究竟是“困难”“麻烦”还是“问题”？这些都值得推敲和斟酌。“一个‘好的’研究问题，应当不论对于教育理论的发展或教育实践的改善来说，还是对于研究者自身的发展来说，都是‘真’问题；是同时符合‘外在标准’与‘内在标准’‘客观标准’与‘主观标准’‘利他性标准’与‘利己性标准’的问题。”[②] 三是平等的研究主体。“合作是

① 吴康宁：《教育研究应该研究什么样的“问题”》，《教育研究》2002 年第 11 期。

② 吴康宁：《教育研究应该研究什么样的“问题”》，《教育研究》2002 年第 11 期。

为了共同的目标而由两个或两个以上的个体共同完成一项任务的一种行为。”[①]“合作应该包括积极的相互依赖关系；促进性的相互作用；明确的个人责任；一定的合作技能和集体的自加工。”[②] 其中“积极互赖”和“个人责任”是合作研究最核心的两个要素。以上关于“合作”的界定和“合作研究”核心要素的强调旨在说明合作研究的研究主体之间是一种你中有我，我中有你，谁也离不开谁的相互依赖关系，每一个研究主体只有发挥自己的优势和特长，平等地参与研究才有可能实现理论创新和实践变革的共同研究目标。四是综合的研究方法。课堂教学实践是一种人为的、为人的实践活动，一种面向生命主体、体现生命意志、彰显生命本性、促进生命发展的实践，它面对的是充满着不确定性和不断流淌的、生命主体的活动，多样性和不确定性是课堂教学的基本特征。这就要求合作研究的主体在进入研究现场之前一定要充分认识课堂研究的复杂性，根据研究问题综合运用多种方法，取长补短，有效地开展课堂研究。

（三）政策保障：理论研究者与一线教师深度合作的制度保障

就目前的情况来看，大多数高校的教学论研究者都不愿意全身心地、长期地、持续地深入中小学开展课堂研究，尤其是想获得更高职称、更高声誉的中青年教学论研究者，往往会选择“宅”在书斋阅读有关教育教学的文献，而不是深入中小学课堂教学实践研究教学理论和实践问题。因为他们通过纯理论的研究更容易达到制度的要求。一线教师虽然面临许多教学问题，但他们也不愿意全身心地、长期地、持续地开展课堂研究，因为在他们的年终考核、职称晋升、提拔任用时并没有或很少将创新课堂教学理论、变革课堂教学实践考量在内。综观影响理论研究者与一线教师的合作研究的因素，我们发现二者的合作研究之所以没有走向深入，除了研究主体个人原因（研究欲望、研究热情、研究能力等）之外，最主要的原因是现存的政策没有为二者的合作研究获得应有的“收益”提供制度保障，反而会使他们蒙受利益损失。因此，倡导理论研究者与一线教师通力合作进行课堂研究

---

① 朱智贤：《心理学大词典》，北京师范大学出版社 1989 年版，第 265 页。

② 王鉴：《课堂研究概论》，人民教育出版社 2007 年版，第 208—209 页。

之前，首先应该调整相关政策，为他们的合作研究提供保障，让合作主体放下包袱，轻装上阵，全身心地投入探索课堂教学的理论和实践问题中去。

政策的调整至少应该观照两个方面的问题。一是理论研究者的研究成果评价问题。现行的学术成果评价制度没有为课堂理论的创新和课堂教学实践的变革留下足够的时间和空间，在某种程度上可以说是制度阻碍了教学理论的创新和教学实践的变革。因此，应该调整现行的学术成果评价制度，将高校教学理论研究者与一线教师开展合作研究作为一项常规工作用制度的形式固定下来，适当延长高校教师的科研成果评价时间（可以由一年一评调整为三年或五年一评），规范和改变课堂研究成果的评价方式和评价标准，将理论创新和实践变革以平等的地位纳入成果的评价范围之内。二是一线教师参与研究的时间、经费和评价问题。从一线教师研究课堂教学的现状来看，除了研究能力以外，经费和时间也是影响他们参与研究的主要因素。因此，教育行政部门和学校应该从时间、经费和评价方面为有能力的教师从事科研提供一定政策支持，用制度的形式鼓励优秀教师从事课堂研究，并在课时量等方面对有兴趣、有能力从事研究的教师给予适当的倾斜，使其能够率先成为学校课堂研究的模范，引领其他教师参与教学研究，逐渐积淀出“以研促教，以研引教”的学校教研文化。

创新课堂教学理论的最终目的是变革课堂教学实践，反过来讲，变革课堂教学实践又需要建构新的课堂教学理论。创新理论和变革实践的这种相互依赖、相互促进的复杂关系，不仅要求理论研究者与一线教师两个合作研究的主体之间确立共同的研究目标，相互依赖、平等合作的研究关系，持续合作、深入合作的制度保障，还要求创新的理论和变革的实践自身要始终呈现一种反思重建的开放态，这样才有可能使课堂教学本身成为创新课堂教学理论、变革课堂教学实践，引领教师发展的沃土。

第二节　公开课问题研究

公开课在引领教师专业发展、解决教师教学困惑、推广先进教学经验中发挥着非常重要的作用。近年来，公开课越来越受到一线教师和教育理论工作者的关注。公开课作为课程改革的重要载体，对于新课程理念的推行发挥了重要作用。然而，公开课在实施过程中表现出的“表演”“假唱”“作秀”等特征，遭到了许多一线教师和学者的质疑与批判。公开课的这种“异化”局面之所以长期得不到彻底改观，与理论界关于公开课内涵界定不清、价值导向不明有很大关系，以至于给公开课应然功能的彰显带来了许多事实上的桎梏。本书试图通过对以下几个问题的澄清，引导公开课回归理性，进而发挥其应有的功能。

一　示范引领：公开课的本体功能

什么是公开课？从现有的文献来看，关于公开课异化的批评较多，对公开课本真含义的探讨较少，这也是为什么公开课屡屡遭到质疑和批判，却又长期得不到纠正的主要原因之一。关于公开课，学者见仁见智，其代表性观点有三个：一是“公开课是一种教师专业活动形式”；二是“公开课是一种教学研究或评比活动”；三是“公开课是一种教学观摩和交流形式”。这三种关于公开课的理解都只涉及公开课一个方面的目的和形式，缺乏对公开课全面的认识和把握，这种对公开课的片面认识是导致公开课在实施过程中“走样”的主要原因之一。

那么，人们究竟应该怎样去理解公开课呢？《现代汉语词典》对“公开”的解释是“不加隐蔽，面对大家（跟秘密相对），使秘密的成为公开的。”① “公开课”在《辞海》中找不到相关词条和解释，但《辞海》有“公开教学”一词，其解释为“公开教学即观摩教学（Teaching observation）”②。《教育大辞典》对“观摩教学”的阐述是：“教师间有目的地互相听课的活动，用以对教师的教学质量做出评定；对某一教学专题开展研讨或推广先进教学经验。可通过日常听课、示

---

① 中国社会科学院语言研究所词典编辑室编：《现代汉语词典》，商务印书馆 2005 年版，第 435 页。

② 夏征农、陈至立主编：《辞海》，上海辞书出版社 2010 年版，第 595 页。

范课、教学专题研究课等形式进行。”①《教育大辞典》关于“观摩教学”的解释明确指出了观摩教学的示范和研究功能。如果我们同意《辞海》关于“公开教学即观摩教学（Teaching observation)”的判断的话，那么示范和研究也应成为公开课的主要功能。近年来，随着课堂教学改革的不断深入，教学比赛在教师专业发展中的作用日益凸显，因此，竞赛也成为公开课的一种形式。至此，笔者认为，公开课是指有目的、有组织和多方参与的（专家、领导、同事、同行）一种教学研究和教学交流的专业活动，包括示范、研讨和竞赛三种类型。需要说明的是，无论怎样界定公开课的含义和划分它的类型，公开课首先应是一堂课，其次才是“公开”的形式。也就是说，公开课的重点在“课”上，而不是在“公开”的形式上。

教师为什么要上公开课呢？通过考察我国公开课的历史发现，“我国的公开课始于20世纪50年代中后期。当时进行公开课的主要目的是请中小学骨干教师、特级教师，为高师院校学生作学科教学的示范课，属于职前培训的性质。在拨乱反正的社会大背景下，20世纪80年代初教育系统为了规范教师的教学行为，提高青年教师的教学素质，公开课的范围从高师院校慢慢扩大到中小学”②，并逐渐成为中小学教师从事课堂教学研究和课堂教学交流的一种重要形式，在促进教师专业发展方面起了非常重要的作用。然而，近年来，特别是新课程改革实施以来，许多公开课发生了“异变”，多了功利和急躁，少了真诚和坚守，成为名副其实的“面子课”“形象课”，也成为一些教师和学校夸耀的资本。但是，从《教育大辞典》关于公开教学的界定和公开课的演进历程中我们可以发现，最初教师上公开课主要目的是引领示范，就是通过优秀教师的示范作用，让更多准备从事教师职业的大学生和初为人师的教师更早、更快地学会教学。因此，示范应该是公开课的本体功能，研讨和竞赛则是公开课的衍生功能。虽然当下关于公开课的讨论中，许多学者更强调公开课的研究价值，但我们也应该

---

① 顾明远主编：《教育大辞典》，上海教育出版社1991年版，第479页。

② 裴娣娜：《在追问中把握公开课的现代意义》，《中国教育报》2005年10月25日第8版。

重视公开课的示范作用，因为只有弱化公开课的竞赛功能，重视其引领示范作用，才不至于使公开课成为“假唱”“作秀”的代名词。

二　竞赛评奖：公开课的一种表现形式

走进每一所中小学，几乎都能在学校“荣誉室”的显著位置发现关于本校教师在国家、省、市、区等优质课竞赛中的获奖名单，这也是许多校长引以为自豪的“业绩”之一。一些学校和教师不计成本地将公开课进行集体“包装”和大幅度“美化”，有些学校和个人为了在竞赛中获奖甚至不择手段。这种做法完全违背了公开课的初衷，失去了其存在的应有价值。虽然课堂教学比赛在教师专业发展中发挥着重要作用，但是竞赛只是公开课的一种表现形式，科学合理的公开课比赛可以激发教师教学的积极性，但竞赛不应该是公开课的唯一形式。公开课有示范型、研讨型、竞赛型三种类型，它们在教师成长中发挥着不同的作用。示范型公开课可以发挥示范作用，引领教师践行新的教学理念和尝试新的教学方法；研讨型公开课可以发挥诊断问题的作用，剖析教师课堂教学中存在的问题，引导教师在解决问题中提升专业素养；竞赛型公开课可以激发教师教学热情，调动教师教学积极性。

（一）示范型公开课——引领发展

示范型公开课是指专家型教师或优秀教师专门为新手教师或教学能力相对较弱的教师进行教学示范的一种教学交流活动。实施新课程改革以后，知识观、课程观、教学观、学生观等都发生了变化，这就要求课堂教学的形式和方法也发生相应的变化。如何在课堂教学中体现和融入新课程的理念和方法，不仅需要理论上的阐述，也需要教学示范。理解和掌握这些理念和方法的优秀教师理所当然地应该成为公开课的主角，引领其他教师践行新课程的理念和方法。示范型公开课一般要求能够反映教改探索的成果，体现素质教育的精神，展示教师教学智慧且对推广教改成果具有引领和示范作用。它是课堂教学变革的先锋，是一种教学探索和教学创新，它推进了理论的实践化和实践的理论化，对新教学方法的传播有着非常重要的作用。示范型公开课可以是国家层面的，可以是省市层面的，还可以是县区和学校层面的。

一般来说，示范型公开课应该关注以下几个关键词。一是引领。示范型公开课首先应该能够体现新课程理念，对新课程的推进具有引领和示范作用，如怎样在大班额的教学中开展合作学习、探究学习，怎样在课堂教学中体现新的知识观和课程观，怎样将三维目标有机整合和融入教学的整个过程，等等。二是真实。示范型公开课也应该是真实的课，要求课堂的组织形式和教学流程是常态的，在课堂教学内容与结构上要有经得起推敲的坚实品格，能客观反映师生的真实水平和教学的实际情况，让人有真实感，可看、可学，不刻意追求教学程序的完美无缺，但应体现教学设计的浑然天成。三是收获。示范型公开课更应该强调学生在学习过程中的个人收获，包括知识与能力、过程与方法、情感态度和价值观等方面。

（二）研讨型公开课——诊断问题和推广经验

研讨型公开课是指针对某一个或一类教师课堂教学中存在的问题、某一个或一类教师课堂教学中体现的新思想和新方法进行问题诊断和经验总结的一种教学研究活动。研讨型公开课一般应发挥两个方面的作用。一是诊断问题，这类公开课是指针对一些教师课堂教学中存在的困惑或普遍存在的问题组织专家学者和优秀教师进行“会诊”，发现问题并集中解决问题的教学研究活动。研讨型公开课重点在于解决来自于平时教师司空见惯又解决不好的问题。二是推广经验。研讨型公开课还有一个重要作用是针对一些在课堂教学中取得成绩的教师组织专家学者和教师代表进行听课，探索其课堂中体现出的教学规律，研究其新的教学设计思路和教学方法，进而推广其教学经验。

以问题诊断为主的研讨型公开课应该注重以下几个问题。第一，精心准备但不“造假”。教师在备课过程中要独立思考，即在自己力所能及的范围内做最充分准备。第二，清晰阐述自己的设计思路。在课后的交流与讨论中，授课教师应该能够清晰地阐述自己关于本节课的设计思路，要能就听课者提出的问题进行必要的解释。第三，清晰陈述自己的解决方案。授课教师要能够针对课堂教学过程中长期存在的问题，说出自己曾经都尝试过哪些解决策略及效果如何。

以经验推广为主的研讨型公开课也应该做到以下几个方面。第一，阐述新的理念和方法的来源。授课教师应该能够说明他为什么会选择这种理念和方法。第二，阐述新思路和新方法的教学效果。授课教师应结合实际给听课者说明这种新的思路和方法在自己的课堂教学中产生了什么效果、学生发生了哪些变化等。第三，阐述这些新方法的适用群体，如授课教师在一所各方面资源都非常好的学校探索出的新方法对其他资源相对缺乏的学校是否适应。总之，发现问题、解决问题和推广经验应该是研讨型公开课的“正业”。正如一位教师所说：“上公开课如果不是为了发现问题，而是尽力地遮隐问题，不是为了服务教学，而是为了获奖，公开课就被异化了。”

（三）竞赛型公开课——激发活力

竞赛型公开课是指教师代表个人或团体面对学生、教师和专家评委进行讲课的一种教学比赛活动。其目的是调动教师教学的积极性，涉及的范围可以是教研组内部的，可以是学校内部的，也可以是更大范围的。对教师个人来说，竞赛形式的公开课具有很强的实用功能，通过公开课，上课教师可以获得同行的认可和一定的荣誉和地位。适当的、少量的教学比赛可以激发教师的积极性，但这种竞赛性质的公开课绝不能成为公开课的主流价值。

竞赛型公开课一般要求个人或者团体对所上的课进行“研磨”和必要的“彩排”。如果教师是代表个人参加公开课竞赛，那么其应在请教专家和优秀教师的基础上依据所授学科的特点、知识要素及学生的思维特点设计教学进程，合理地选择课堂教学方法和教学媒体，充分展示自己的教学个性与风格。如果教师是代表群体（学校、县区、省市）参加公开课比赛，那么则需要执教教师所在的团队集思广益，反复雕琢，最终凝练成精品，因为它本身也应是这个团体对课堂教学从理念到方法的集中认识，凝聚着整个团队的集体智慧。代表团队参赛的教师在参赛前一般都要经历反复演练、同伴互助和专业引领，其过程也会使执教教师内心产生矛盾与冲突，但这些矛盾和冲突最终都会积淀成自己的教学智慧。这不仅有利于提升教师自己的专业素养，逐步确立发展意识、反思意识、效率意识和特色意识，而且会使其获得自我发展和提升的满足感，进而激发教师及团队教育教学的积极性。许多学校和教师正是借助公开课这一平台获得同行认可和发展的。

需要特别指出的是，教育行政部门和学校要客观看待竞赛型公开课的价值，不仅要认识到它在教师成长和学校发展中的促进作用，还应充分考虑竞赛对公开课带来的负面效应，尽可能地避免竞赛型公开课对教师教育教学的负面影响。事实上，竞赛型公开课存在的“假唱”“造假”“作秀”等问题并不是竞赛型公开课本身的问题，而是承载了太多的附加功能导致的。

三　欣赏学习：教师对待公开课应有的态度

公开课是探索教学规律、解决教学问题、推广教学经验的一种课堂教学形式，也是教师专业发展的重要途径，学校和教师都应该充分认识到公开课在学校发展、教师成长和教学质量提升中的重要价值。无论是示范型公开课还是竞赛型公开课，其一般都要经历说课、听课、评课和同课多轮的演练，研讨型公开课也要经历自评、他评、公开讨论和辩解等多个环节，它们比常态课的备课、上课、反思多了专业引领、同伴互助和深度反思。虽然公开课的类型不同，但是它们都对教师专业发展有重要的促进作用。然而，公开课毕竟是一种特殊的课堂教学形式，与日常教学相比，它更具有公开性和复杂性，不仅涉及教与学的关系，还会涉及观摩与被观摩的关系。因此，公开课的实施者必须正确处理这两对关系，把握其中的主要矛盾。但我们也要清醒地认识到，无论什么类型的公开课，其都应是常态课的一种凝练和提升，其主要目的都是促进常态教学，更好地为教师专业成长和学生身心发展服务。如果偏离这个目的，公开课无论雕琢得多么华丽，都会失去其存在的意义。

教师究竟应该以什么样的态度对待公开课呢？笔者认为，所有教师都应该抓住机会去“欣赏”公开课，尤其是新教师要善于利用机会向“公开课”学习。调查发现，相当一部分教师常常带着“挑刺”的心理去听公开课，他们往往将注意力集中在执教教师上课过程中出现的问题上，一旦发现就会相互议论并进行嘲讽。抱有这种心态的教师永远不可能在“公开课”中得到启发。笔者在与2011年全国教书育人楷模获得者山东省诸城市枳沟镇枳沟小学吕映红老师交流这个问题时，她说："我每次听课都会带着自己的课去听，就是一直在用比较方式听这节课，每到一个环节，我都会想，如果我上这节课我会怎样处理这些问题，执教老师和我的处理方法不一样，为什么？"吕老师这种对待公开课的态度让她由一个民办教师成长为全国1400多万教师的优秀代表。诚然，对于不同类型的公开课，教师也应采取不同的听课方式。针对示范型公开课，听课教师主要听教学设计理念和教学方法，看执教教师怎样将新的教学理念体现在教学过程中；针对研讨型公开课，听课教师主要是听课后的教学研讨（当然听课后教学研讨的前提是对执教过程的每一个环节都非常熟悉），弄清课程与教学论专家是怎样分析这节课存在的问题及提出了哪些改进策略，如果让你分析这一问题并提出相应的建议，你会说些什么；针对竞赛型公开课，听课教师要带着欣赏的态度去听，而不要一味地强调"造假""假唱"。许多竞赛型公开课也代表着"家常课"的努力方向，但这种方向是建立在正确评价竞赛型公开课的基础上的。另外，听公开课也主要是"听"他们的思想、他们灵活的教学机制和课堂应变的方法、他们设置问题及解决问题的思路，而不是一些简单的操作。

总之，公开课在教师成长中具有不可替代的价值，几乎所有优秀教师成长中都经历了从听公开课到上公开课的过程。对于听公开课的教师来说，他们主要是从优秀教师的课堂教学中寻找解决自己课堂教学中存在问题的方法和学习运用优秀教师新的教学理念和方法。对于上公开课的教师来说，他们既可以通过公开课解决自己的困惑，也可以通过公开课使自己新的教学理念和教学方法得到推广，还可以使自己收获荣誉、受到关注，获得专业发展的机会。但这三种类型公开课的地位应该是不一样的，引领示范、解决问题、推广经验应是公开课的本体功能，竞赛则是它的附属功能。公开课异化的根源在于过分凸显了它的竞赛功能，弱化了它的示范和研究功能，而过分强调它的竞赛功能势必会诱导和强化教师的外在动机。因此，要让公开课回归理性，公开课的组织者不仅要关注结果的有效性，还应关注过程的合理性，要有意识地彰显公开课的本体功能，尽可能地发挥它的引领示范、解决问题、推广经验的作用，这样才能使公开课成为解决教师教学中所遇到的问题、形成教师专业发展的自主意识、激发教师的内在动机、最大限度地促进教师专业发展的一剂良药。

第三节　课堂交流问题研究

课堂，是立足于关系的学习共同体，作为学习共同体的课堂是一种生态的课堂，从根本上说是生命的课堂，其精髓在于整体的关联和动态的平衡。生命课堂的教学过程实质上是一种和谐价值观关照下的动态平衡过程，它具有整体性、协变性、共生性等特点。课堂交流是维系这个关系的纽带，有效的课堂交流使学习共同体的课堂充满生机和活力，成为滋养和孕育生命的摇篮。

一　课堂交流的实质

什么是交流?《现代汉语词典》中将“交流”解释为“彼此将自己有的供给对方”。仅从字面理解，可将交流界定为信息从一个地方传递到另一个地方。其特征为：(1) 差异是交流的基础，差异的存在导致交流；但交流不是克服差异、排除差异，更不是用一种同一性去抹杀差异，交流是对差异的理解。(2) 交流是两个或两个以上的主体间的活动。(3) 交流意味着参与交流的对象都乐于积极接纳对方并倾吐自我，在相互接受和倾吐的过程中实现精神的相遇和相通。(4) 参与交流的对象必须有足够的自由，方可使各自的内心敞亮，使交流走向深入。[①] 马克思指出：“人的本质并不是单个人所固有的抽象物。在其现实性上，它是一切社会关系的总和。”[②] 人在广泛交流中不断积累，成就自己。交流越广泛和深入，人们就越能成为他们自己；那些缺乏交流的人则易于失去自我，甚至根本找不到自我，他们要么缺乏根基而轻易被环境同化从而失去个性，要么与环境格格不入而无法实现人的社会化。雅斯贝尔斯指出：“教育，是人对人主体间灵肉交流的活动，包括知识内容的传授、生命内涵的领悟、意志行为的规范，并通过文化传递的功能，将文化遗产教给年轻一代，使他们自由地生

① 刘铁芳：《试论教育中的交流及其阻隔》，《中国教育学刊》1996 年第 3 期。

② 《马克思恩格斯选集》（第一卷），人民出版社 1972 年版，第 18 页。

成，并启动其自由天性。”[①] 从这个意义说，课堂教学所关注的交流不仅仅是信息的传递，更要关注交流主体从这些信息中领会到的意义。

什么是课堂交流？课堂交流是指在课堂教学过程中，交流主体之间有目的、有组织的进行教学信息传递和反馈的行为过程，是师生之间、生生之间情感和思想的沟通过程。结构上，它具备三个层次：深层的“理想”、中层的“思维”以及表层的“状态”；类型上，有单向型交流、双向型交流和多向型交流之分；方式上，特别强调主体之间自由表达、互相倾听、平等对话、和谐发展。课堂交流（communication）不仅包括言语交流（verbal communication），还包括非言语交流（nonverbal communication），它是言语交流和非言语交流相统一的过程[②]。而且非言语交流往往关系到我们使用的语词能否在他人头脑中激发我们所预期的意义的决定因素，言语信息和非言语信息经常表现不同，但他们两者在功能上高度互补。使用言语主要是侧重交流认知或内容方面的意义，使用非言语行为主要是侧重交流情感或相关的意义。一般来说，人们把言语看作交流思想的组成部分，把非言语看成交流情感的组成部分，其实两者是高度互补、不可分割的一个整体，情感为理解内容和思想提供了语境。课堂交流的意义在于精神的交流和意义的分享。具体而言，在课堂教学过程中教学主体之间在进行内容的交流中应伴有积极的情感的参与，既包括对教学内容的积极情感，又包括对人的积极情感。忽视情感参与，可能导致学生拒绝接受教学性事务和师生关系的不和谐，进而影响师生身心的健康发展。课堂交流的过程是一个动态的生成过程，不时会产生意见的分歧、思想的碰撞、情感的升华和意义的生成，同时也伴随着价值的关照和生命的关怀。

交流理应是课堂教学过程的核心，然而现实中课堂交流的重要性却常常被忽视，相当一部分教师认为意义蕴含于词语本身，这种认识带来的问题是教师相信，通过传递给学生一些语词，他（她）就已经

---

① ［德］卡尔·雅斯贝尔斯：《什么是教育》，邹进译，生活·读书·新知三联书店1991年版，第81页。

② James C. McCroskey，Virginia P. Richmond：《课堂交流指南》，张艳华译，中国轻工业出版社2001年版，第126页。

与学生交流了他（她）所认为包含在这些语词中的意义。殊不知一个特殊的语词对于不同的人可能意味着不同的意义。这个词在教师头脑中激发的意义可能与在学生头脑中激发的意义完全不同。我们认同的语词的意义实际上是我们的文化、种族群体、社会阶级和经验的产物，因此，没有两个人对于所有的词都有完全一致的理解，因为没有两个人完全一致的背景和经验。无论何时，只要老师和学生不能共享语词所传达的意义，这些语词的使用就难以帮助学生达到预期的目标，这样的课堂交流就是一种低效或无效的交流。因此，笔者认为课堂交流的实质是语词背后的一种意义的交流、心理层面上的一种文化的交流和目标导向下的一种情境性交流的有机统一的意义生成和分享的过程。

二　课堂交流的特点

就教学的本质而言，教学是师生在特定时空中围绕共同话题而展开的一种生命活动。之所以将教学称为生命活动是因为师生在参与教学中必然要发生不同程度的精神互塑、情感交流和行为互动，这是一般认识活动和实践活动所不具备的。当前，人们对教学的认识正经历着从认识论向交往论、从符号论向体验论、从本质论向生成论的变化过程。教学即“即兴创作”“系统博弈”“生命历程”和“社会交往”①，正作为一种新的理念走向实践。基于这种理念，课堂教学的本质不再被认为是知识的简单交接，而是一场由师生共同演绎的生活事件，教学过程也成为建构课程文本中的事件和当下的课堂生活事件之间关联的旅程。课堂交流也不再被简单地理解为传递知识的手段或工具，而是一种基于生命活动的心灵的对话、情感的认同、内心的共鸣和思想的碰撞的过程，其特点表现在以下几个方面。

（一）平等性

教学过程常被视为教师给学生传授知识和技能的过程，教师成了知识和技能的占有者与代言人。在这种情况下师生之间不存在共通的基础，当教师以真理代言人的身份自居时，很容易认为自己比学生优

① 熊和平：《后理性主义的教学观及其教学论意义》，《高等教育研究》2004 年第 4 期。

越，对学生耳提面命，不能与学生平等相待，更不能对学生敞开心扉。在传统的课堂教学中，教师与学生之间的关系基本上是一种“事际关系”——为了某种外在的社会性目的而建立起来的社会关系。在这种关系中，教师是教学过程的控制者、决定者和绝对的权威，教师和学生不是以一个完整的人的存在方式出现，彼此缺乏一种本源性的尊重、真诚、信任和理解，也根本不把对方作为存在意义上的“人”来看待。在学习共同体的课堂中，教师与学生之间的关系首先是一种“人际关系”，而不是“事际关系”。也就是说，它首先不是一种“教师”和“学生”之间的关系，而是一种“作为教师的人”和“作为学生的人”之间的关系①。交流不仅是交流双方的言谈，还要有双方内心世界的沟通、相互间真诚的倾听和接纳，平等是实现双方真正意义上交流的前提，没有平等就不可能实现交流双方的精神融合，也就没有思想的交融和意义的生成。因此，课堂交流首先必须拒绝“特权”与“权威”，把学生看作是一个完整的生命体，而不只是一个认知的实体。课堂交流是一种人人参与的、平等的、有意义的思想沟通和合作。当然，学生也必须树立自主交流的意识，具有展示自我的自信，愿意与教师与同学畅谈自己的想法。教师也须时时鼓励学生交流，并容纳不同的见解。

（二）目的性

课堂交流是一种有目的的交流，它受教学目标和课程目标的制约。课堂交流的目的性提醒我们，课堂交流是一项有准备而非随意的活动。课堂交流不仅仅是为了向学生传递一定的知识和技能，还要在交流的过程中培养他们正确的情感、态度和价值观。现实中许多教师对课堂交流的准备不够充实或完全不准备，课堂中想到什么就和学生交流什么。

（三）情境性

教学活动以目的性、计划性和组织性作为基本特征，师生在教学过程中都要服从其目的和计划。目的和计划可以引导师生交流的方

① 王攀峰：《“学习与生活共同体”的建设原则初探》，《课程·教材·教法》2006 年第 6 期。

向，但教师和学生都是教学活动中复杂的人，任何明确的计划都不可能吻合多种多样具体情境下的师生活动。雅斯贝尔斯指出：“凡是出于个人意愿而作的事，都不在计划之内。但是，可以给予一定的条件，使人的自发性比其他条件更容易发挥出来。”① 预设的目标只能引导交流，而不能控制交流。因为交流不是讲述，而是交流主体之间在一定情境中所进行的一种关涉意义的信息传递。由于课堂交流是在教学目标的指引下进行的，所以它需要进行预设，但课堂情境复杂多变，丰富多彩，想要全面进行预设是不可能的。课堂交流的情境性呼吁教师的教学智慧。

（四）启发性

课堂交流的目的是让学生提出自己的疑惑，发表自己的观点。在学生畅所欲言、各抒己见的过程中激发思维的火花，达到“风乍起，吹皱一池春水”的效果，在这个过程中不同的见解相互排斥、冲撞、融合、认同，最终达到互为启发的效果。如，《蚂蚁与蝈蝈》教学案例中，在老师的启发下，同学们很快将蚂蚁和蝈蝈的行为与自己在生活中的行为联系起来，展开了进一步的讨论。② 这样的课堂交流才会让学生的思维自己发出声音，用自己的心灵去体会意义。

（五）互惠性

在“后喻文化”时代，学生的“碗”不再被认为是空的而是装满水的，只不过这些水的成分与教师的“桶”中的水的成分有很大不同，教师的“桶”承载的是学科知识、人生阅历等。学生的“碗”承载的是时尚信息、流行观念和新的价值规范。处此情境，“桶”中的水不能再一味地倒入“碗”中，只有二者呈交汇、融通状态才不会相互对抗和拒斥，才能在相互汲取营养的过程中形成彼此对事物新的认识，对问题新的看法③。因此，笔者认为，教学中的交流关系不是一种抽象的主体间的关系，而是一种相互影响相互促进的互惠关系。在课堂教学中，师生之间存在的知识、能力、智慧、个性以及阅历方

① ［德］卡尔·雅斯贝尔斯：《什么是教育》，邹进译，生活·读书·新知三联书店1991年版，第81页。

② 王鉴：《课堂研究概论》，人民教育出版社2007年版，第299页。

③ 郑金洲：《教育反哺刍议》，《教育研究》2008年第5期。

面的差异，为交流双方的互惠提供了条件。交流中教师以自己的知识、才学、人格魅力为手段去影响学生，促进学生的发展；学生的一些新的想法和充满活力的乐观态度对教师的教学和生活都有一定的积极影响。这种互惠就是生存意义上的“教学相长”。

三 课堂交流的策略

（一）创设民主和谐的课堂交流环境

传统课堂生命意义的失落使得课堂交流“人”的立场“缺场”，我们需要立足于对教育的生命品性的反思，重新定位课堂交流场中人的地位及相互关系，搭建民主和谐的课堂交流场。这样教师才能让学生在课堂交流中变被动为主动，确立课堂交流的主体地位，让他们觉得学习是自己主动参与、自我建构、自我发展的活动。当课堂真正成为一个民主、公平、开放的系统时，学生的主体地位便会确立，交流便会得到扩展，随之而来的是思想的碰撞、思维的开阔以及学业信念、自我价值感和创造性的增强，课堂交流的意义也由此生成。

（二）培育润泽的课堂交流文化

传统的课堂交流文化是一种“制度”文化，在这种文化主导下的课堂交流中生命受到压制，情感受到压抑。有效的课堂交流需要润泽的课堂交流文化，“润泽”表示一种湿润的状态，是一种安心的、无拘无束的、轻柔滋润肌肤的感觉。“润泽的课堂”给人的感觉是教室里每个人的呼吸和节律都那么柔和。引申到教育中则表示为律动和谐、倾吐自由、轻柔滋润的状态。这种状态是人的生命自由、和谐发展的前提，也是进行有效课堂交流的必要条件。只有在润泽的课堂交流文化中，个体才可能产生家园般的自由精神。建立润泽的课堂交流文化，首先要奉持“内隐”的教师权威。“内隐”的权威以教师的知识、人格魅力为保障，这种权威是基于学生的认同而获得的，它可以避免师生间的冲突关系。同时，教师要理解、倾听学生的真实话语。话语真实是产生课堂体验的灵魂。大家安心地、轻松自如地构建着人与人之间的关系，在这种关系中，即使耸耸肩拿不出自己的意见来，每个人的存在也能够得到大家自觉的尊重和承认[①]。

（三）教师应全面了解学生，树立角色转换意识

教师对学生兴趣爱好、知识经验、文化背景、认知水平和心理成熟状态的正确认识直接关系教师对交流信息的选择和处理、交流进度与程序的设置以及信息难易程度的把握。这些是教师进行有效交流的前提条件。在传统的课堂交流中，教师借助制度性资源以及“师道尊严”的社会传统获得权力，他们掌控话语权，决定课堂交流的主题、拟定课堂交流的内容、指派发言的学生、评定学生的课堂行为，学生没有权力对教师的行为提出反对意见。这种以教师为主宰的课堂交流潜在结构可能使课堂成为教师个人权力泛滥的场域，直接的后果便是教育民主的丧失和师生关系的紧张。因此，我们必须重建新型的教师权威，树立教师交流角色转换意识。交流角色转换意识是指教师根据需要适当转变自己作为信息传递者的角色，充当信息接受者和反馈者。交流角色的转换不仅能够注意到学生传递的现行和隐性信息，还有利于教师深入了解学生较为隐含的、深层次的心理状态。从而采取相应的对策，建立良好的师生关系。

（四）教师要深刻领会教学信息，力求教学内容精确

学生对知识信息的接受，关键在于教师对知识的理解和领会，教师对教材的理解和再加工是一个复杂的思维过程，其核心是要保证教学信息的精确性和完整性。一是要选取略高于学生现有知识范围的信息。教师在进行教学信息的选取时，不仅要考虑学生的现实发展区，还要指向他们的可能发展区，以促进学生的发展。二是剔出干扰和无关信息。教师不能不顾信息的真实性和科学性而盲目地增加信息量，不必要的信息可能给学生造成心理负荷和焦虑，教师必须对信息进行加工，去粗取精、去伪存真，以确保信息的精确性和科学性。三是利用与学生兴趣和生活的相关的内容，使信息具有针对性，教师可选取与学生生活和经历相关的事件或范例或学生感兴趣的话题，改进交流内容。

---

① ［日］佐藤学：《静悄悄的革命——创造活动的合作的、反思的综合学习课程》，李季湄译，长春出版社2003年版，第26页。

（五）教师要正确运用言语和非言语的交流系统

课堂言语交流，是影响课堂交流质量的关键因素。言语交流是指人们运用语言工具传递信息的交流过程，有口头言语交流和书面文字交流两种形式。良好的言语交流有三个基本特征：一是可接受性，即交流双方均须了解对方已有的认识水平和心理状态；二是合作性，即交流双方互为受众，互为发言者，彼此有诚意平等相处；三是情境性，即言语交流者应针对当时的情境，充分利用表情、动作、声调或上下文关系来表达自己的意思。此外，教师要根据课堂实际和学生表现，采用适当的非语言系统进行交流，非语言系统主要包括面部表情、手势和体态动作等。

第四节　教学反思问题研究

教学反思作为提高教学质量、促进教师专业发展的有效途径，越来越受到研究者的重视和为广大中小学教师所认同。教学反思能让教师突破习以为常的教学惯性，不断审视、改进自己的教学行为，使教学充满智慧与创新，逐步形成自己独特的教学风格。然而，由于对教学反思的内涵和实质理解不深等原因，当前，实践中的教学反思存在着形式单一化、过程形式化、封闭化等许多问题。

一　教学反思的内涵

什么是反思？关于“反思”，中西方的理解不尽相同。我国古代，“反思”就等同于“内省”，强调对自己的思想、心理感受的思考和对自己体验过的东西的理解或描述。如《论语·学而》中，曾子曰：“吾日三省吾身，为人谋而不忠乎。”《论语·里仁》中，孔子曰：“见贤思齐焉，见不贤而内省也。”朱熹在《白鹿洞书院学规》中指出：“行有不得，反求诸己。”从中可以看出我国古代思想家所谈论的反思或反省的对象侧重于自己的行为，强调通过反省来促进自身的发展。西方国家关于思维状态的思考可以追溯到柏拉图和亚里士多德时代，但最早使用“反思”这一概念的是洛克和斯宾诺莎。洛克认为，反思是对自身心灵状态的知觉或对心灵运作（思维活动）的注意，是以思维活动为思维的对象。斯宾诺莎则认为反思是认识真理的比较高级的方式，他把对于作为认识结果的观念的再认识称为“反思”，斯宾诺莎的反思是以思维活动的结果为思维对象的，而洛克的反思是以思维活动的过程为反思的对象。[①] 真正深入研究反省思维（reflective thinking）的当属于美国实用主义哲学家、教育家杜威，他认为反思是“思维的一种形式，是个体对于任何信念或假设，按其所依据的基础和进一步推导出的结论，对其进行的主动、反复、持久和周密的思考”。[②] 总之，中西方关于“反思”的研究，经历了从元认知阶段到高级认知阶段这样一个不断发展的过程。总结学者们的不同观点，我们认为，反思是指行为主体立足于自我以外批判性地考察自己言行的过程，是一种涉及直觉、情绪和激情等复杂的思维活动。

什么是教学反思？教学反思是指教师为了实现有效的教育教学，在教师教学反思倾向的支持下，对已经发生或正在发生的教育教学活动以及这些活动背后的文化、理论、假设进行积极、持续、周密、深入、自我调节性的思考，而且在思考过程中，能够发现并清晰表征所遇到的教育教学问题，并积极寻求多种方法来解决问题。从而改进自己的教学实践，使教学实践更具有合理性，发展学生的同时也实现自身专业素质的提升。[③] 教学反思有广义和狭义之分。狭义的教学反思是指从觉察、分析教学活动开始到获取直接的、个人化的教学经验的认知过程，即个体自我经验总结回顾的过程；广义的教学反思不仅包括狭义的反思，还包括对自身教学经验的理论升华、迁移，也包括教师主动探究教学问题进而监控、调节、修正教学实践的过程。教学反思是思考与行动、探究与评价紧密结合并贯穿于教学活动始终的一种教学行为，其特征主要表现在：第一，教学反思以解决教学问题为立足点。教学反思不是简单地回顾教学情况，而是要求教师不断地发现教学中存在的问题，通过问题的解决，进一步提高教学质量。第二，

---

① 熊川武：《反思性教学》，华东师范大学出版社 1999 年版，第 47 页。

② ［美］约翰·杜威：《我们怎样思维》，姜文闵译，人民教育出版社 2004 年版，第 30—32 页。

③ 申继亮、刘加霞：《论教师的教学反思》，《华东师范大学学报》（教育科学版）2004 年第 3 期。

教学反思以促进师生共同进步为目标。教学反思在本质上是追求“学生学会学习”和“教师学会教学”。第三，教学反思以追求教学实践的合理性为动力。第四，教学反思是一个不断发展的、连续的系统工程。总之，教学反思是一个能动的、审慎的认知加工过程，也是一个与情感和认知密切相关并相互作用的过程，是一种教学经验的再造（reconstruction）和重组（reorganization）的过程。在此过程中，不仅要有智力加工，而且需要有情感、态度等动力系统的支持。

二　教学反思的内容

教学反思的内容是教学反思得以进行的载体，主要指已经发生或正在发生的教学活动以及支持这些教学活动的观念、假设及环境。教学反思的内容可以有不同的指向，总的来说，大致包括以下几个部分。1. 课堂教学指向：分析、评价教学活动本身的利与弊，以及影响教学活动的因素，包括教学内容重点、难点的分析，教学方法、策略，教学技巧的运用、教学环境的综合把握等。2. 学生发展指向：分析、考虑与学生发展、能力培养相关的一些因素。分为三个方面：一是关注学生的学习成绩和各种能力的培养；二是关注学生学习兴趣以及学习方法的培养；三是关注学生健全的心理、人格发展。3. 教师发展指向：分析、考虑与教师自身发展、素质提高相关的一些因素。具体包括三个方面：一是关注教师自身的专业知识和专业能力；二是关注教师的人格魅力与自我形象；三是教师的待遇，“教师的付出与收入不成比例”等问题。4. 教育改革指向：关注考试制度的改革以及当今进行的课程改革，关注宏观教育体制的改革以及教育改革的实效性。5. 教育教学的影响因素指向：主要涉及学生的家庭背景、学校周边的文化环境、课程的适切程度、意识形态。6. 人际关系指向：包括教师如何与学生形成和谐的人际关系，以及如何与学生家长相处，共同教育、培养好学生，也包括同事之间的和平相处。

三　教学反思的层次

有关教学反思的层次，学者们观点不尽相同，Carr Kemmis 把教学反思分为技术性（technical）、实践性（practical）、解放性（emancipatory）三个层次。Handal 也把教学反思分为三个层次，即行动（action）、实践与理论理据（practical and theoretical reasons）、道德理据（ethical justificaton）。Sparks-Langer 等人从反思者对教学行为背后理念的掌握情况角度，将教学反思分为七个层次：（1）欠缺描述语言；（2）简单、一般人的描述；（3）描述附有合适的用语；（4）以传统或个人的倾向作解释；（5）以原则或理论作解释；（6）除原则及理论解释外，还考虑情景的因素；（7）以道德、政治等理由作解释。综合学者们的观点，我们认为教学反思大体可以分为以下三个层次。

1. 技术合理化水平（technical reflection）：这是最低层次的反思。只注重对教学的技术性、程序性问题的思考，教师关注最多的是如何利用最好的教学方法技巧，在最短时间内使教学获得最大的效果，以实现教学目标，也就是教师所关注的"怎么教学""面临问题应该怎么处理"的问题。处于该水平的教师最关心的是达到目标的手段，重视手段的效果和效率，而将教育目的看作理所当然，没有对教育目的分析、审视和检讨。

2. 理论分析水平（reasonable reflection）：这是第二层次的反思。处于该反思水平的教师能够透过教学行为层面来分析行为背后的原因，但这种分析往往根据个人的经验进行，其目的在于探讨或澄清个人对行为的理解，考虑行为背后的原因、意义。这一水平主要是基于个人的经验来探究行为背后的原因，教师对结果做解释是基于个人对环境的主观观点而不是对客观结果的描述。

3. 价值判断水平（critical reflection）：这是最高层次的反思。处于这一水平的教师在反思时能够考虑道德的、伦理的标准，并从广泛的社会、政治、经济的背景下来审视这些问题，并揭露潜藏于这些问题中的意识形态，以引导改革。在这一水平教育者关注知识的价值以及对教师而言有利的社会环境并且能够去除个人的偏见。在这一阶段，教师也能对课堂和学校行为做出防御性而非盲目的选择，以开放的眼光来看待问题，其中包括伦理道德的思考。

根据 Hatton Smith 对多项反思课程的监视，发现能够真正令学员做出最高层次的价值反思的并不多。其中教师信念是最大的影响因素，因为技术、理论知识假以时日不难提高。但信念与价值却是教师行为的主要操控原因，如果教师不作根本的信念转变，一切行为的变化都可能是表面和暂时的。杜威曾强调，反思不是一种能够被简单地包扎起来供教师运用的一套技术，而是一种比逻辑理性的问题解决更为复杂的过程。反省思维涉及直觉、情绪和激情，理性和情绪交织在其中，个体进行反思有三种态度是非常重要的，一是开放的头脑（Open-mindedness）；二是责任感（Responsibility）；三是专心致志（Whole-heartedness）。[①] 可以看出，教学反思的效益主要取决于教师自身的理论水平和自我约束能力。

四　教学反思的影响因素

（一）教师素质

教师素质是一个内涵丰富的综合性概念，包括三个维度：真的维度、善的维度和美的维度。真的维度反映教师对世界及教育教学活动发展规律的探索、理解和认识，内容包括教师知识结构与教育理念；善的维度反映教师主体从事教育事业的价值追求和取向，内容包括教师的职业道德和个性品质；美的维度是在真与善的基础上产生的教师欣赏美和创造美的能力特征，是教师顺利实施各项教育活动并保证其效能的心理特征。[②] 教师的自身素质是教学反思的内在条件，是影响教学反思的最主要的因素。教学反思要求教师根据具体的教学情景创造性地进行思考并及时解决教学中存在的问题。这不仅要求教师要有一定的教育教学理念、精湛的专业知识和对所从的事业有满腔热忱和责任感，还要求教师要有欣赏美和创造美的追求。总之，教学反思是一个理念行动相互统一、认知与情感相辅相成、能力与责任相互支持的创造性的综合实践过程。教师的某一方面的素质达不到要求都会影响教学反思的水平、教学质量和教师专业发展。年轻教师的教学反思内容常常停留在教学技术的操作层面上，其主要原因就在于年轻教师还存在教学理念内化程度不高、教学技能不熟练、对教学中的社会文

---

① ［美］约翰·杜威：《我们怎样思维：经验与教育》，姜文闵译，人民教育出版社2005年版，第30—32页。

② 谢安邦、朱宇波：《教师素质的范畴和结构探析》，《教师教育研究》2007年第2期。

化等因素考虑不够等方面的问题。

（二）教师文化

教师文化是教师在教育教学活动中形成与发展起来的价值观念和行为方式，主要包括教师的职业意识、角色认同、教育理念、价值取向、情绪以及行为反应等。[①] 良好的教师文化有助于形成良好的同事关系，使教师之间能够在知识和信息上充分交流分享，在思想信念方面相互影响和促进，从而使群体产生一种凝聚力和向心力，为个体发展和教学水平的提高创造有利条件，也是教师进行教学反思和教师专业发展的必要的支持性环境。消极的教师文化阻碍教师对外在革新的自我责任感的形成，使教师对自身课堂或团体产生保护倾向，无形中阻碍教师的发展和学校功能的正常发挥。

在传统思维方式的影响下，当前许多教师把课堂看作是一个相对封闭且自足的领域，习惯于靠个人力量来解决课堂教学中的各种问题。“孤立地探究”是大多数教师日常的工作习惯，教师会尽量避免将教学中的实质性问题暴露出来或寻求他人的帮助，教师的课堂教学活动往往与其他教师相隔离且不相互依赖，这就是美国学者洛蒂（D. C. Lortie）所描绘的课堂教学的“孤立的蛋篓结构（egg crate structure）”。教师之间缺乏开放、信任和相互支持。这种封闭的教师文化排斥“开放与合作”，使教师易处于彼此孤立的境地，教师常常很难突破这样的恶性循环。众所周知，大多数教育教学活动是由教师个体独立开展的，而且发生在课堂里的一切事件和问题，都需教师自己去面对和解决。这使得许多教师误认为，教育教学本该是一种孤立、隔离的活动。利伯曼（Liberman，A.）和米勒（Miller，L.）在对教师工作的调查中了解到与上述误解高度一致的现实：“教学实际上是一种孤立的事业。在教学中，如此多的人在如此狭小的空间和紧凑时间内完成如此一致的使命，但它却是在自我迫使和职业认同的孤立之中进行的。”[②] 新一轮课程改革以后，教师们都意识到了合作的重

---

① 陈永明：《教师教育研究》，华东师范大学出版社 2003 年版，第 248 页。

② ［美］布鲁克·菲尔德：《批判反思型教师 ABC》，张伟译，中国轻工业出版社 2002 年版，第 305 页。

要性，在日常的教育教学活动中也都表现出了明显的合作倾向，但在教师的深层观念中仍然存在着明显的“地盘”意识。这种“孤军奋战”思维方式和行为取向，阻碍教师教学反思水平的进一步提升，进而影响教学质量的提高和教师专业的发展。教师自我内部对话虽然也是一种反思，但这种反思方式不可能深刻分析问题背后的多重原因。较好的反思方式是同事合作讨论及行动研究。教师们对课堂所发生的教学问题、困惑进行讨论，以问题为课题，通过不同的研究方法去研究解决问题，这样的反思才能真正改进教学和促进教师专业发展。

（三）学校文化

学校文化是一所学校内部所形成的，对其成员的价值观念、态度、信念、道德规范和行为产生潜移默化影响的心理环境。它蕴含着一定的价值取向、思想信念、道德风尚、工作和学习作风、集体舆论等精神因素，体现着学校的独特风格或个性，是学校的灵魂。学校文化作为一种观念形态，是无形的，但对每位教师的思想和行为均会产生重要影响，体现在学校的各项活动和每个师生的价值取向、期望、态度、行为中。

当前，许多学校在考试理性思想的主导下，教研活动的主要做法就是各学科教师聚在一起，进行考纲、考点和考卷的分析。教研活动中没有反思策略的运用，也没有对实践背后的观念、根本假定和教学伦理等问题的反思。教育教学在平淡中“顺利”地进行，仿佛他们秉持的教育教学假定是一劳永逸的、不证自明的，久而久之教师们也就没有了探究的欲望。有了不探究的思想，有了不探究的行为，二者相互负强化便形成了一种不探究的学校文化。随着反思意义的日益凸显，一些教师也开始针对自己的教学实践开展反思活动，但因受上述个人主义学校文化的支配，教师教学反思的形态多表现为个体的自我独立反思。如前所述，教师个体的自我独立反思往往难以深入，有时甚至因教师个人的偏见和认识的局限而使反思走向不合理。逐渐地，教师们会认为，反思仿佛并未给自己带来明显的变化和进步，于是，他们开始怀疑反思本身的价值，进而觉得反思无用，也就不愿再进行反思。

教师教学反思绝不是一件轻松愉快的事情。尽管反思可能帮助教师发现自己没有注意到的一些优点和潜力，但更多的时候，教师个体的独立反思意味着“揭短”。然而，有谁敢公开承认自己以前坚持的信念不过是一种误解？有谁敢公开承认自己无力应对学生厌学的现象？又有谁敢公开承认自己对学生在课堂上不积极参与学习感到不知所措并需要他人帮助？教师间的群体反思意味着指出他人（包括校长和资深教师）的问题。然而，教师怎敢批判校长？年轻教师、新手教师怎敢质疑资深教师、专家教师？教师之所以不敢自我揭短，是因为害怕给领导、同事、学生留下一个无能或不称职的坏印象，使自己在评优、晋级或其他竞争中处于不利地位，从而对自己的职业生涯构成威胁。教师之所以不敢指出别人的问题，是因为担心违反学校权力等级关系的规则，进而落得受排挤或遭冷落的境地。总之，各种现实利益使教师不得不把自己感受到的自己的、同事的、学校领导的问题统统压抑于心，不敢揭示出来。更明确地说，不留“坏”印象，避免受排挤或遭冷落等。现实利益的角逐都和一种压制性的学校文化相连，而且相互负强化。这种压制性的学校文化阻止教师把探讨、反思和批判他人教育教学实践中的问题作为其日常生活的核心要素，导致教师尽量避免公开在同事面前谈论自己的教育教学困境，也使教师形成一种意识——最不希望与同事谈论教学，也最不希望同事来观察自己的课堂。上述情形犹如理查特（Richert，A. E.）所说：“没有人聆听教师，是因为他们不说话；他们不说话，是因为他们是文化的一部分，而在这种文化中，一系列的压制性机制……让他们保持沉默。”

（四）教师的时间资源

另一个影响教师反思的关键因素是时间资源。教学中的有些反思是即时的，需要立刻做出回应，但大部分教学反思发生在教学活动之前或之后，教师要对经历过的教学活动进行回忆、找出问题、分析现象、查阅资料、讨论等，这些都需要充足的时间。没有充足时间的保证，难以产生高水平的反思。当前，在考试理性的主导下，许多学校教师加班加点为学生补课，一考定乾坤的评价机制使教师顾不上进行教学反思，就连极具反思意义的评课活动，往往也只是草草了事。调查发现，许多教师的教学反思只有到学期末检查时才去写，而且一学期的教学反思一个下午就完成了。

五　教学反思的问题反思

（一）教学反思的形式单一化

当前大多数教育管理者和教师都将教学反思局限于课后反思，这种基本的、有着特殊效果的教学反思方式已经被广大中小学教师认同和接受。但将教学反思仅仅局限于课后反思是一种对教学反思的简单化与单一化的理解。教学反思的形式多种多样，有时需要立刻进行，有时需要静静的回顾与思考，有时则需要和同事及专家合作探究。根据课堂教学的进程可将教学反思分为三类：一是教学前的教学反思。教师在进行教学之前，结合以往的教学经验，对教学内容再次梳理，使教学成为一种自觉实践的过程。二是教学中的教学反思。教师在课堂教学阶段，对某些教学现象、环节及时敏锐剖析，确保教学高质量、高效率地进行。三是教学后的教学反思。教师对整个教学阶段的总体回顾，带有批判性质，扬长避短，使教学经验理论化。三个阶段的教学反思贯穿于整个教学过程，缺一不可。

（二）教学反思的过程形式化

教学反思作为一种内在的、自觉的教学行为，它是立足于自己的教学情感、智慧、学生现状及对教材的理解，联系教育理论，根植课堂教学实践，对自身教学方式、学生学习方式进行不间断的批判性思考，以期达到教学方式的不断改进、实现教学效率最优化的一种过程。然而，当前许多教育管理者却将教学反思作为一种任务强加在教师身上，并量化考核，与奖惩挂钩，许多学校都规定教师每学期至少写多少篇教学反思，每篇不少于多少字，把本应充满生机、探究的反思过程简单地“物化”为机械的任务，大大削弱了教师进行教学反思的主动性和积极性。这种外在的、行政化的要求使教师的教学反思成为流于形式的例行公事活动。这种任务驱使下的教学反思，缺乏教师真情实感的融入和基于实际问题的思索。教师的教学反思不再是源于对自身丰富教学实践和师生生活的研究，而是从“文本”到“文本”、从“网络”到“文本”的“复制”与“粘贴”，即使不是“复制”而来，也不过是新课程时髦名词的罗列与堆砌。对充满个性的教学实践缺乏潜心的研究和细致入微的揣摩。教学反思游离于自身教学实践之外，似无源之水，无本之木。从某种意义上讲，教学反思是教学智慧的一种表现形式，是一种个性化很强的教学行为，不同的问题情境决定了不同的反思方式，不同的教师反思的内容和层次不同，反思的方法和策略也不尽相同，有些教师喜欢将反思的内容写在反思本上，有些教师则喜欢写在教案上或教科书上。写在哪里，或者说是否用文本呈现反思内容都不重要，重要的是教师能将教学反思内化为一种自觉的教学行为，像“跳荡在教学情境中的燧火”一样伴随着教学活动的始终。

（三）教学反思的内容封闭化

在“封闭型”的学校文化和教师文化的影响下，许多教师认为，教学反思是自己个人的事情，不愿与他人共享，表现在行动上就是自我封闭，独自苦思冥想。一些教师过分强调自己做自己专业发展的主人，排斥与专家、同行、学生的合作交流。没有参照就无法比较，没有借鉴就谈不上创新，研究问题就会视域狭窄，层次肤浅，深入不到教师的教育教学方式、教育价值和生活态度等层面。这种孤立的反思在一定程度上也能促进课堂教学的改革，但成效十分有限。新课程理念所倡导的教学反思是开放性的，面向专家、同行、学生全方位地开放，强调要与不同背景的主体组成反思活动的结构层次，拓宽反思活动的对话空间，从专家、同行、学生等角度去认识和理解，增强反思的合理性和有效性。

（四）教学反思中专业支持缺失

从教师教学反思的实践中我们发现，许多教师虽然也不断反思自己的教学，但受理论层次的限制，反思仅仅停留在表面现象，就事论事，得不到理性的突破与创新，也难以促进教学实践的改进。教学反思虽然不是一个新事物，自人类有教学活动始，教学反思就存在，但真正作为一种教学行为进行强调和重视，则是新课程改革以后的事，中小学教师缺乏相应的专业知识基础和教学反思的经验，这就需要专业研究人员不仅要进行教学反思的理论研究，还要深入学校、课堂进行教学反思的实践研究，对教师的教学反思提出一些建设性的指导和反馈意见。就目前的情况而言，我们认为，不仅要加强教学反思的理论研究，还要深入实践探索，解决教学反思过程中产生的各种问题，尤其要加强对各种层次教学反思的策略问题的研究。

第五节　翻转课堂问题研究

“翻转课堂”作为一种教学理念和教学模式正影响和改变着传统的课堂教学。它利用互联网技术和信息化手段，突破了传统课堂的边界，拓展了课堂教学的时间和空间，优化了学生的学习过程，增强了学生的学习能力，实现了信息技术与课程教学的深度融合，为课堂教学的变革带来了新的曙光。然而，从国内“翻转课堂”的实践情况来看，基于“时序重构”的“翻转课堂”并未在很大程度上促进学生的“深度学习”。这其中有方法运用不当的原因，但更主要的原因是认识不足和能力缺乏。

一　当前翻转课堂实践存在的主要问题

（一）将“时序重构”等同于“翻转课堂”

翻转课堂借助互联网技术和信息化手段，重构了传统教学的时间和顺序，它用视频授课代替课堂授课，将授课的场所从课内转移到课外，在较大程度上实现了个性化学习，打破了传统课堂“齐步走”的局限。从翻转课堂的概念和运行程序来看，时序重构是其前提条件，只有教学的时间和顺序进行了相应重构，翻转课堂才有可能发生。然而，时序重构是翻转课堂发生的必要条件，是翻转课堂的一部分，或者说只是其条件部分，时序重构后的一系列活动才是翻转课堂的实质部分。也就是说，仅有教学时序重构，翻转课堂的价值也未必能彰显。在实践中，我们发现许多学校虽然按照翻转课堂的要求对教学的时序进行了调整，课前也录制或借用了相应的教学视频，但由于学案设置或微课质量的问题，许多应该通过课前微课学习解决的问题没有得到有效解决，课堂上需要再一次进行讲解，课前的微课学习失去了翻转课堂设计的意义。最主要的问题是教师准备不充分或本身能力不足，课堂的互动性、交互性不尽人意，教师的低水平点拨和启发无法引起学生的深度思考；课堂上的每一次展示、每一次发言都像机器一样按部就班地进行，没有激烈讨论、没有观点争鸣，鲜有的几个质疑也都显得牵强。整个课堂能够让人感受到的就是程序规范。这种将“时序重构”等同于翻转课堂的做法曲解了翻转课堂的本意，不仅不会促进学生学习，反而会导致教学的乏味和低效。

（二）“学”的内容“设计”的痕迹不明显，“先学”几乎没有发生

从翻转课堂的实施过程来看，网络平台、学案、微课、终端设备构成了该教学模式的四个支撑，学案和微课是最核心的要素，它们的质量直接决定着翻转课堂的成效。学案是教师设计的帮助学生在课前自主学习的指导方案，是提供给学生进行自主学习以达成学习目的的支架。主要包括：学什么，怎么学，学到什么程度。在学案的编制过程中，教师需要考虑：学生自主学习应该解决哪些问题？需要提供哪些方法促进学生更有效地进行自主学习？课堂教学创设哪些活动，这些活动如何与课前学生的自主学习衔接？然而，当前的学案设计主要存在两方面问题：一是在“学什么”的设计中，大多数都是将书本上的内容简单地搬到学案上，对学习内容缺乏整合，也没有形成系统；二是在怎么学的设计中缺乏科学有效的方法引导，大多数教师还是按照传统课堂教学的模式在指导学生学习。学习微课是翻转课堂教学的第一步，也是关键的一步，如果学生不能按要求完成课前基础知识的学习，课堂交流讨论就会流于形式，翻转课堂也就失去了意义。研究发现，翻转课堂实施中只有少部分学校的微课是教研组或教师自己根据学生的实际情况设计的，大多数微课都是借用一些其他微课，借用的微课虽然在别人的教学过程中发挥了应有的作用，但由于与教师自己的学生实际不匹配，使得课前微课学习效果不佳。还有一部分微课虽然是教师自己设计和录制的，但由于教师对课程内容思考不深入，加上对媒体运用不熟练，微课的学习难以实现掌握基础知识的目的。总之，由于“先学”的材料设计得不够科学合理，没有将知识转化为问题，翻转课堂中的“先学”几乎没有发生。

（三）“教”的方式和策略未发生根本的变革

从“翻转课堂”的最初创意来看，结构和模式的翻转源于“以学生为中心”的基本思考。其结果是不仅创新了教学方式，而且翻转了传统教学结构，调整了教学时序，建立了比较彻底的“以学生为中

心”的教学理念。教学结构的变化无疑对教师的“教”提出了更多的挑战，它要求教师要在挖掘深度、拓展广度上下功夫，引导学生深度参与、启发学生深度思考，最终走向深度学习。传统教学模式下，教师习惯站在教的角度审视教材、研究教法、对待学生。教学时序调整以后，迫使教师重新审视和改变自己的教学行为，以适应学生学习的需要。然而，从翻转课堂的实践过程来看，许多教师虽然按照翻转课堂的一般模式调整了“教”与“学”的顺序和时间，课前也录制了微课、设计了学案，但一进课堂，整个局势就发生了变化，教师习惯性地强势介入课堂学习的各个环节，似乎忘记了课前的学习方式和内容设计，仍然按照自己对该节课教学内容的把握，按部就班地去讲解重点、突破难点，偶尔也会问问学生课前学习遇到的困难和发现的问题，但这种对学生问题的关照基本只是点缀。基于“时序重构”的翻转课堂如果仅仅重视“教”与“学”的时间和空间上的简单转化，或仅仅重视“学”的内容和方式，而不改变和调整“教”的方式和策略，不仅无法提高学生学习的积极性，无形中还会增加学生的学习负担。

二 翻转课堂促进深度学习的途径与方法

基于“时序重构”的翻转课堂通过教学流程的转变，突破了教与学的时空限制、思维限制，为学习从浅层走向深层提供了可能。基于高阶思维发展的目标厘定、基于批判理解的知识建构过程和基于“劣构问题”解决的评价导向的翻转课堂必会将学生的学习引向深入。

（一）课前设计要指向深度学习

1. 教学目标确定中强调高阶思维发展

翻转课堂实践中存在仅仅追求“教”与“学”时序的简单调整现象的主要原因在于将教学目标定位在知识的记忆和简单理解等低阶思维发展的层面，没有将“应用、分析、评价、创造”这些高阶思维的发展确定为教学的主要目标。高阶思维的发展依赖学习者高阶思维的投入。只有学习者在学习的过程中投入高阶思维、运用高阶思维进行学习，高阶思维才能获得应有的发展。高阶思维能力主要由基本思维、批判性思维及创造性思维三大能力构成。[①] 深度学习强调：学习者在学习过程中，必须综合运用三种思维活动去表征知识、阐述观点、分析问题和解决问题。在翻转课堂中，如果将教学目标定位为高阶思维的发展，学生学习方式的选择和学习策略的运用，教师教学方式的选择、教学内容的组织、教学策略的调试和教学评价的运用等一系列教与学的活动都会围绕高阶思维发展而展开。因此，要使翻转课堂达到促进深度学习的目的，首先必须将高阶思维的发展作为教学的主要目标。

2. 学案设计中强调系统整合思想

学案的质量决定着课堂讨论交流的深度和层次。学案是学生学习的指导方案和引导探索的自学提纲，它着眼于充分调动学生的学习积极性，引导学生理解内容、探究问题、提出问题，具有鲜明的主体性、探索性和引导性。一份完备的学案设计包括问题设计、情境设计、学法设计以及微课学习设计四个要素，其中问题设计是核心。因此，编写学案应将主要精力放在问题的构思与设计上。问题在学案中既是教师“导”的思想、策略和方法体现，又是学生学习过程的体现。问题也是引导学生探索求知的重要手段，将知识点转化为问题，是学案设计最基本、最有效的方法。深度学习强调系统整合的思想：系统是指不能把每个知识点的学习看成是一个个孤立的活动，一定要将其放在整个学习内容的系统中去考量；整合既包括多学科知识与多渠道信息的整合，又包括新旧知识与信息的整合。在翻转课堂的教学实践中要想使学案真正实现激发兴趣、理解内容、启发思维、提出问题的目的，必须在学案的设计中引入系统思维和内容整合的思想，即一定要明确所学的知识点在本学科知识系统中的价值和作用，也要明确该节课所学的内容与之前所学的内容以及其他学科的联系。强调这种设计思路的目的不仅在于引导学生将新信息与已知概念原理建立联系，整合到原有的认知结构中，以引起学生对新知识信息的理解和保持，更重要的是拓展学生的思维宽度、增强学生多学科研究问题的视

---

① Jonassen, D. H., *Computers in the Classroom: Mind Tools for Critical Thinking*, New Jersey: Englewood Cliffs, 1996, p. 19.

野、提升学生跨界的迁移应用能力。

3. 微课设计中强调“知识点组”体系

翻转课堂最大的特征就是运用微课再造教学，微课是课堂实现翻转的基础。微课最主要的功能是提供具有适应性的学习资源，满足学生的个性化需求，学生既可以利用碎片时间在适当的地方观看学习，也可以根据自身具体情况自定步调开展学习。然而，这一切都必须以优质的微课为前提。优质的微课要强调精细设计和针对性两方面，所谓精细设计是指要合理细化课程的知识点，并形成涵盖所有知识点的“知识点组”体系。当然“知识点组”不能太大也不能太小，太大难以在有限的时间内将其讲透彻、讲明了；太小易造成知识碎片化，不利于学生对知识的整体把握。所谓有针对性是指每个微课均要对应特定的“知识点组”，从而利于学生查找、观看与学习。① 另外，微课的设计还应将对学生内在学习动机的激发进行考量。学生只有在积极内在的学习动机的引导下，才会投入更多的时间和精力、克服一定的困难去探讨那些未知的、具有挑战性的问题。可以说，积极内在的学习动机是保证微课学习质量的先决条件。

（二）课堂教学要关照深度学习

1. 引导学生进行基于模型化的知识建构

翻转课堂强调课前学生利用微课和学案进行基础知识的学习，并不意味着课堂教学不再进行知识学习，只是课堂教学中知识的学习更加强调高层次的知识加工。深度学习需要学生深层次地理解、整合和系统地组织知识，目的是通过一系列情境构建知识网络，建立知识之间的逻辑关系和一个立体性的知识网络结构。② 深度学习强调知识的模型化加工。知识的模型化加工是抽取实质性信息的过程，通过对知识进行不断的解释与修正，用一种非线性的方式在概念之间架起因果逻辑的桥梁，将概念概括化，从而形成空间的、时间的、因果的、逻辑的和量化的智力模型。这种智力模型能够提供

① 卢强：《翻转课堂的冷思考：实证与反思》，《电化教育研究》2013 年第 8 期。

② Lorin, W. A., & David, R. K., *A Taxonomy for Learning and Teaching and Assessing: A Revision of Bloom's Taxonomy of Educational Objectives*, New York: David McKay Company, Inc., 2001, pp. 27 – 66.

知识结构与应用信息，甚至在忘记一些知识规则的情况下，利用智力模型可以通过少量的信息进行有用的预测、解释或推理。[①] 知识的模型化加工能更好地代替大量规则的记忆，促进知识的高位迁移。模型化加工还是一种个性化的、让学生有机会自我感受概念建构的情境体验过程。在体验过程中，学生能够正确理解知识并用恰当的方法从不同的角度对知识进行表征，进而促进知识的自我建构。[②] 模型化知识结构的生成是高阶思维发展的重要表现形式，也是深度学习的重要指标。

2. 组织学生进行基于批判性建构的课堂交流

翻转课堂的一个重要环节是课堂交流与讨论。教师需要根据学习内容和学生观看微课、完成学案过程中提出的问题，总结出一些有探究价值的内容，并以问题的形式呈现出来，学生根据兴趣与理解能力选择相应的探究题目。如果没有课堂上的高位引领，课前的自主学习就不会得到应有的提升。从学习者的心理机能来看，只有当其心理机能从纯粹的认知发展走向意义获得时，深度学习才真正发生。早期的认知理论把学习的结果仅仅定位于认知能力的发展，强调个体通过主动的心理建构活动获得那种能真实反映客观规律的认知结构。学习科学研究者认为，仅仅停留在经验的获得和认知能力形成的层次不足以达到深度学习的目的。“自反性”“批判性反思”“主体性卷入”是学习者从最初的旁观者角色逐渐触及学习内核，建构自我知识的必经阶段。鉴于此，在翻转课堂的交流与讨论中，教师应重视以对话、交互为手段为学生搭建“脚手架”。师生之间、生生之间的对话，不能止步于“是什么”等浅表的问答，而应围绕“如何”“为什么”“我是如何知道的”这一类深层次的、自反性的问题辩驳，促使学生在自我反思、观察同伴和教师的过程中产生认知冲突，并通过清晰的表达阐明自己的认识和发现。这样，学生个体不仅能够知晓与学习对象有关的客观性事实，更在持续的自我反思中逐渐明晰所学知识与自我的关

① Frederrick, R., *Applying Cognitive Science to Education: Thinking and Learning in Scientific and Other Complex Domains*, Cambridge: The MIT Press, Massachusetts London, England, 2008, pp. 36 – 58.

② 黄梅、黄希庭：《知识的加工阶段与教学条件》，《教育研究》2015 年第 7 期。

系之意义所在。[①] 具体来说，就是学习者在运用基本思维学习新材料的过程中，一定要批判性地鉴别和接受新内容，能对新材料提出自己独特的分析见解并能拓展思路。

3. 倡导基于“劣构问题”解决能力提升的教学评价

批判建构的学习过程必然会增强所学知识在新问题解决中的灵活性。迁移能力发展的状况直接决定新情境中问题解决的成效。在浅层学习中，教师教授问题解决时，往往将精力集中于教授如何用所学的知识或原理解决良构的问题，忽略或不重视帮助学生理解知识或原理为什么会起作用以及如何在现实情境中运用这些知识和原理。学习者运用最多的学习方式是反复记忆和重复训练，他们记忆这些知识或原理时，并没有理解其背后的逻辑，当他们遇到类似的问题情境时，就会不假思索且不恰当地将自己所学习的知识或原理应用到一定情境中去，结果就会获得无逻辑的或实际上不可能的答案。学校一般教授的问题都是良构的问题，良构的问题通常只有一个正确答案，想要达到的目标状态非常明确，所需要的信息也都是已知的，且经过一系列操作步骤就会得到正确答案。而劣构问题的目标状态则是模糊的，一些必要的信息是缺失的，且没有一种确定的方法可以达到目标状态。因此，无论怎样重复训练学生的良构问题的解决能力，对劣构问题解决的帮助都极其有限。[②] 而现实中的问题绝大多数都是劣构问题，几乎没有简单运用书本所学的原理和方法就能轻而易举解决的良构问题。因此，翻转课堂要实现促进学生深度学习的目的，在教学评价中就应该强调在良构问题解决能力发展的基础上进一步重视劣构问题解决能力的提升。要求学习者不仅能在相似情境中做到“举一反三”，更要能在新情境中判断差异并能突破原理的束缚分析问题并创造性地提出和解决问题。

（三）教师要从观念上接受深度教学

众所周知，从以“教”为中心向以“学”为中心转化是近年来

① 张静、陈佑清：《学习科学视域中面向深度学习的信息化教学方式变革》，《中国电化教育》2013 年第 4 期。

② ［美］保罗·埃根、唐·考查克：《教育心理学：课堂之窗》，郑日昌译，北京大学出版社 2009 年版，第 38 页。

我国基础教育课堂教学研究和实践发展的重要目标。许多中小学在这方面进行了有益的探索，取得了很大成就。如，江苏洋思中学的“先教后学、当堂训练”模式、山西新绛中学的“自学—展示”模式、山东杜郎口中学的“三三六自主学习”模式等都是这方面探索的成功典范。这些模式之所以取得了成功，更大程度地促进了学生的学习，不仅在于它们重视了“学”的地位，更重要的是调整了“教”的思路。鉴于此，本书认为教师教学观念的变革应该是翻转课堂价值得以实现的重要保障。教学观念是从观念形态上对“如何开展教与学”活动做出的最高层次的抽象与概括，它影响和指导教学行为的发生。倘若认为“教”是教学的中心，必然会强调以“传递—接受”为标志的教与学活动；倘若认为“学”是教学的中心，必定会认同以“自主—探究—合作”为标志的教与学活动。翻转课堂强调的以“B - Learning”为标志的混合式教学观念，是取“传递—接受”和“自主—探究”二者之所长而形成的一种全新观念，它强调以“有意义的传递与教师主导下的自主探究相结合”为标志的教与学活动，这正是保证翻转课堂的有效实施所必须坚持的新型教学观念，这种新型教学观念是“传递—接受”和“自主—探究”的有机整合。也就是要把传统教与学方式的优势和数字化或网络化教与学方式的优势结合起来。① 只有教师的教学观念发生了变化，翻转课堂促进深度学习的目标才有可能成为现实。

第六节　有效学习问题研究

进入21世纪以后，随着新课程改革的推进，以提高课堂教学效率为旨趣的有效教学成为课程与教学论研究关注的重点，并在理论和实践方面都取得了一定的成绩。然而，梳理文献我们发现，近15年来关于有效教学的研究主要集中在四个方面：一是对有效教学的价值、内涵、特征的阐释；二是对有效教学理论基础的探讨和评价指标的建构；三是关于有效教学的调查研究；四是对西方有效教学研究的

① 何克抗：《从“翻转课堂”的本质看“翻转课堂”在我国的未来发展》，《电化教育研究》2014年第7期。

介绍。这些关于有效教学的研究中，只有少数学者在关注有效学习，大多数学者将笔墨用在为有效教学进行正当性的辩护和教师如何有效的“教”上面。这种不关注或忽视有效学习的研究注定不会对教学实践产生增量性影响，反而会扰乱正常的教学实践。“所有关于教的问题的思考和设计，都应以对学的理解和把握为基础，否则，教就可能演变成背离学的规律、脱离学的目的的无实际效果和意义的活动。只有立足于‘学’，才能弄清楚‘教’。”[①] 本书就是在深刻把握有效学习的内涵、特点的基础上，为教师的教学提供一些可借鉴的策略，以期进一步促进课堂教学质量和效率的提升。

一　有效学习的内涵

什么是学习？在我国，“学习”二字最早是分开使用的，见于孔子的《论语·学而》中的“学而时习之，不亦说乎！”最早把“学习”二字直接连在一起使用的是在《礼记·月令》中的“鹰乃学习”，用以表达小鸟学习飞行的行为。中国古代的“学习”包含“学”与“习”两个环节，“学”是指人的认识活动，“习”则是指人的实践活动，二者统一起来才构成学习的完整概念。学习是一种认识与实践相结合、相统一的活动。在现代汉语表达中，“学习”二字已经连用，《辞海》中对“学习”的释义为：“学，效；习，频频起飞，小鸟反复学飞；求得知识技能，引申为效法。”[②]《现代汉语词典》关于“学习”的定义也强调了学习的模仿、练习和在实践中获得知识或技能的特点。[③] 在英语中，用来表达“学习”的词主要为 learn 和 study，“学习”被描述为一个有意义、积极的、有收获的过程，并强调学习付出“时间和精力”。[④] 在我国教育界，关于“学习”的界定

① 向葵花、陈佑清：《聚焦学习行为：教学论研究的视域转换》，《课程·教材·教法》2013 年第 12 期。

② 辞海编辑委员会：《辞海（1979 年版）缩印本》，上海辞书出版社 1980 年版，第 1125 页。

③ 中国社会科学院语言研究所词典编辑室：《现代汉语词典》，商务印书馆 1978 年版，第 1296、1221、1297 页。

④ 张方杰：《牛津现代高级英汉双解辞典（第三版）》，香港牛津大学出版社 1984 年版，第 1170 页。

很多，其中林崇德和刘善循的定义最具代表性，他们都从广义和狭义两个层面对“学习”进行了界定，从广义的角度，他们都认为学习是指动物和人的经验的获得及行为变化的过程；[①] 狭义角度，他们也都强调了学习的目的性、计划性、组织性的特征和重视实践技能和外在行为的变化的特点，不同的是刘善循强调学习的主动性和被动性并存的特征。[②] 日本学者佐藤学对于“学习”的理解突破了以往对于学习的界定，他认为“学习”就是同客观世界的交往与对话，同他人的交往与对话，同自身的交往与对话。[③] 通过对学习的汉语、英语的词源分析，以及专家对学习含义的探讨，我们认为，学习不仅是一种认知活动，还是一种实践活动，不仅需要模仿，还需要交流和对话。

什么是有效学习？有效学习是指学生积极主动参与学习，并能够运用适合自己的学习方法高效率地、批判反思地获得新知、提高能力和培养情感的学习活动。[④] 这一定义强调了有效学习中积极主动的学习准备，选择适合自己的学习方法，高效率地、批判反思的学习过程和提高能力、培养情感的学习结果。因此，要理解有效学习必须重点关注四个方面的内容：一是学习准备。学生要进行有效学习，应该进行两个方面的积极准备，一方面是内在学习动机的情感准备，适当强度的内在学习动机有利于促进学生的有效学习，也是维持有效学习的动力系统，如果一开始学生的学习动机就非常弱或者过于牵强，必然影响学生的学习兴趣和学习投入；另一方面是先验材料以及辅助材料的准备，这里的先验材料是指学生头脑中已有的知识或者经验储备，如果没有一定的知识或者经验基础，那么更进一步的学习就很难进行或者效果难以达到最好。所谓辅助材料是指能够促进深入学习的物品或媒体，辅助材料能够帮助学生更有效的理解新的学习内容。二是学习方法。有效学习强调学习方法的个体性，每一个学生在学习某一项

---

① 林崇德：《学习与发展——中小学生学习能力发展与培养》，北京师范大学出版社1999年版，第8—9页。

② 刘善循：《快乐学习法——增强情感智力的技巧》，商务印书馆2000年版，第2页。

③ ［日］佐藤学：《学习的快乐——走向对话》，钟启泉译，教育科学出版社1999年版，第20页。

④ 杨勇：《有效教学与有效学习的方法和路径》，《课程·教材·教法》2014年第3期。

内容时都有适合自己的学习方法。三是学习过程。有效学习是一种在批判反思的基础上追求效率的学习，不仅强调学习中要花更少的时间学习更多的知识，还强调学习过程中批判反思地接受新的学习内容，这里的反思可以是学生自我内在反思，也可以是同伴学习群体在共同学习活动中集体反思。四是学习结果。有效学习不仅重视学习准备、学习方法和学习过程，也非常重视学习结果。有效学习所关注的学习结果不仅包括学生的知识和能力的发展，还包括学生获得知识和能力的策略的提升。

二　有效学习的特点

有效学习强调的是一种积极主动的、全身心投入的学习状态，它在学习动机、学习行为、学习过程、学习结果等方面都与无效学习或低效学习有很大的区别，主要表现在以下几个方面。

（一）学习动机的内发性

“学习动机是指引发与维持学生的学习行为，并使之指向一定学业目标的一种动力倾向。”[①] 学习动机是激发学生进入学习活动、维持其有效学习活动并且帮助其达到最终学习目标以及获得个人发展的动力机制。有效学习首先要求学生的学习动机是内发的而不是外在的。内发的学习动机是学生基于学习内容本身和自我的需要而呈现出的学习动机，这种学习经过一定时间和一定程度的酝酿，在学生头脑中逐渐具体化，以具体理想目标呈现出来，并且这一目标成为一种动力因素激发学生思考如何达到目标，同时学生会进行一定的自我可能性评估，从而在学习者内心和头脑中达到理想程度的学前准备状态。有效学习还要求学生学习动机具有持续性。学习动机的持续性体现在学习动机的强度、学习动机的维持时间以及学习动机的后继性。在学习动机的强度上，有效学习的学习动机表现为适度偏强，过于高强度的学习动机容易冲动过后陷于冷静，而过于低强度的学习动机则很容易导致中途放弃或者偏离预定理想目标。在学习动机的维持时间上，有效学习的学习动机是可以延长学生的学习时间，在学习的准备、发生、

① 陈琦、刘儒德：《教育心理学》，高等教育出版社 2005 年版，第 192 页。

实践以及反思阶段，其学习动机一直存在于学生内心，并且在每个阶段都能够维持和激发学生的积极学习和探索行为的进行。在学习动机的后继性上，有效学习的学习动机不仅能够激发和维持当前学习活动的进行，还可以作为继发性动力激发新的学习动机，从而持续地影响新阶段的有效学习。

（二）学习行为的自控性

学习行为是指学习主体在学习活动进行的过程中，经由自身内部学习动机推动、思维完全参与的并外显出的一系列具有明确目标性和特定意义的动作机制。有效学习行为首先应该具有自控性。当学生内在的认知、情感、能力等方面与外在学习环境协调时，自我控制的作用表现不明显；当学生的认知、情感、能力等与外部学习环境趋于“失调”时，自控性的学习行为就会有效控制自身的不协调因素，在不破坏自身学习价值体系的前提下，改变自身学习行为，适应外部学习环境，从而保证学习活动的顺利进行。由于外部环境在大多数情况下都与学生的认知、情感、能力不匹配，因此需要学生有效控制和适时调节自己的学习行为，使学习效率和学习质量达到最佳状态。另外，学生所进行的学习活动是一个动态且具有代谢机制的生态过程，当进行一项新的学习活动时，其学习效果必然受以前所经历的学习体验的影响，如果这种影响是积极的，那么学生便不会意识到有冲突的存在。但是当此前学习经历与当前学习过程的某一方面发生冲突或矛盾时，自控性的学习就会运用逻辑思维充分分析前后两者的矛盾，重新对学习内容进行高级加工，从而建构两者之间新生的、有意义的联系，保持有效学习行为的持续发生。

（三）学习过程的反思性

反思是行为主体立足于自我批判性地考察自己行为的过程，是一种涉及直觉、情绪和激情等复杂的思维活动。学习过程的反思性是指学生为了实现有效的学习，在教师的引导下，对已经发生或正在发生的学习活动进行积极、持续、周密、深入、自我调节性的思考的特性。①

① 安富海：《教学反思：内涵、影响因素与问题》，《河北师范大学学报》（教育科学版）2010 年第 10 期。

反思性是有效学习的主要特征，也是增强学生自主学习能力、提高学习效率的重要途径。虽然我们一直强调课堂教学中教师指导的价值和过程性评价的重要性，但学生对自己学习过程的反思是任何其他指导和评价都不能取代的，因为学生自己最清楚这种学习是否满足自己的需要，自己在这种学习中学会了什么、什么还学的不太明白。也就是说，学生真正获得了什么，获得了多少，只有自己最清楚，无论外人怎样评价，这个事实都不会改变。无论教师怎样努力也不可能在一堂课内对每个学生的学习状况都作出客观评价，从这个意义上说，学生在学习过程中的反思性就显得尤为重要，它不仅能使学生发现自己以往学习存在的问题，并及时调整和改进自己的学习策略，而且能够促使学生生成新的、有价值的问题，进而激发学生探究问题的兴趣，促进学生思维的发展。

（四）学习结果的创新性

在一项学习活动中，如果学习是基于学生内在的需要而进行的，而且学生在学过程中能够根据自己学习状况不断反思和调整自己的学习策略，这种学习准备和学习过程必然生成创新性的学习结果。需要强调的是，我们所说的创新性的学习结果不是否定或轻视基础知识和基本技能掌握的学习结果，而是基于基础知识和基本技能理解的思维的发展和情感态度价值观的变化。过去很长一段时间，我们强调基础知识和基本技能，然而过分强调“双基”使学生掌握知识与技能的方法和人生观、价值观、世界观都出现了一些问题。新课程改革强调了课程目标中的过程与方法、情感态度价值观的重要性，但从当前中小学课堂教学的现状来看，许多学生不仅过程与方法没有理解，情感态度价值观没有得到应有的发展，连知识与技能的掌握也出现了问题，这是因为许多课堂过分注重热闹的课堂氛围和程序化的活动过程，忽视了学习结果。有效学习强调学生的学习结果对于学生自身及其所学内容而言都应该具有创新性。学生在经历有效学习过程之后，其自身不论在知识收获还是情感的体验上都不限于量变的积累，而是在更高程度上体现出知识的创新以及情感的升华，这种创新不同于知识的简单积累或者情感价值的简单变化。知识的创新应体现在个人独特体验以及逻辑思维的转变上；情感价值的创新应该体现在遵守社会道德规范的前提下个人情感价值的领悟和提升。

三 促进有效学习的教学策略

基于以上关于有效学习内涵的理解和特点的考量，本书认为要实现有效学习不仅需要学生主动地投入学习状态、适时地调适学习策略、积极地反思学习问题，还需要教师高屋建瓴的指导。

（一）教师需要有效激发学生的学习动机

学习动机的强弱不仅影响学生学习时间和精力的投入状况，也决定着学生持续学习的情况和最终学习成果。因此，要想使学生的学习成为有效学习，教师一定要在激发学生学习动机上多下功夫，想方设法使学生自愿地、积极地投入学习状态。学习动机包括内部动机与外部动机两个部分，教师要根据实际需要从内部和外部两个方面激发学生的学习动机。第一，尽力激发学生的内部动机。“具有内部动机的学生能够独立、自主、积极地参与学习过程，具有好奇心，喜欢挑战，能够坚持不懈地努力学习，忍受挫折与失败。”① 因此，教师应该尽力通过学习材料本身的趣味性和价值性激发学生的内部学习动机。对于具有内部学习动机的学生，教师需要做的就是及时对学生的学习进行监督与反馈，帮助学生及时发现学习中存在的问题和引导学生探索有价值的新问题。第二，合理激发学生的外部动机。具有外部动机的学生是基于外在的学习任务而进行学习的，一旦达到目的，学习动机就会下降，鼓励和表扬对于具有外部学习动机的学生非常重要。首先，教师要及时和学生进行沟通，了解其喜好，当学生完成某一学习任务或者较之前有进步时，就给予学生约定好的物质奖励。这种方法在一定程度上可以唤醒学生的学习动机，但这种物质奖励方法要理性使用，滥用容易导致学生对学习活动形成功利观念或者依赖意识，从而降低学生对学习活动的兴趣。其次，教师应重视精神激励在激发学生外在学习动机中的作用。精神奖励适合于在学习上处于中等表现力和对学习持有一定程度的兴趣但常常表现失误或者自卑的学生。当学生完成学习活动后或者参与过程中有积极表现时教师应该抓住合适时

① 陈琦、刘儒德：《教育心理学》，高等教育出版社 2015 年版，第 194 页。

机，给予学生真切而恰当的精神激励，或者鼓励的话语，或者一个赞同的眼神，都可以唤起学生进一步学习的动机，唤醒其潜存的自主学习和积极学习意识以及学习自信。在对学生表达精神激励过程中，教师的激励一定是发自内心且真诚的，否则容易导致学生学习信心的丧失以及学习兴趣下降。最后，教师给予学生的学习任务应该符合学生的实际能力：不能过于简单，否则容易让学生产生外部归因；也不能过于困难，一旦失败，可能让学生丧失对学习的兴趣。当学生经常付出个人努力能够完成学习任务时，学生的自我效能感就能提高，也会把成功归因于个人的努力，从而激发自我的学习兴趣，并会逐渐形成稳定而高效的内部学习动机。

（二）教师需要有效设计教学活动

学生能够进行有效学习，不仅需要教师有效地激发学生的学习动机，还需要教师精心设计教学过程，引导学生积极地、持续地投入学习。从理论上来讲，每一堂课都需要教师基于学生的学情、基于学习内容精心设计教学活动。但从现实的情况来看，大多数教师都根据学情和学习内容设计了教学活动，但设计得不够用心，比较随意。如在《人教版数学八年级（下）》中“菱形”一节的课堂学习中，教师先安排学生自学 10 分钟，完成三个目标任务：菱形的概念、性质和判定；10 分钟后，教师检查，学生对答如流，教师高兴地表扬学生自主学习的能力提高得很快；在 10 分钟的自学时间里，学生只需要把书上的几句很短的黑体字记下了，就能够对答如流地去回答老师的问题，这种问题难道需要花费 10 分钟时间吗？合作学习也同样存在许多问题，许多课堂的合作学习不是基于问题和学生能力发展的需要而进行的，而是为了使自己的课堂更像“新课程的课堂”而刻意设计的。促进有效学习的教学活动一定是基于学情、学习内容和学生思维发展精心设计的教学活动，在设计教学活动时，不仅要明确这个环节要设计哪一类活动，也要明确这个环节为什么要设计这类活动，还要明确设计这类教学活动要达到什么样的教学效果，只有弄清楚这些问题，教学活动的出现才能成为促进有效学习的媒介，否则，教学活动就会演化成课堂教学的装饰品，进而成为无效学习或低效学习的罪魁祸首。

（三）教师需要有效调适教学行为

教师的教学行为影响并主导着课堂的学习行为。新课程改革虽然极力倡导以学习者为中心，以学定教，但大多数中小学课堂教学中教师的教学行为仍然具有绝对的导向作用，学生还是在教师教案的规约下按部就班地进行着课堂学习。虽然教师偶尔也会鼓励学生课堂中的“突发奇想”，但这种行为基本还处在蜻蜓点水的状态，并没有得到教师内心的认同和肯定。大多数教师还是按照自己课前的预案实施课堂教学，但凡学生有“越轨行为”，教师就会想方设法将其或巧妙或生硬地拉回到自己预设的轨道上来，教师这种生搬硬套、以自我为中心的教学行为必然无法促进学生的有效学习，因为在这种教学行为中，学生学习的兴趣没有得到重视，学生创造性思维的火花没有得到鼓励，学生“独到的建树”没有得到回应，久而久之，学生学习的内在动机就会变弱，有效学习的状态也会越来越差，最终就会演变成按照教师的偏好思考问题、回答问题的学习状态。学生的学习如果走不出教师思维的框架，就不可能实现真正属于学生的有效学习。鉴于此，本书认为教师应改变教案的不可变更性，在教学过程中，要根据学生学习状况和思维发展状况不断调整自己的教学行为，使教学尽可能成为促进学生有效学习的帮手，而不是让学生的学习行为适应自己的教学行为。只有这样，学生的学习才能出现教师意想不到的进步，这种进步会成为学生持续学习的动力源泉，将学生的学习引向有效和深入。

（四）教师需要适时调整评价策略

反馈在促进学生有效学习上的积极作用，已经得到很多研究的支持。它从三个方面影响学生学习。一是能让学生知道自己当前的学习结果或水平。当学生得到的反馈信息是当前学习状况与学习目标之间的距离时，学生就明确了自己努力的方向。二是能让学生知道自己是怎么学习的。教师的反馈可以帮助学生了解自己的学习策略、学习方法等，从而可以使学生根据反馈不断调适自己的学习策略和学习方法。三是能影响学生学习的自我效能和其他情绪动力因素，这些因素又会反过来影响学生的学习成效。因此，有效学习要求教师一定要在适当的时间，用适当的方式向学生反馈学习状况。第一，教师应该适时给学生予以反馈。如前所述，反馈只是带来一种改善的可能性，学生对反馈的接受、理解以及基于反馈的行动才是关键。只有反馈被接受，学生才有可能基于反馈去行动和改进。很多时候教师虽然给予了反馈，学生却没有基于反馈而行动。其原因是教师给予反馈时间并不是学生乐于接受反馈的时间。如，当学生沉浸在自己的思考中时，教师时不时地给学生反馈一些学习信息。这些反馈信息或被学生忽略，或被学生排斥。如果学生正在主动寻求反馈时，这时教师的反馈不仅能够被学生接受，而且反馈的价值也会最大化。因此，有效学习要求教师要适时给学生予以反馈。第二，教师应该采用适当的方式给学生予以反馈。并不是教师所有的反馈都能促进学生的有效学习，教师反馈的方式也会影响反馈的效果。如果教师反馈方式会给学生带来压迫感，或者一种自尊上的威胁，那么学生就可能对这些反馈信息产生抵触。因此，有效学习要求教师在进行反馈时，应该选择对学生尊重和关心的词语，而且语气也应该能够显示教师的善意。只有教师在适当的时间，采用适当的方式给学生予以反馈，反馈才可能促进学生有效学习。

第七节　深度学习问题研究

新课程改革以来，课堂教学中的独白和灌输逐渐被“自主、合作、探究”等新型学习方式取代，对话成为课堂教学的主旋律。这种新型的对话式的课堂教学模式与传统的授受式的课堂教学模式相比，在学生学习兴趣的激发、学生参与课堂活动的广度和师生合作交流的状态等方面都实现了质的飞跃。但由于教师对新型学习方式的内涵、原理、实施策略等方面理解不到位，使得“自主、合作、探究”等学习方式在实施过程中出现了许多问题。调查发现，许多自称合作、探究的课堂上，学生忙碌于各种“工具”的使用和“自由”的交流，对于学习活动要解决的核心问题，往往只停留在对过程和步骤的认识层面上。从课堂学习的现状来看，和传统的死记硬背、机械训练的学习相比，自主、合作、探究等学习方式改变的仅仅是学生记忆知识的愉悦程度，并没有体现出对新型学习方式所强调的自主学习的能力、合作学习的意识、科学探究的精神的重视。这种只关注外在形式、忽视其精神实质的学习过程并没有使学生真正理解知识、体验情感、践行价值观，而仅仅使学生记住了知识、认识了情感、了解了价值观。这种基于简单记忆和重复训练的浅层学习不利于促进学生理解知识、建构意义、解决问题等能力的发展。本书拟针对这一问题，运用深度学习的原理分析浅层学习存在的问题及原因，进而从教师的角度探讨促进学生深度学习的策略。

一　深度学习的内涵

深度学习理论认为学习既是个体感知、记忆、思维等认知过程，也是根植于社会文化、历史背景、现实生活的社会建构过程。[①] 深度学习（deeplearning）也被译为深层学习，是美国学者 Ference Marton 和 Roger Saljo 基于学生阅读的实验，针对孤立记忆和非批判性接受知识的浅层学习（surface learning），于 1976 年首次提出的关于学习层次的概念。[②] 事实上，早在 1956 年布卢姆在其《教育目标分类学》中关于认知维度层次的划分就已蕴含了“学习有深浅层次之分”[③] 的观点。Ference Marton 和 Roger Saljo 借鉴了布卢姆认知维度层次划分理论，创造性地提出了深度学习的概念并借助实验推进了深度学习的研究。此后，许多研究者开始关注深度学习，Biggs 和 Collis、Ramsden、Entwistle 等学者都从不同角度发展了深度学习的相关理论。[④] 近年来，深度学习愈来愈受到教育研究者的关注，2006 年，加拿大多伦多大学 Hinton 教授和他的学生 Salakhutdinov 在《科学》上发表了一篇关于深度学习的文章，开启了 21 世纪深度学习在学术界的浪潮。2013 年 1 月，在中国最大的互联网搜索引擎公司百度的年会上，创始人兼首席

---

① 冯锐、任友群：《学习研究的转向与学习科学的形成》，《电化教育研究》2009 年第 2 期。

② Marton F.，Saljo R.，“On Qualitative Difference in Learning：Outcome and Process”，British Journal of Educational Psychology，Vol.　，No. 46，1976，pp. 4 – 11.

③ ［美］洛林·W. 安德森等：《布卢姆教育目标分类学》，蒋小平、张琴美、罗晶晶译，外语教学与研究出版社 2009 年版，第 70—80 页。

④ Smith T. W.，Colby S. A.，“Teaching for Deep Learning”，*The Clearing House*，Vol. 80，No. 5，2007，pp. 205 – 211.

执行官李彦宏高调宣布要成立百度研究院，其中第一个重点研究方向是深度学习，并成立深度学习研究院（IDL）。2013 年 4 月，《麻省理工学院技术评论》（*MIT Technology Review*）杂志将深度学习列为 2013 年十大突破性技术之首。[①] 虽然他们对于深度学习概念的界定不尽相同，但在深度学习与浅层学习的差异性以及深度学习的本质理解上，基本达成了共识。按照布卢姆认知领域学习目标分类所对应的“记忆、理解、应用、分析、评价及创造”六个层次，[②] 浅层学习的认知水平只停留在“记忆、理解”两个层次，主要是知识的简单描述、记忆或复制；而深度学习的认知水平则对应“应用、分析、评价、创造”这四个较高级的认知层次，不只要求记忆，还注重知识的应用和问题的解决。因而，较为直观的表达为：浅层学习处于较低的认知水平，是一种低级认知技能的获得，涉及低阶思维活动；而深度学习则处于高级的认知水平，面向高级认知技能的获得，涉及高阶思维（higher-order thinking）活动。高阶思维是深度学习的核心特征，发展高阶思维能力有助于实现深度学习，同时深度学习又有助于促进学习者高阶思维能力的发展。深度学习是一种以促进学生批判性思维和创新精神发展为目的的学习，它不仅强调学习者积极主动的学习状态、知识整合和意义连接的学习内容、举一反三的学习方法，还强调学生高阶思维和复杂问题解决能力的提升。深度学习不仅关注学习结果，也重视学习状态和学习过程。鉴于以上认识，本书认为，深度学习是一种基于理解的学习，是指学习者以高阶思维的发展和实际问题的解决为目标，以整合的知识为内容，积极主动地、批判性地学习新的知识和思想，并将它们融入原有的认知结构中，且能将已有的知识迁移到新的情境中的一种学习。

二　深度学习的特征

深度学习与浅层学习在学习目标、知识呈现方式、学习者的学习

① 余凯等：《深度学习的昨天、今天和明天》，《计算机研究与发展》2013 年第 9 期。

② ［美］洛林·W. 安德森等：《布卢姆教育目标分类学》，蒋小平、张琴美、罗晶晶译，外语教学与研究出版社 2009 年版，第 75 页。

状态和学习结果的迁移等方面都有明显的差异。其特点主要表现在四个方面。第一，深度学习注重知识学习的批判理解。深度学习是一种基于理解的学习，强调学习者批判性地学习新知识和思想，要求学习者对任何学习材料保持一种批判或怀疑的态度，批判性地看待新知识并深入思考，并把它们纳入原有的认知结构中，在各种观点之间建立多元连接，要求学习者在理解事物的基础上善于质疑辨析，在质疑辨析中加深对深层知识和复杂概念的理解。[①] 第二，深度学习强调学习内容的有机整合。学习内容的整合包括内容本身的整合和学习过程的整合。其中内容本身的整合是指多种知识和信息间的连接，包括多学科知识融合及新旧知识联系。深度学习提倡将新概念与已知概念和原理联系起来，整合到原有的认知结构中，从而引起对新的知识信息的理解、长期保持及迁移应用。学习过程的整合是指形成内容整合的认知策略和元认知策略，使其存储在长时记忆中，如利用图表、概念图等方式梳理新旧知识之间的联系。而浅层学习将知识看成是孤立的、无联系的单元来接受和记忆，不能促进对知识的理解和长期保持。第三，深度学习着重学习过程的建构反思。建构反思是指学习者在知识整合的基础上通过新、旧经验的双向相互作用实现知识的同化和顺应，调整原有认知结构，并对建构产生的结果进行审视、分析、调整的过程。这不仅要求学习者主动地对新知识做出理解和判断，运用原有的知识经验对新概念（原理）或问题进行分析、鉴别、评价，形成自我对知识的理解，建构新知序列，而且还需要不断对自我建构结果审视反思、吐故纳新，形成对学习积极主动的检查、评价、调控、改造。可以说，建构反思是深度学习和浅层学习的本质区别。第四，深度学习重视学习的迁移运用和问题解决。深度学习要求学习者对学习情境的深入理解、对关键要素的判断和把握，能在相似情境中做到“举一反三”，也能在新情境中分析判断差异并将原则思路迁移运用。如不能将知识运用到新情境中来解决问题，那么学习者的学习就只是简单的复制、机械的记忆、肤浅的理解，仍停留在浅层学习的水平

① 杜娟等：《促进深度学习的信息化教学设计的策略研究》，《中国电化教育》2013 年第 10 期。

上。深度学习的另一个重要目标是创造性地解决现实问题。一般来说，现实的问题不是那种套用规则和方法就能够解决的良构领域（well-structured domain）的问题，而是结构分散、规则冗杂的劣构领域（ill-structured domain）的问题。[①] 要解决这种劣构领域的问题不仅需要我们掌握原理及其适切的场域，还要求我们能运用原理分析问题并创造性地解决问题。

三　浅层学习的表现及批判

浅层学习是指学习者在外力驱动的基础上，通过简单描述、重复记忆和强化训练等方式学习新知识和思想的一种学习形式。其特征是：第一，浅层学习是一种基于外在动机的学习。浅层学习是在外在任务的驱动下，被动地、消极地进行的一种学习，考试的内容是浅层学习最主要的目标，等级评分是促进浅层学习最有效的方法。第二，浅层学习是一种基于记忆的学习。一般来说，浅层学习仅仅停留在“记忆和理解”的认知层面，很少或不重视将学习的新知识与已有知识经验联系起来，在已有知识结构的基础上建构新知识。这样的学习即为了考试而对材料进行表面的、短时的记忆，不能促进对知识和信息的理解和长期保持，也不能促进学生高阶思维的发展。浅层学习在我国当前中小学课堂学习中表现比较突出，其形式主要包括以下几个方面。

（一）学习目标方面

新课程改革以后，“三维目标”取代了“双基”，成为教师教学和学生学习最主要的参考标准。新课程提出三维目标，意在纠正过去我国在主知主义课程观下单纯注重知识传授，忽视学生心灵的弊端。但由于教师对“三维目标”的理解和实施存在问题，致使“三维目标”的落实大打折扣。“‘知识与技能’被僵化或虚化，‘过程与方法’被简单应对或错误实施，‘情感态度与价值观’被标签化。”课程目标按照“三维目标”的分类方式来叙述，主要是引导教师转变传

---

① 张浩、吴秀娟：《深度学习的内涵及认知理论基础探析》，《中国电化教育》2012 年第 10 期。

统教学方式，注重学生的主体性，更好地实现课程目标。[①] 然而，自“三维目标”提出后，许多教师纷纷将“三维目标”视为教学目标，认为教学目标包括“知识与技能目标、过程与方法目标、情感态度与价值观目标”三个维度。在平时的教学设计中，教师也习惯把教学目标分解成三大类：知识与技能、过程与方法、情感态度与价值观。这种分类陈述的前提假设就是可以将课堂教学的内容按照三维目标分为三类，并将课堂教学也分为知识与技能目标达成、过程与方法目标达成、情感态度与价值观目标达成三个阶段，千方百计地将教学目标的三个维度与教学内容生搬硬套在一起，引导学生按部就班地进行学习。然而，看似结构完整、条理清晰的目标设定和实施过程，由于缺乏对三维目标分类本身的准确把握和恰当的执行，却使学生的学习结果呈现出令人担忧的现实，不仅过程与方法、情感态度与价值观两维课程改革特别强调的目标流于形式，就连我们曾引以为豪的知识与技能目标的达成也仅限于浅层。也就是说，不仅没有实现布卢姆所说的“应用、分析、评价及创造”的目标，就连“记忆和理解”层面目标也达成得不够理想。有些学习甚至处在“零学习”[②] 的状态。

（二）学习内容方面

新课程改革淡化了学科领域内的“双基”要求，加强了课程内容与学生生活以及社会科技发展的联系，关注学生的学习兴趣和经验，提出课程综合化的方向，并在一定范围内设置了综合课程，减少了学科门类，强调学科间的联系，重组课程内容，并按照知识技能的相关性将学生原有的过于分化的学习内容统整为几种学习领域，将原有的分科课程统整为包容性更强的学科，以实践活动的方式组织课程内容。然而，走进课堂我们发现，加强课程与学生生活联系的理念已被教师所接受，但这种接受仅限于理念层面和蜻蜓点水式的课堂举例；以实践的方式组织课程内容的观念也已被教师认同，但这种认同也仅仅体现在“公开课”上的“表演”中。教师引导学生学习的方法没

① 陈志刚：《对三维课程目标被误解的反思》，《课程·教材·教法》2012 年第 8 期。

② ［美］洛林·W. 安德森等：《布卢姆教育目标分类学》，蒋小平、张琴美、罗晶晶译，外语教学与研究出版社 2009 年版，第 49 页。

有发生根本性的变化，没有将所学的新内容与已知概念和原理联系起来，帮助学生将新学习的内容整合到原有的认知结构中，并在此基础上建立新的、更为复杂的认知结构，从而引起对新的知识的理解和意义的建构，而是仍然沿袭着过去接受记忆、强化训练的指导模式。因此，虽然课程文本的内容得到了整合，课程内容的组织形式也发生了变化，但由于教师引导学生学习知识的方式没有变化，各类知识仍然以彼此独立、互不相干的形象呈现在学生面前。表面上看似每节课都达到了预设的教学目标，然而，由于学生所学的新知识与原有的知识没有基于逻辑建立起联系，没有将新知识纳入学生已有的认知结构，没有建构起属于学生自己的知识网络，所以虽然学生掌握了知识，但不能运用知识去解决问题，不能把知识迁移到新情景的学习，注定走不出“机械学习”的阴影。

（三）学习方式方面

新课程改革强调改变学生学习中的死记硬背、机械训练的现状，倡导学生主动参与、乐于探究、勤于动手，培养学生搜集和处理信息的能力获取新知识的能力、分析和解决问题的能力，以及交流与合作的能力。学习方式的转变是新课程改革的显著特征之一，改变了原有的单一、被动的学习方式，建立和形成了旨在充分调动学生主体性的多样化的学习方式。新课程改革以来，学生课堂学习方式逐步多样化，“主动参与、乐于探究、勤于动手”的课改理念得到教师的广泛认同，自主学习、合作学习、探究学习成为当前中小学课堂学习中最主要的三种学习方式。然而调查发现，由于教师缺乏对自主、合作、探究三种学习方式原理的正确认识和操作要领的准确把握，使得这三种学习方式在很多场合只发挥了热闹课堂氛围的效用。许多教师在没有理解什么是自主、合作、探究，为什么要进行自主、合作、探究之前，就把教学重点放在可观察的教学活动的设计上，以活动本身作为教学目的，以为只要采用提问、回答、角色扮演等活动方式使学生记住课本上的知识内容，就能达到自主、合作、探究的目的。这种关于自主、合作、探究三种学习方式的肤浅认识使当前课堂学习中出现了许多“假自主、假合作、假探究”的现象。庸俗化的互动、程序化的合作、肤浅化的探究等课堂学习问题处处可见。

新课程改革倡导自主、合作、探究三种学习方式的目的在于改变传统的以教师为中心、以课堂为中心和以书本为中心的局面，促进学生创新意识、批判思维和实践能力的发展，然而，这种不理解设计原理、不斟酌实施策略的“假自主、假合作、假探究”使学生的课堂学习很难达到新课程改革要求的状态。

（四）学习结果方面

“生搬硬套”、相互独立的学习目标，统整不够、体验不足的学习内容，注重形式、浮于表面的学习方式必然导致学生思维发展迟缓、问题解决能力低下的学习结果。不可否认，新课程改革以来，教师的教学方式、学生的学习方式以及对学习结果的评价方式都发生了重大的、有利于学生发展的变革，但体制机制的阻碍、政策执行的不力、教师队伍素质提升的缓慢、家长“节外生枝”的影响等多方面因素使得课程改革没有实现预期的效果，学生的学习结果没有达到理想的状态。笔者以语文课程为例，调查了一至六年级学生语文学习的结果。研究发现，大多数课堂都能运用角色扮演、交流分享等变革了的学生方式达到对本节课所学知识的记忆、理解和简单应用，但举一反三的迁移能力和解决实际问题的能力普遍较弱，相当一部分学生讨论交流、合作分享的内容仅仅局限于事实性的、能够在课本或课外辅导书中找出的层面，真正能够达到属于学生自己思维交锋的讨论比较鲜见。从学习的结果来看，学生只是运用了比过去更为愉快的方式记住了知识、理解了知识，而没有达到将新知识与原有知识和个人经验结合起来，进而实现知识的迁移和提升解决实际问题的能力。但我们也能够看到，通过新课程改革无论是教师的教学方式、学生的学习方式，还是对学习结果的评价方式都向更为合理的轨道上迈进了坚实的一大步。接下来我们需要做的就是运用深度学习的理论和方法批判和修正浅层学习所暴露出的问题，通过调整教师的教学策略引导学生的学习策略，以实现学生高阶思维能力和问题解决能力的发展。

四　促进深度学习的课堂教学策略

只有立足“学”，才能弄清楚“教”。所有关于教的问题的思考和设计，都应以对学的理解和把握为基础，否则，教就可能成为背离学的规律、脱离学的目的的无实际效果和意义的活动。[①] 深度学习的教学策略正是在深入研读深度学习理论的基础上，通过批判当前课堂学习中存在的浅层学习问题而提出的一种引导教师调整教师理念和教学行为的建议。

（一）确立高阶思维发展的教学目标，引导学生深度理解

如前所述，虽然新课程改革突破了“双基”的局限，从整体上确立了“知识与技能、过程与方法、情感态度与价值观”的三维目标，但由于教师对“三维目标”理解得不到位，每节课都按照“三维目标”机械地来陈述教学目标，并试图在短短的40分钟内实现“三维目标”，这种认识和行为必然导致学生学习收获只能浮于表面。本书认为，教学应该突破“三维目标”分类陈述的限制，将学生高阶思维能力的发展作为教学的首要目标。“三维目标”中的每一类目标都有思维发展的要求，但思维的发展也有高低之分，高阶思维能力的发展程度是深度学习与浅层学习的最大区别。当前我国中小学生的学习大多数停留在“记忆、理解和简单应用”的层面。这个层面上的教学也只能教会学生认识世界和按图索骥地执行任务，而不会成为他们改造世界和创造性工作的助推器。因此，本书建议，教师应该将高阶思维的发展作为教学目标的一条暗线伴随课堂教学的始终，无论是知识与技能方面、过程与方法方面，还是情感态度与价值观方面，都要始终将“分析、评价和创造”作为教学目标的重点关注对象。当然，这种关注“分析、评价和创造”高阶思维能力的发展一定是基于“记忆、理解、应用”的关注，而不是建造空中楼阁。

（二）整合意义连接的学习内容，引导学生批判建构

深度学习实质上是结构性与非结构性知识意义的建构过程，也是复杂的信息加工过程，须对已激活的先前知识和所获得的新知识进行有效和精细的深度加工。[②] 然而，许多中小学的课堂教学都是教师先将孤立的、非情境性的知识呈现给学生，然后通过举例、活动等方式

① 向葵花、陈佑清：《聚焦学习行为：教学论研究的视域转换》，《课程·教材·教法》2013年第12期。

② ［美］Eric Jensen、LeAnn Nickelsen：《深度学习的7种有力策略》，温暖译，华东师范大学出版社2010年版，第12页。

让学生记忆和理解知识。这种知识的表征方式不利于促进学习者对知识的有意义的整体感知。学生以孤立、零散、碎片的形式将知识存储于记忆中，当遇到新问题时，仅会机械地运用片段化的知识解决问题。由于知识的学习过程没有在新旧知识之间建立连接，新知识没有进入学生原有的认知结构，就会出现解决问题的效率低、效果差的现象。深度学习的内容特点是基于问题的多维知识整合，在进行教学内容分析和设计时，需要教师全面地分析教材、深入地挖掘教材、灵活地整合教材，即将教材的内容打散重新组合，使内容具有“弹性化”和“框架式”特征，将孤立的知识要素连接起来，引导学生将知识以整合的、情境化的方式存储于记忆中。这样不仅有利于学生进行有意义的知识建构，还有利于知识的提取、迁移和应用。这就要求教师不仅要深入了解学生的先前经验、理解新知识的类型，指导学生在新旧知识、概念、经验间建立联系，还要引导学生将他们的知识归纳到相关的概念系统中，并在批判反思的基础上建构属于自己的新的认知结构。

（三）创设促进深度学习的真实情境，引导学生积极体验

从深度学习的内涵来看，它着重迁移运用，要求学生不仅要理解学习内容，还要深入理解学习情境。只有把握了情境的关键要素，才可弄清差异，对新情境做出“举一反三”、准确明晰的判断，从而实现原理方法的顺利迁移运用。倘若不能将知识运用至新情境中来解决问题，仅是肤浅的理解、机械的记忆、简单的复制，那么这种学习就仍停留在浅层学习的水平上。情境认知理论认为，学习的终极目标是要将自己置于知识产生的特定情境中，通过积极参与具体情境中的社会实践来获取知识、建构意义并解决问题。作为一种建构性学习，深度学习不仅要求学习者懂得概念、原理、技能等结构化的浅层知识，还要求学习者理解掌握复杂概念、情境问题等非结构化知识，最终形成结构化与非结构化的认知结构体系，并灵活地运用到各种具体情境中来解决实际问题。[①] 这就要求教师要根据学习内容的特点、教学目标的要求、学生思维的发展状况适时创设能够促进深度学习的课堂情境，并引导学生积极体验，最终达到将所学知识与情境建立联系并实

---

① 阎乃胜：《深度学习视野下的课堂情境》，《教育发展研究》2013 年第 12 期。

现迁移的目的。

（四）选择持续关注的评价方式，引导学生深度反思

持续评价、及时反馈是引导学生深度反思自己的学习状况并及时调整学习策略是实现深度学习的有效途径。它不仅可以促进学生深入理解学习内容，改进学习策略，还可以帮助教师及时调整教学策略，增强课堂学习的实效性。虽然新课程改革指出了形成性评价在学生发展中的重要意义，也在极力倡导教师运用形成性评价关照学生的学习状态，但当前中小学课堂教学实践告诉我们，形成性评价并没有受到应有的重视，“装点门面”、蜻蜓点水仍然是它的存在方式。大量的研究都已证明，“学生学习的重要收获来源于经常向学生提供有关他们学习的反馈，尤其是当反馈包含了可以引导学生不断努力的具体意见时。当反馈关注学生的学习过程而非最终成果时，反馈就会极大地促进学生学习”①。因为对过程及任务的关注使学生将自己的认知能力不再视为亘古不变的个体特征，而是视为一个动态发展的过程，这种认识就会使学生将自己当前的成果归结为自己当前学习努力的结果，在保持学生对学习能力自信的同时，还会引起他们下一步的学习动机。因此，深度学习要求教师一定要重视形成性评价在学习学习中的价值，关注学生的学习进展并及时给予反馈，进而引导学生根据自己的学习状况调整他们的学习策略。此外，深度学习还要求教师在评价的过程中应重点关注学生元认知能力和思维品质的发展，因为发展了的元认知能力和改善了的思维品质才会进一步激发学生深入学习、积极探究的动机，才会将学生的学习引入更高层次。

第八节　在线教学问题研究

自新冠肺炎疫情发生以来，为阻断疫情向校园蔓延，确保师生生命安全和身体健康。教育部下发通知要求2020年春季学期延期开学，并利用网络平台开展在线教学。在“停课不停教、停课不停学”政策

① Black P., William D., “Assessment and Classroom Learning”, *Assessment in Education: Principles, Policy and Practice*, Vol. 5, No. 1, 1998, 5 (1), pp. 7 – 74.

引导下，各地教育行政部门相继出台了本地在线教学的方案，一些企业和社会力量也0在为在线教学积极提供平台与教辅课程，在线教学服务范围开始井喷式增长。客观地看，在线教学有效落实了“停课不停教、停课不停学”政策部署，一定程度上弥补了因延迟开学而造成学生无法到校学习的问题。然而，从当前义务教育阶段学生在线学习的现状来看，在线教学存在重视“在线”形式，轻视“教学”研究，教学质量良莠不齐，技术环境保障不足，教师信息素养有待提升等问题。本书拟通过对在线教学历史、现实及价值的三维审视，厘清在线教学的原理和条件，规范在线教学的路径与方法，以使在线教学更好地发挥促进学习的作用。

一　在线教学的内涵及特征

（一）在线教学的内涵

什么是在线教学？美国伊利诺伊大学的一份报告把“在线教学”界定为“通过计算机调节的教学”，同时强调指出在线教学的计算机系统和学习者个人计算机必须不在同一地点。① 有学者认为，在线教学是通过一定的教学平台，师生在一个虚拟教室进行网络授课和学习的教学方式，它需要优质的网络教学资源、网上学习社区及网络技术平台等网络学习环境的支持，具有教学内容丰富、教学功能齐全、学习交流方便、可以随时随地学习等特点。② 也有学者认为，在线教学是一种教的行为与学的行为在时空上分离的教学形式。它与传统的以人际直接互动为主要形式的面授教学的本质区别在于它是一种基于媒介的、师生在时空上分离的教学。③ 还有学者认为，在线教学是一种“基于技术促进学习”的教学形式。利用在线方式组织教学，需要综合组织资源、活动、情境、角色和目标要素，缺少任何一个要素都将影响学习的发生。④ 虽然学者对在线教学概念的表述不尽一致，但关

---

① 波沃：《在线教育：质量的紧迫性》，《开放教育研究》2002 年第 5 期。

② 孙曙辉：《在线教学 4.0：“互联网 +”课堂教学》，《中国教育信息化》2016 年第 14 期。

③ 陈丽：《在线教育的基本原理》（讲座），北京师范大学基础教育教师在线教育教学能力提升公益项目，2020 年第 16 期。

④ 黄荣怀：《合作学习策略与在线小组学习的组织》（讲座），北京师范大学基础教育教师在线教育教学能力提升公益项目，2020 年第 18 期。

于在线教学核心要素的认识基本相同。技术支持是在线教学的必要条件，教与学的时空分离是在线教学的本质特征，促进学习发生是在线教学的终极目标。本书认为，在线教学是一种基于技术支持的，教与学在时空上分离的，以促进学习发生为目的的教学形式。

（二）在线教学的特征

作为一种特殊的教学形式，在线教学具有四个方面的特征。第一，在线教学是一种教与学的行为分属于不同时空的教学形式。教的行为与学的行为不在同一个时空范围是在线教学的本质特征，也是在线教学的优势。它可以跨越时空将优质的教学资源汇聚起来并使更多的学习者能够享用这些优质资源。第二，在线教学是一种基于技术支持的教学，需要借助互联网、信息化教学平台等技术和环境才能实现。分属于不同时空的教与学之所以能够进行教学活动，技术尤其是现代移动互联网技术发挥了决定性作用。基于技术支持的在线教学应遵循“多媒体学习规律”，选择与学习目标、学习者身心特征相匹配的学习资源，减少学习者的认知负荷。第三，在线教学需要教师具备一定的信息素养。教师信息素养主要包括信息意识、信息知识、信息技术应用能力、信息伦理等方面。[①] 教师必要的信息素养是科学开展在线教学的前提条件，只有教师具备了必要的信息素养，才能按照教学规律，遵循多媒体学习规律，科学设计、正确实施在线教学。第四，在线教学资源及工具的运用必须考虑学习者的年龄特征。不同年龄阶段的学习者对数字化学习资源和学习工具的适应能力不同，在线教学在选择信息化资源和工具时应该将学习者的身心特征考量在内。如对于12岁以下的在线学习者，应尽可能用音频代替视频，减少学生直视屏幕的时间。

二 在线教学的历史回溯

（一）在线教学的历史演进

在线教学是在远程教学的基础上发展而来的。计算机网络逐渐把远程教学变成了在线教学。从远程到在线的转变，不仅排除了距离作

① 吴砥：《在线教学的三个难点和三个误区》，《中国教育报》2020年2月22日第3版。

为受教育的一种障碍，而且对建立在工业革命基础之上的整个现代教学体系和教学方法也产生了重要影响。①

20 世纪早期，以收音机和电视为主的传输技术开始运用于教学，出现了视听教学和远程教学。它采用单向传输的方式把教师的信息传递给学生，实现了师生之间的简单交流，但传输技术受到时间的限制，学生收听收音机和收看电视节目的时间是预先安排好的。20 世纪中期，录像机、电影等逐渐运用于教育。教学内容可以提前录制好，学习者能够随时观看，改进了录音机和电视等技术对时间的依赖性，但师生之间、生生之间的交流互动仍然无法进行。② 讲授是唯一的教学方法，听讲和记录是最主要的学习方式，教学资源比纸质文本多了收音机和电视机。总体来说，这一时期的在线教学丰富了教与学的资源及呈现方式。

20 世纪 80 年代，人们开始探索电子计算机、光纤通信等新技术在教学中的应用，能够交换的信息数量和种类均显著增加，所需时间也逐渐变短。技术进步减少了在线教学对时间和空间的依赖性。教师可以传送大量更加复杂的信息给学习者，师生之间、生生之间可以通过电子邮件、电子公告牌等方式进行简单交流。讲和听仍然是最主要的教与学的方式，电子教学资源逐渐丰富。从 20 世纪 90 年代开始，随着同步卫星、移动计算等技术的发展，网络传输速度大幅提高、无线网络开始普及、智能型手机和便携式电脑等移动设备广泛应用，在线教学进入移动在线教学阶段。师生、生生之间交流的信息数量和种类显著增加，所需时间变得更短。基于微视频和开放交互式学习平台，大规模开放在线开放课程（MOOC）风起云涌，涌现出了 Blackboard、Moodle 等在线教学平台。在线教学资源空前丰富，优质资源的辐射范围逐渐增大。③

进入 21 世纪，国家高度重视网络化优质教学资源建设，建立了国家精品课程资源中心。各大互联网平台，如网易、超星等也陆续吸

① 林曾：《从远程教育到在线教育：风险社会中的网络技术会把教育引向何方?》，《远程教育杂志》2010 年第 2 期。

② 杨永其：《远程教育的发展与现状》，《现代远程教育》2020 年第 1 期。

③ 南国农：《中国电化教育（教育技术史）》，人民教育出版社 2013 年版，第 12 页。

收了世界各大名校的教学产品。[1] 语言识别、可视化、大数据分析、人工智能等技术逐渐渗透到教育领域，移动教学、混合教学、精准教学等全新技术支持下的在线教学样态逐渐出现。集成学习终端、无线网络、多屏互动、自然交互等技术为学习者提供了交互式、智能化的学习环境；网络多媒体技术与虚拟现实技术的交叉融合，推动了虚拟学校、虚拟实验室等虚拟学习资源研发。[2] 在线教学进入了飞速发展阶段。随着大数据智能、类脑智能等技术的进一步发展，人工智能与大数据、虚拟现实等技术的融合将产生智能助手、智能学伴、智慧学校，在线教学将走向智能化服务。[3]

（二）在线教学历史演进的反思

考察在线教学发展历史，我们发现，在线教学取得了一定的成就，也存在一些问题。第一，汇聚了丰富的开放教学资源。无论是运用收音机和电视在固定时间进行教学，还是运用录像机和电影提前录制好教学内容供学习者随时学习；无论是设置专门的教育网络，还是构建多系统、多终端互联互通的教学平台，都是为了汇聚优质的教学资源并使其能够畅通无阻地供学习者选择使用。第二，扩大了优质资源的辐射范围。无论是利用收音机、电视机等媒体技术在固定时间段将教学内容传送给不同地区的学习者，还是利用录像机、电影将录制好的教学内容寄送到不同地区供学习者使用；无论是在固定的电视和电脑上接收教学内容，还是利用移动智能手机随时随地进行在线学习，都在扩大优质资源的辐射范围。第三，一定程度上实现了师生的互动交流，但互动交流的质量亟待提升。在电子计算机、光纤通信等技术支持下，在线教学过程逐渐实现了师生的互动交流，而且随着移动互联技术的发展和网络传输速度的加快，师生互动交流的方式逐渐多样。然而，无论是早期通过电子邮件、电子公告牌等进行简单交流，还是现在的在线交互，在线教学中师生、生生交流互动的质量都有待提升。第四，教与学的方式没有发生实质变化，讲与听仍然是最

---

① 陈军：《移动终端下在线教育平台支撑技术应用研究》，《中国电化教育》2017 年第 8 期。

② 任友群、顾小清：《教育技术学：学科发展之问与答》，《教育研究》2019 年第 1 期。

③ 祝智庭、管珏琪：《教育变革中的技术力量》，《中国电化教育》2014 年第 1 期。

主要的教与学方式。无论是早期单向输入教学内容，还是后来能够进行双向互动，甚至到现在的多屏互动，在线教学中，教与学的方式都没有发生实质性的变化，仍然是教师神采飞扬地讲，学习者漫不经心地听。第五，重视“在线”形式，忽视“教学”研究。从本质上看，在线教学是信息技术在教学中的运用。这些技术的基本功能之一是如何将个人或群体创造的文明以最有效的方式传播到更多的人群之中。①从在线教学演进的历程来看，无论是前期的远程教学阶段还是后期的网络在线教学和移动在线教学阶段，研究者和平台研发者们关注的重点是技术如何使教学“在线”，而对在线后的教学如何在新技术环境下更好地发挥满足学习者个性化需要等实质性问题关注不足。

三　在线教学的现实审视

（一）在线教学的现实扫描

自大中小学在线教学开展以来，关于在线教学也是众说纷纭，有高度认同的，也有坚决反对的；有深度批判的，也有客观评价的。为了更理性地认识在线教学实施现状，本研究拟通过一个鲜活的课堂教学案例和一个个性化辅导案例来加以说明。

1. 课堂教学案例

《天窗》是义务教育教科书人教版四年级语文下册第一单元第三课。教师先在屏幕上展示了《天窗》的作者简介，让学生读读关于作者茅盾的资料，看看自己从中了解了什么。大多数学生没有按照教师的要求去读，而是把屏幕上展示的作者简介全部抄写在需要拍照上传的听课本上。学习活动一：选择自己喜欢的方式读课文，遇到不认识的字词查阅工具书，要求读准字音、读通句子。大多数学生采用默读的方式把整篇课文读了一遍，只有个别学生查阅了工具书（全班 40 个学生，只有 6 个学生用了工具书），不是因为大多数同学没有不认识的字词，而是因为没有人监督，他们不愿意查工具书。接下来教师出示了“慰藉、扫荡、威力、锐利、河滩、帐子、闪烁、奇幻、蝙

① Moore M. G., Kearsley, G., *Distance Education: A System View* (2nd ed.), Belmont: ThompsonWadsworth, 2005, p. 129.

蝠、霸气、复杂、猫头鹰、卜落卜落”13 个需要掌握的生词，请学生把每个词各读两遍。学生按照教师的要求很快读完了。教师在“慰藉和卜落卜落”两个重点词上注音并做了解释，学生将其记在听课本上。学习活动二：默读课文；想一想天窗在哪儿，为什么要开天窗；在文中找出相关的词句并作标注。教师请学生按下暂停键，先读课文然后在课文中找出相应的词句。调查发现，只有 3 个学生按照教师的要求找出了相应的词句，其他学生按下暂停键不到两分钟就迫不及待继续看教师的讲解了。教师给出的答案是课文的第三自然段：“乡下人在屋顶上开一个小方洞，装一块‘玻璃’，叫作天窗”，“乡下的房子只有前面一排木板窗，暖和的晴天，木板窗扇打开，光线和空气都有了；碰到大风大雨，或者北风呼呼叫的冬天，木板窗只好关起来，屋子里就黑得像地洞似的”。教师问：“在孩子们的眼里开个天窗，还有不一样的好处，你们能找到相应的句子吗?”“对！就是这句。‘这时候，小小的天窗就是你唯一的慰藉。’这句话不仅在第四自然段出现，也在第六自然段出现了，慰藉是安慰的意思。在课文中这样反复出现的句子就是文章的关键句。”学习活动三：默读课文，想想在什么情况下，小小的天窗会成为孩子们唯一的慰藉；对语句中的关键词语和写作方法进行标注。两分钟后，教师说：大家一定找到了下面这些句子了，“夏天阵雨来时，孩子们顶喜欢在雨里跑跳，仰着脸看闪电，然而大人们偏就不许，到屋里来啊！随着木板窗的关闭，孩子们也就被关在地洞似的屋子里了。这时候，小小的天窗就是你唯一的慰藉”。“顶喜欢”就是特别喜欢。“关在地洞似的屋子里”写出了屋子特别黑，住在里面特别无趣。

至此，设计精美、逻辑清晰、流程顺畅的在线教学在教师的独白中结束了。师生的交流主要体现在课后上传的作业和批改时留给学生的评语。学生与学生之间基本没有交流，更谈不上思维的碰撞。

2. 个性化辅导案例

一位初中三年级学生，想考本省重点高中，除物理之外其他功课都学得很好，物理也只是对《运动与力》这部分内容掌握得不好。在家人的帮助下，她选择了《运动与力》专题的在线课程学习，施教者是一位有 30 年教龄的中学正高级物理教师。报名后，这位教师给她发了两套《运动与力》的测试题，要求她第一天做第一套，第二天做第二套。第一套题，不能看教科书，不能求助别人和网络，尽自己最大努力独立完成；第二套题，可以看任何材料，但不能求助别人和网络。她按照教师的要求认真完成两套题并发给教师。一周后，教师为她设计了五个专题的课程，每个专题都设计了导学案和课后测试题。她仔细研读了教师的设计方案后，建议教师隔一天上一次课，这样她可以更好地消化前一天的学习内容，教师同意了她的建议。因为她非常渴望学好《运动与力》这部分内容。因此，她全身心投入学习。在导学案的学习中，她比教师要求的做得更扎实。在课后测试中，她不仅按照题干要求完成了习题，还把自己做题的思路写下来，请教师针对她的解题思路给予指导。积极的学习状态、定制的教学内容、精准化的教学指导，必将产生理想的教学结果。两周之后，她在没有翻阅任何教学资料的情况下，绘制了《运动与力》这部分内容的思维导图。思维导图内容全面、条理清晰。事实上，这种案例虽然不能说随处可见，但也并不罕见。2016 年春节期间，微信圈流传着一张在线辅导教师的课程清单，2617 名学生购买了一节单价 9 元的高中物理在线直播课，该教师一小时的实际收入高达 18842 元。[①] 许多人依据教育部禁止在校教师有偿辅导的规定批评这位教师，但从另一方面也反映了学生对优质教学的渴望。这样的“在线教师”不仅可以满足学生个性化学习需求，还能够扩大优质教育资源覆盖面。

（二）在线教学现状的理性认识

1. 在线教学的价值

通过历史回溯和现实审视，我们发现，在线教学在扩大优质资源覆盖范围、满足学习者个性化学习需求等方面具有非常重要的价值。第一，在线教学有效地解决了学生无法入校学习的问题。新冠肺炎疫情发生以后，为阻断疫情向校园蔓延，教育部做出了利用网络平台开展在线教学的决定。在这种特殊情形下，只有教与学时空分离的在线教学才能够在确保师生生命安全和身体健康的前提下落实“停课不停

① 《南京在线教师 1 小时 18842 元超网红，兼职两月挣五万》，http：//Jiangsu. sina. com. cn/news /s2016-3-26/detail-ifxqswxk9662088. shtml。

教、停课不停学”政策部署，有效解决学生无法入校学习问题。第二，在线教学扩大了优质资源的覆盖范围。无论是从历史演进看，还是从实施现状看，在线教学最大的优势就是汇聚了大量的优质资源并扩大了优质资源的覆盖范围。在线教学的这种优势还会随着国家政策的跟进和信息技术的发展进一步增强。第三，在线教学在一定程度上满足了部分学生个性化学习需要。之所以强调部分学生是因为只有那些有强烈学习愿望的学生才能在在线教学中获益。从在线教学的现实扫描中我们能够看到，在线教学能够为有强烈学习愿望、部分学习内容存在学习困难的学生提供精准教学和精准辅导，满足其个性化学习需要。

2. 在线教学存在的问题

从在线教学实施现状可以看出，当前在线教学还存在许多亟待解决的问题。第一，把逻辑的教学当作教学的逻辑。在线教师基本都是在按照课程标准科学设计教学，按照教师预设的方案按部就班地开展教学，追求的是教学活动的科学性和有序性。然而，逻辑上自足的教学设计和教学过程忽略了教学中人的向度和生成性教学的价值。第二，注重知识的理解和记忆，无力顾及学习者思维的发展。无论是大规模的在线教学，还是个性化的在线教学，都重视知识的理解和记忆，无心或无力关注学习者高阶思维的发展。教师教的方式主要是讲，学生学的方式主要是听和记，课后学生再把记在听课本上的内容上传给教师。高效有序的教学流程背后隐藏的是对学习者个性的压抑和对思维发展的忽视。第三，将所有学习者都想象为渴望学习的人，无力监督其学习过程。学习从来都不是一件轻松的事情，所以学习者尤其是年龄偏小的学习者的学习过程需要监督。从上述两个在线教学案例来看，教师的前提假设是学生都能像课堂教学一样认真完成教师精心设计的教学任务，积极思考他们设计的教学问题。然而，在另一个时空范围的学生可能并没有像教师想象的那样认真学习。另外，在线教学还存在影响学生视力和社会性发展等问题。

四　在线教学的价值引领

（一）重视在线教学在促进学生学习中的辅助作用

历史和现实都告诉我们，基于技术支持的在线教学能够促进学生学习，因此，应该重视在线教学在促进学生学习中的作用。第一，技术的发展能够助力在线教学，促进学生学习。从在线教学历史演进过程来看，技术进步是在线教学服务学生学习能力不断增强的前提。近年来，随着人工智能、类脑智能、大数据分析等技术的高速发展和不断成熟，在线教学服务学生学习的能力不断增强、范围不断拓展。第二，部分学习者需要在线教学助力自身学习。研究发现，在线教学对于两类学习群体帮助最大：一类是个性化学习需求者。这些学习者大都具有强烈的学习愿望和明确的学习问题，优秀教师的在线教学能够满足其个性化学习需要。另一类是教师整体素质偏低的边远地区的学习者。我国中西部边远地区，尤其是西部的民族地区教师素质整体有待提升。在线教学可以利用其优质资源丰富，学习时间灵活等特征为这些地区的学习者提供优质的教学服务。第三，教与学时空分离的特性能够实现课堂教学无法实现的功能。当疫情发生、学生因事外出、学生生病等无法到校上课时，在线教学可以辅助完成课堂教学的任务。因此，我们要理性认识在线教学的价值，充分利用在线教学的优势助力学生发展。

（二）在线教学之于学生发展能够“补位”，不能“越位”

在线教学虽然有课堂教学不具备的优势，如学习资源丰富、学生选择余地大、随时随地学习等，但它之于学生发展永远不可能超越和代替课堂教学。[①] 因为教与学的过程从来都不是简单的知识授受过程，而是一个人的生命的展现和发展的过程。教与学的目标也从来都不是只关注知识理解和记忆，而是要在理解知识的基础上，通过质疑、反思、批判，实现高阶思维的发展，最终达到个人的经验世界与社会共有的“精神文化世界”的沟通和富有创造性的转换。这些目标不仅需要学习者反复体验、深刻反思，更需要学习者在鲜活生动的班级交往、校园生活和社会实践中才能达到。只有在“多向互动、动态生成”的逻辑中才能实现学习者作为人的生命的展现和发展。[②] 这种基

---

① 陈永平：《在线教育，补位别越位》，《人民日报》2020 年 2 月 12 日第 8 版。

② 安富海：《人工智能时代教学论研究：坚守与变革课程》，《教材·教法》2019 年第 5 期。

于真实、鲜活事件的师生、生生交往互动的教学过程是在线教学无法实现的。因此，在线教学之于学生发展应该“补位”，但不能“越位”。

（三）加强在线教学的特殊性研究，提升在线教学服务学生学习的能力

研究发现，在线教学的理论研究者和产品研发者更加注重对“在线”的研究，对“教学”关注不够，特别是对学生综合素质的提升、创新能力的培养重视不够。发展在线教学应该从更多关注技术应用转到更多关注人的素质的全面提高、更多关注教学内容的选择与优化上来。① 在线教学的核心是教学，必须加强技术支持下教学的特殊性研究。国际知名远程教育专家、爱尔兰远程教育研究和应用中心主任德斯蒙德·基更（Desmond Keegan）认为，在线教学中教与学时空分离的本质是在线教学提高教学质量、保证学习者获得成功面临的最大挑战，需要通过教与学再度整合来解决这一问题。而教与学分离情形下教与学再度整合必须通过各种媒介的人际交流和材料中包含的模拟的人际交流来实现。② 因此，要在深入认识不同年龄阶段学习者学习机制的基础上，充分研究各种媒介的人际交流和学习材料中包含的模拟的人际交流的原理和规则，并将其运用在基于学生高阶思维发展的学习活动设计中去，以此来激发学习者的学习兴趣，加强师生互动，引导学习者积极投入学习，然后通过大数据分析等技术，监督学习者的学习状态和学习过程，提升在线教学的质量。

（四）重视政府引导和监督，提升在线教学的整体质量

政策推进、技术革新和市场运作是当前推动我国在线教学快速发展的三种力量。这三种力量在发展在线教学时有着不同的利益诉求。这种不同的利益诉求导致在线教学质量良莠不齐。2018 年下半年，《南方都市报》在线测试了 30 家在线教学 App，发现完全合规的几乎没有。每个平台都存在教师素质鱼龙混杂的现象。学生在一个不熟悉

① 瞿振元：《发展在线教育，应有理性思考》，《人民日报》2015 年 4 月 20 日第 7 版。

② ［爱尔兰］德斯蒙德·基更：《远程教育基础》，上海高教电子音像出版社 2008 年版，第 126 页。

的教育平台上遇到合适教师的概率不超过50‰。很多直播平台没有相应的教师管理委员会来监控教师的教学质量。不少家长感慨选择适合孩子的在线课程非常困难。[①] 据互联网研究机构艾瑞咨询发布的《中国在线教育行业发展研究报告》统计，中国在线教育2018年市场规模达2517.6亿元，用户数达1.35亿人。2019年，规模达到4041亿元，预计2020年将达到4538亿元；在用户增长上，2019年用户规模达到2.61亿人，预计2020年达到3.09亿人。[②] 人数众多的学生用户付出了大量的财力和精力，而实际的学习效果却得不到应有的保障，不但误人子弟，而且加重了学员额外的经济负担和学习负担。因此，政府要严格按照教育部等六部门发布的《关于规范校外线上培训的实施意见》监管在线教学，加强对在线教学质量审查和运行过程的监控，使每个能够在线的教学都能符合相应的规范要求，能够促进学习者的学习。

（五）优化在线教学的技术环境，提升教师信息素养

第一，优化在线教学的技术环境，增强技术支持教学的能力。卡顿、掉线是这次大规模在线教学开展以来出现频率最高的两个词。说明我国在线教学的技术环境还存在一定问题，各种终端设备软硬件的兼容还不能完全支持在线教学。我国教育信息化经过前期发展，已经取得了显著成效，尤其通过推进“三通两平台”，大部分学校已经具备了基本的信息化教学条件，中小学联网率超过98%，教育信息化基础设施得到显著改善。然而，从此次大规模在线教学实施的现状来看，当前支持在线教学的技术环境还存在许多问题，需要继续改善信息化教学条件，切实提升网络、终端、内容、工具配置水平。第二，重视教师信息化教育能力培养，提升教师信息素养。我国大多数中小学教师已经具备一定的信息化教学能力，能够利用信息技术开展教育教学活动，但这些教学活动主要还是在学校内的多媒体教室或实验室、多功能室等物理空间开展，基于移动互联的在线教学能力还比较

① 姚村舍：《给在线教育打一针“清醒剂”正当其时》，《九江日报》2019年7月31日第4版。

② 胡畔：《直击在线教育利弊，教学质量是关键》，《中国经济时报》2020年2月19日第2版。

欠缺。高质量在线教学的教学设计、教学方法、教学策略等相关的培训内容也比较少。进入网络空间后，教与学的时空场景发生了根本改变，教师的信息素养能否胜任师生全程不能面对面的在线教学就成为在线教学成败的关键。① 因此，必须充分利用信息技术开展线上教师培训，尤其是要通过实操性强的在线课例分析来提升教师的信息素养，以使在线教学更好地服务学生学习。

第九节　精准教学问题研究

随着人工智能、大数据和学习分析技术的发展，精准教学再次成为教育界关注的焦点话题。理论研究方面，既有关于精准教学活动设计模型②、教学分层体系③、面向个性化学习的教学模式④及环节⑤的研究，也有关于精准教学存在问题的研究⑥。在实践探索方面，北京、上海、浙江等省、直辖市的部分学校开始在课堂中尝试运用精准教学。新兴技术支持的精准教学通过对学习行为的跟踪、记录、分析和对学生知识学习水平准确定位，实现了精准决策、个性化干预和精准辅学，在一定程度上提升了教师知识与技能教学的针对性，提高了学生知识与技能学习的效率。然而，从当前精准教学实施的现状来看，还存在对精准教学价值定位不清晰、教学目标确定中对学习者思维和情感发展不重视、教学内容设计中对知识整体性把握不准确、教学过程进行中人机分工不科学、教学评价实施中对生成性教学价值关注不充分等问题。本书拟通过对精准教学历史梳

① 吴砥：《在线教学的三个难点和三个误区》，《中国教育报》2020 年 2 月 22 日第 3 版。

② 彭红超、祝智庭：《面向智慧学习的精准教学活动生成性设计》，《电化教育研究》2016 年第 8 期。

③ 王永雄等：《基于创新实践能力培养的精准分层教学》，《中国电化教育》2017 年第 12 期。

④ 张忻忻、牟智佳：《数据化学习环境下面向个性化学习的精准教学模式设计研究》，《现代远距离教育》2018 年第 5 期。

⑤ 刘宁、余胜泉：《基于最近发展区的精准教学研究》，《电化教育研究》2020 年第 7 期。

⑥ 秦丹、张立新：《问题与优化：课堂精准教学实践的现实审视与反思》，《电化教育研究》2019 年第 11 期。

理、现实审视和价值澄明来厘清精准教学的内涵、特征及限度，规范精准教学的路径与方法，以使精准教学更好地发挥优化教学、促进学习的作用。

一 精准教学的内涵及特征

（一）精准教学的内涵

当前，国际教育界关于精准教学有“Precision Teaching”和“Precision Instruction”两种翻译。“Teaching”主要针对班级教学，“Instruction”不仅包括班级教学，还涉及其他教学组织形式。目前学者们运用较多的是“Precision Instruction”，简称“PI”①《牛津英语词典中，Precision 是精确、准确的意思，Instruction 是教导、指导的意思。按照《牛津英语词典》关于“Precision Instruction”的解释，精准教学应该理解为精准的指导或教导。《现代汉语词典》中的“精准”也是精确、准确的意思。《教育大辞典》中将教学界定为：由教师的教和学生的学组成的双边活动。我们可以将精准教学理解为引导教师精确地教和学生精确地学的活动。如何才能引导教师精确地教和学生精确地学呢？在早期的精准教学中，教师主要使用铅笔一次一个点地记录学习者学习行为表现，然后对记录的内容进行分析，并以此来引导教师精确地教和学生精确地学。重点关注的是学生学习行为的变化，而对其背后的情感、动机、兴趣等学习行为中无法显现的学习品质无力关注。进入 21 世纪，信息技术支持下的精准教学可以通过多种途径收集学生学习的伴随性数据，为教师的教学设计、教学决策、教学指导、个性化干预和学习者的学习补救及改进提供更可靠的数据支持。基于以上分析，本书认为，精准教学是指在信息技术支持下，通过跟踪、记录和分析学生学习过程的数据及其产生的原因，为教师教学设计、教学决策、教学指导、个性化干预和学生的学习补救及改进

① Binder C. , Watkins C. L. , “Precision Teaching and Direct Instmction: Measumbly Supenor hmstmctional Technology in Shools”, *Performance Improvement Quarterly*, Vol. 26, No. 2, 2013, pp. 75 – 115。

提供科学依据的一种教学形式，其核心是“以测助学”。

（二）精准教学的特征

作为技术优化教学的一种形式，精准教学具有四方面特征。第一，精准教学是一种基于技术的教学形式。首先，精准教学需要借助一定的技术手段收集大量的、类型多样的伴随性学习数据，这些数据中记录着学生的学习轨迹及学习时间。其次，精准教学需要通过大数据技术、云计算技术、人工智能技术等形成学生学习的群体数据和个体数据。最后，精准教学需要在一定学习理论和教学理论的指导下，借助大数据分析技术对学生的学习数据进行分析，为教师教学设计、教学决策、教学指导、个性化干预和学生的学习补救及改进提供科学依据。第二，精准教学需要通过人机合理分工来实现。在精准教学的设计和实施中，教师一定要在深入研究学生认知发展特征和学科核心素养要求的基础上，明确教学中哪些环节必须由教师来完成，哪些环节可以借助智能机器来实施，哪些情境应该在教师主导下运用智能机器来完成。第三，精准教学的核心机制是“以测助学”。信息技术支持下的精准教学通过对学生群体画像、个性化分析等方式，帮助教师在综合判断学生学情的基础上生成精准的教学目标、开发适切的教学材料、设计适宜的教学活动来促进学生学习，帮助学生认识自己学习的不足及产生的原因，在此基础上为学生提供适切的学习指导。第四，精准教学需要教师具备一定的信息素养。教师信息素养主要包括信息意识、信息知识、信息技术应用能力、信息伦理四个方面。精准教学对教师信息素养提出了更高的要求，只有教师具备了必要的信息素养，才能在遵循相应学习理论和教学理论的指导下，科学认识精准教学的价值，正确运用信息技术科学设计和实施精准教学。①

二　精准教学的演进历程

精准教学源于因材施教的思想和原则。两千多年前的春秋时代，

---

① 安富海：《在线教学：历史回溯、现实审视及价值引领》，《课程·教材·教法》2020 年第 6 期。

孔子在教育实践中运用了因材施教原则（当时还没有明确提出因材施教的概念）。同样在两千多年前的古罗马时代，昆体良也提出了在教学中要因材施教的观点。因材施教是中西方教育者所奉行的重要教育思想和教学原则。但由于教育实践中缺乏科学“识材”工具，教师只能依靠自身经验把握学生个性特点和差异，“因材施教”更多停留在思想和理念层面。直到 19 世纪初心理学开始运用于教育，“因材施教”才逐渐向科学化迈进。

20 世纪 60 年代，奥格登·林斯利（Ogden Lindsley）基于斯金纳行为主义学习理论首次提出了“精准教学”。它是一种通过跟踪和测量学生学习表现，为教学决策提供依据和改进策略的方法，旨在通过设计科学的测量工具和严谨的测量过程来追踪学生学习表现，为教师教学决策和学习者学习改进提供科学依据。但由于行为主义自身的局限性，加上当时技术条件无法准确测量和跟踪学生学习表现，也无力关注学习行为过程，致使精准教学并未产生预期效果，也未得到广泛应用。①

20 世纪 70 年代，精准教学开始用于提高学习成绩及帮助严重残疾学习者等方面。美国佛罗里达州、华盛顿州及加利福尼亚州等多个区域应用精准教学的实践证明，精准教学在提高学习成绩、节省学习时间及帮助严重残疾学习者方面效果显著②，尤其在阅读、数学等教学中表现出了巨大的优越性。③ 但教育领域并没有形成精准教学的一般模式，也没有大规模推广。主要原因是支撑精准教学的技术手段只能记录行为频次和大概时间等少数指标的数据。④ 这种基于单一维度的数据分析，会出现以偏概全、忽视学习者内在学习行为的作用等问

---

① Griffin C. P., Murtagh L., “Increasing the Sight Vocabulary and Reading Fluency of Children Requiring Reading Support: The Use of a Precision Teaching Approach”, *Educational Psychology in Practice*, Vol. 31, No. 2, 2015, pp. 186 – 209。

② White O. R., “Precision Teaching-precision Learning”, *Exceptional Children*, Vol. 52, No. 6, 1986, pp. 522 – 534。

③ Downer A. C., “The National Literacy Strategy Sight Recognition Programme Implemented by Teaching as Sistants: A Precision Teaching Approach ” *Educational Psychology in Practice*, Vol. 23, No. 2, 2007, pp. 129 – 143。

④ 付达杰、唐琳：《基于大数据的精准教学模式探究》，《现代教育技术》2017 年第 7 期。

题，影响师生对学习成效的判断。加上需要师生定期记录自己的行为数据、填写表格并绘制趋势图，增加了师生的负担，师生都无心坚持。①

20 世纪 90 年代，国际教育领导研究中心（International Center for Leadership in Education，简称 ICLE）创始人威拉德·达格特（Willard R. Daggett）在研究精准教学相关理论和实践的基础上提出了精准教学框架理论。旨在帮助学校促进学生接受更“严格”、更“相关”的教育，达到学生认知上更高标准，帮助学生实现更高成就。② 这一时期的精准教学主要关注教学的目标、内容、方法及策略与学习者未来生活所需要能力的适切性问题。后来，精准教学逐渐演变为对各种教学策略和教学方法是否精准有效的评估框架。

进入 21 世纪，以大数据为核心技术的精准教学进入新的发展阶段，成为技术优化教学、服务学习的典型实践代表。③ 许多地区已将精准教学列为未来三年信息技术与课程教学融合创生的主要载体。浙江省在 2018 年 12 月颁布的《浙江省教育信息化三年行动计划（2018—2020 年）》中，明确将面向基础教育的精准教学行动作为未来三年教育信息化建设工作的主要任务之一，提出建设 300 个基于技术的精准教学试点。2020 年 12 月发布的《浙江省大数据背景下精准教学蓝皮书（2019 年度）》中收集了 23 个精准教学实践案例。总体来看，当前的精准教学不仅延续了通过学习测评为教学决策和学习改进提供科学依据的功能，而且将“科学取向”的教育思想借助技术渗透到教学活动的全过程，旨在通过对学习数据的深入挖掘和多元分析，实现利用技术和数据协助教师更精准地实施教学判断、决策和个性化干预，帮助学生更有针对性地补救和改进学习。

从精准教学的历史演进来看，精准教学源于“因材施教”思想，旨在为教学决策和学习改进提供服务。新技术驱动下的精准教学突破

---

① 王亚飞等：《大数据精准教学技术框架研究》，《现代教育技术》2018 年第 7 期。

② 丁旭、盛群力：《有效教学新视域——“精准教学框架”述要》，《课程·教材·教法》2017 年第 7 期。

③ 杨现民等：《数据驱动教学：大数据时代教学范式的新走向》，《电化教育研究》2017 年第 12 期。

了教学评估的功能，在优化教学、促进学习方面发挥了更大的作用。精准教学虽然经历了不同的发展阶段，每个阶段都对前一阶段暴露出的问题尝试进行了改进。但无论怎么改进，其自身固有的无法准确捕捉学习者内在行为的变化和无法激发学习者内在学习需要的局限并没有发生实质性改变。

三　精准教学的现实审视

当前，学者们在理论研究和案例总结的基础上逐渐形成了精准教学的一般流程，对中小学课堂教学产生了重要影响。然而，看似目标清晰、内容丰富、逻辑严密、流程顺畅的教学过程却遮蔽了师生之间、生生之间的对话质疑和思维碰撞，影响了学生高阶思维和社会性发展。

（一）精准教学实施现状扫描

从当前精准教学实施过程来看，精准教学一般包括学情分析、目标确定、内容选择、路径引导、教学干预五个环节。第一，学情分析。精准教学的学情分析包括群体的学情分析和个体的学情分析两个方面。在学习新知识与技能之前，教师将新内容以视频、微课、学习任务单等形式推送给学生供学生先学习，学生先学习结束后需要完成相应的学习测试题，再将先学习的过程和结果反馈给教师，教师根据学生群体和个体先学习的结果和过程生成的大数据，调适教学方案，进行二次备课。第二，目标确定。精准教学主要采用递归思想来确定目标，即通过将一个复杂的总目标层层转化为一个与总目标相关联的小目标来实现。先根据知识技能的特征，将知识层层分解，形成知识技能树。再根据学情分析结果，按照“后序遍历”的顺序在知识技能树中分别递进确定学生群体和学生个体短板知识和技能。第三，内容选择。依据教学目标和学生时代特征，在充分考虑学生学习兴趣的基础上，建构与精准目标树对应的学习材料树，然后借助手机、照相机、录屏软件等制作“问题化＋故事化”“结构化＋可视化”“科学性＋趣味性”等融合的教学内容。第四，路径引导。教师依据精准教学的目标和精选的学习内容，按照知识与技能形成的逻辑引导学生从点到线、从线到面地学习。在学习过程中，教师通过学习数据的分析结果适时给学生呈现关键节点或易错知识技能，帮助学生巩固和强化学习内容。第五，教学干预。精准教学的最后一个环节是精准的教学诊断与干预，借助信息技术从多维度分析学生知识技能掌握的程度，判断学生群体及个体不熟练的知识技能节点，对于群体存在的模糊或错误的知识技能节点将面对全体进行讲解。对于个体知识技能节点存在的问题通过推送微课等个性化学习资源帮助解决。

（二）精准教学的问题反思

考察精准教学实践过程发现，在大数据、人工智能等现代信息技术的支持下，精准教学通过精准的学情分析、目标确定、内容选择、路径引导、教学干预等方式能使教师更加准确地把握学生知识技能学习中存在的问题，提高学生知识技能学习的效率和成绩，在一定程度上能促进学生认知领域的深度学习。[①] 但同时也暴露出许多影响学生高阶思维和社会性发展的重要问题。

第一，精准教学具有强烈的工具理性基质。当前的精准教学存在把逻辑的教学当作教学逻辑的问题。逻辑的教学是一种想象的、观念的和思辨的教学。逻辑上自足的教学往往会忽略教学过程中人的向度，忽视教学本有的活力和复杂性。在精准教学中，教师基本都是按照课程标准和知识逻辑设计教学，再按照预设的方案按部就班地开展教学，追求的是教学活动的科学性、简捷性和有序性。在当前的精准教学活动中，教学就像齿轮转动般紧凑衔接，每一步都有轨可循。沿着一条排除一切偶然性和随机性的平滑“因果链”，滑向一个又一个预先设定好的“沟回”。这种关于教学的认识和设计，犹如一把锐利的剪刀，将师生之间、生生之间因思维碰撞而诞生的“离经叛道”和“旁逸斜出”等教学意外全部拿掉。然而，学生的“离经叛道”和“旁逸斜出”等教学意外恰恰充满着不可预知的教育价值，是教学活动得以升华的生长点和脚手架。精准的教学设计、层次分明的目标体系、环环相扣的教学过程似乎提高了教学效率、缩短了学习时间，似乎比学生自己艰涩建构知识更便捷、高效，但相对于学生失去探究、

① 王永固等：《电子书包赋能的精准教学模式有效性研究——以初中数学复习课为例》，《中国电化教育》2019 年第 5 期。

试误、质疑和反思的学习过程而言，高效、便捷的教学实际上产生了极大的教学逆差，终将得不偿失。

第二，精准教学重视知识和技能的学习，对学习者思维的发展关注不够。当前无论是关于精准教学的理论研究还是实践探索，基本都建立在斯金纳行为主义学习理论中刺激与反应联结的基础之上，使精准教学更关注通过重复性“刷题”进行精准诊断，并在即时反馈的基础上推送相关学习视频及材料，以实现对学生学习的精准干预。学生成为被动的知识接收容器，在大量练习等外部刺激中强化知识与技能学习，忽视了学生内在的学习过程、思维的个体差异性以及情感态度等非智力因素对学习的影响。此外，精准教学所追求的行为频率目标将其效用局限在以知识和技能为核心的认知领域教学目标的达成上。然而，知识的快速内化和顺畅提取不足以表征教学的有效性，它反而会造成课堂教学过程与方法空无，情感态度与价值观缺席，并不断把学生置于被动学习的地位，消解了学生主动学习的热情。知识既是对实践经验的概括和总结，更是人的心智与情感的凝结与固化。知识在其肇始、流变的过程中所积淀下来的方法、智慧、情感、信念等人类文明精华，需要师生以自己的生命活力和精神去体味、反刍、想象、移情，才能激活它们，一切停留在情感体验之外的知识对主体来说都是死知识、假知识。知识和技能目标只有在学习者的积极反思、大胆批判和实践运用过程中，才能实现经验性的意义建构。①

第三，教师对技术运用的关注超越了对教学本身的关注。在教学设计方面，精准教学倡导建立知识网络体系，形成精准的知识层级关系和整体结构，并在各个知识点的连接处建立评测气。在教学实施方面，精准教学强调将事先确定的层级知识体系，按照一定的顺序呈现给学生。学生按照教师要求学习的时间和方式学习这些知识，教师再利用多维细粒度分析学生掌握知识点的程度，并以此为依据锁定学生学不懂或不熟练的知识点。在教学评价方面，精准教学倾向于在教学

① 叶澜：《“新基础教育”论关于当代中国学校变革的探究与认识》，教育科学出版社2006年版，第269页。

现场通过柱形图、饼形图等图形展示学生答题情况，教师借助技术平台及时反馈学生学习状况，帮助学生强化知识习得。从精准教学过程看，教师主要精力都放在如何使用平台和技术上面，对学生学习中表现出来的“节外生枝”几乎不关注或一笔带过。重视教学中的“预测”，忽视教学中的“洞察”。人民教育家于漪认为：“现在的教师不缺教学技巧，缺的是思想和批判性思维，批判性思维是思维中最高级最核心的能力。缺乏完整的知识处理与转化的教学，无论用什么方法、技术和程序，在本质上都是灌输。”[①] 信息技术与教育教学深度“融合”不是用信息技术去固化传统教学的弊端，而是用技术去创新教学。信息技术不会自然而然地创造教育奇迹，它可能促进教育创新，也可能强化传统教育弊端，关键在教师。

四　精准教学的价值澄明

价值是主体与客体间的一种特定关系，是客体满足主体需要、实现主体目的的功能属性。[②] 信息技术支持的精准教学对于优化教学，促进学生学习具有一定的积极意义。然而，教学活动是一种面向生命主体、体现生命意志、彰显生命本性、促进生命发展的创造性实践活动[③]，它处处充盈着情感交流、思维碰撞、批判反思和智慧生成。教育尤其是基础教育的使命不应只关注学业和学习，而应更重视学生健康而全面的成长。因此，我们应该深刻体认精准教学的价值，准确把握精准教学的限度，在遵循教学规律和学习者认知发展规律的基础上充分利用精准教学为促进学生发展服务。

（一）精准教学是现代信息技术优化教学的重要形式

精准教学是信息技术与教育教学深度融合、创新发展的重要形式。它充分利用人工智能、云计算、大数据等新兴技术，通过对学习者学习轨迹和过程数据的收集、分析，为教师教学设计、教学决策、教学指导、个性化干预和学习者学习补救及改进提供科学依据，在一

① 于漪：《现在的老师不缺教学技巧，而缺思想、与批判性思维》，https：//www. sohu. com/a/445172954_ 120671094. 2021。

② 孙正聿：《哲学通论》，复旦大学出版社 2007 年版，第 328—331 页。

③ 安富海：《教学实践是一种创造性实践》，《高等教育研究》2014 年第 3 期。

定程度上提高了教学效率、提升了学习质量。第一，精准教学能够为教师的教学决策提供较为科学的依据，辅助教师做到“以学定教”。教师课前把准备的音频、视频及练习题等学习内容通过网页端推送给学生让学生先学，教师通过学生先学和预习的报告了解学生对新知识学习的情况，调适教学方案，增强教学的针对性。第二，精准教学使教师对学生的个性化指导成为现实。不同学习者对于新学习材料的感知、注意、记忆、理解的方式不同，对新知识的存贮、提取与运用的方式不同，在学习中遇到的困难和需要提供的帮助也不同。长期以来，我们一直倡导教师要因材施教，但由于时间和技术条件限制，教师无法在短时间内了解学生个性化学习困难，也无法为每个学生改进学习提供适切的帮助。新兴技术支持下的精准教学能够帮助教师在短时间内了解学生个性化学习困难，也能在综合分析学习数据的基础上为学生提供个性化学习指导。第三，精准教学能为学生知识与技能学习不足提供有效指导。精准教学通过对学生学习过程跟踪、学习效果测试和学习质量分析，能够相对准确地捕捉学习者知识和技能学习的困难及其原因，并根据学习者存在的个性化问题推送相应学习资源。学习者完成这些个性化学习资源之后，参与智能测试，如果通过测试，则说明已达到学习要求，如果没有通过测试，智能机器会降低难度，改变资源方式，继续为学习者提供适切的学习资源，直到实现补救学习者知识与技能学习欠账的目的为止。因此，我们应该在遵循学生认知规律和教学规律的基础上，充分利用精准教学为教师教学和学生学习服务。

（二）精准教学不是一种教学模式，而是一种技术优化教学的方式

“模式”一般指被研究对象在理论上的逻辑框架，是经验与理论之间的一种可操作性的知识系统。教学模式是指在一定教学思想或教学理论指导下建立起来的较为稳定的结构框架和活动程序。作为结构框架，突出了教学模式从宏观上把握教学活动整体及各要素之间内部的关系和功能；作为活动程序则强调教学模式在理论指导下教学行为

的有序性和可操作性。[①] 从当前精准教学的理论研究来看，学者们讨论精准教学主要依据的是行为主义学习理论、建构主义学习理论。本研究认为，无论是行为主义学习理论，还是建构主义学习理论都不能作为精准教学的理论依据。依据行为主义学习理论建立起来的教学模式是程序教学依据建构主义学习理论建立起来的教学模式是探究教学。这两种教学模式都有各自相对稳定的结构框架和活动程序。以程序教学为例，它是基于行为主义刺激与反应建立起来的教学模式，是指将学科知识按其内在逻辑联系分解为一系列知识层级，这些知识层级之间前后衔接，逐渐加深，然后让学生按照知识层级的顺序逐个学习，学习者完成前一个学习目标后才能进入下一个目标的学习。强调的是学习者根据自己的学习情况决定自己的学习速度。从程序教学的结构框架和活动程序来看，精准教学属于程序教学，只是精准教学使程序教学的步骤更加精致、结果更加可测、指导和干预更加精确而已。因此，我们认为，在精准教学的理论研究和实践探索中，不应该“沉迷于”构建新的教学模式，而应该将研究和实践的重心放在如何尊重学生认知发展水平的基础上，应用新兴技术助力精准的学情分析、个性化干预、多元化评价等方面，使新兴技术减轻教师重复的劳动，更好地为教师教学决策、个性化指导和学生学习补救服务。

（三）“以测助学”是精准教学的核心任务

精准教学最大的优势在于能够较为准确地测试出学生哪方面或哪个知识技能节点的学习存在问题，并能对这些具体问题进行及时和有针对性的指导，可以解决长期以来教学中存在的“一人生病，全班吃药”的现象。因此，“以测助学”是精准教学的核心任务。以测助学包含以测识学、精确记录和精准辅测三个环节。第一，以测识学。以测识学就是使用科学的测量工具及时测量学生的学习行为与学习状态，以达到真正认识学生的学习表现及相应的心理特征。一般来说，精准教学采用流畅度作为表征学生学习状况的计量指标。流畅度是指

---

① 黄甫全、王本陆：《现代教学论学程》，教育科学出版社 1998 年版，第 336 页。

学生学习表现出的“准确度”和“速度”。准确度包括正确反应和错误反应两个指标。速度是指学生学习表现出的敏捷性和流利度，速度指标的引人使测量所得的数据更接近学生的实际水平。“正确反应”“错误反应”的流畅度和“速度”三个指标的配合使用，可较为精确地检测出学生在测试中是否存在蒙猜现象，也能检测出是否存在抄袭现象。第二，准确记录。精准教学用标准变速图表作为记录工具。标准变速图表是一种半对数图表，可实现学生学习状态数据的可视化。频率是精准教学的记录指标，它可以同时体现流畅度所要求的“准确度”和“速度”。准确记录是指将学生的学习表现及时记录在标准变速图表上。精准教学使用的标准变速图包括课时标准变速图表和日常标准变速图表两种。其中，课时标准变速图主要用于某一节课或者某一教学片段的记录，体现的是学生某一节课或者某一教学片段学习状况。日常标准变速图主要用于一段时间学生学习表现的记录，体现的是学生某一段时间内学习状况。一般来说，在课堂或教学片段结束时，需立即将课时标准变速图显示的该堂课或教学片段最好的那次测量转绘至日常标准变速图中。① 第三，精准辅测。精准辅测是指教师根据标准变速图表上学生学习表现出的数据信息和非数据信息综合作出教学判断和教学决策。标准变速图不仅可以呈现学生一节课或一段时间内的学习表现，还可以标定或表征学生一节课或一段时间内的学习的发展情况，包括学生学习的方法、时间、成效、困难及解决困难所使用的时间和策略等。教师根据学生学习表现出的数据信息和平时课堂观察得到的非数据信息，作出教学判断和教学决策，调适教学策略，最主要的是要根据这些数据信息和非数据信息为优秀学生和学习困难学生提供精准个性化帮助和指导。

第十节　项目化学习问题研究

当前，我国基础教育已经进入提升学生发展核心素养，落实立德

① 彭红超、祝智庭：《以测辅学：智慧教育境域中精准教学的核心机制》，《电化教育研究》2017 年第 3 期。

树人根本任务的新历史阶段。需要学校教育以学生发展核心素养为指引，重新确立学习目标、整合学习内容、变革学习方式、调适评价标准，为学生发展核心素养的形成、提升创造条件、搭建平台、营造环境。以促进核心知识理解、引发跨情景迁移和指向真实问题解决为特征的项目化学习与学生发展核心素养的要求具有高度的一致性。因此，从理论说讲，项目化学习能够促进学生核心素养的发展。20 年的实践也充分证明，项目化学习在一定程度上促进了学生核心素养的发展。[①] 然而，从当前实施的现状来看，项目化学习目标方面存在学习目标不明确，目标对活动的规约不强；内容方面存在问题“驱动性”不强，基础知识对项目支持不够；过程方面存在跨学科思维体现不够，学生对项目成果贡献不足；评价方面存在对学生过程性素养关注不够，评价量规对多学科素养的匹配性不强等问题。本书在深刻把握项目化学习核心要素的基础上，分析项目化学习存在的问题，提出项目化学习的改进策略，以期使项目化学习更好地为促进学生核心素养发展服务。

一 项目化学习的内涵及类型

项目化学习（project based learning），简称 PBL，也译作“基于项目的学习”。教育领域的项目化学习是在设计教学法的基础上发展而来的，其思想基础是杜威的“做中学”思想。[②] 杜威的学生威廉·赫德·克伯屈（William Heard Kilpatrick）在批判当时学校课程内容与学生实际严重脱离问题的基础上，运用杜威的“做中学”思想和爱德华·李·桑代克（Edward Lee Thorndike）的学习理论，将民主社会的生活元素纳入学校课程，增强了学校课程与学生生活的关联。1918 年 9 月，克伯屈发表了关于设计教学法的论文，提出了设计教学法（project method）的概念，[③] 设计教学法是以与儿童生活有关的问题或

① 夏雪梅：《指向创造性问题解决的项目化学习：一个中国建构的框架》，《教育发展研究》2021 年第 6 期。

② ［美］R. 基思·索耶主编：《剑桥学习科学手册》，徐晓东等译，教育科学出版社 2021 年版，第 287 页。

③ 张华：《论“设计本位学习”》，《教育发展研究》2006 年第 23 期。

事情为核心，打破学科界限和班级界限，由学生自发决定学习目的和内容，并通过自己设计和实行的单元活动获得知识与技能。[①] 在哥伦比亚大学中国留学生的引荐下，设计教学法在五四运动的同年进入中国。1919 年 5 月，杜威应北京大学、江苏省教育会等单位的邀请来中国讲学，为设计教学法的推行奠定了思想基础。设计教学法大规模兴起的标志是俞子夷在南高师附小进行的实验。1927 年 3 月，克伯屈应中华教育改革社邀来中国讲学，全面系统地阐述了设计教学法的思想与方法。随后教育部颁发的小学课程标准更强调学科之间的联系、大单元设计的思想，进一步推进了设计教学法思想的传播。新中国成立以后，受意识形态领域"一边倒"思想的影响，设计教学法逐渐淡出理论研究和实践探索的视野。项目式学习继承了设计教学法的合理基因，在不断改造中祛除了手工操作和工业化色彩，在世界范围内得到广泛的认可和运用。2001 年，我国第八次基础教育课程改革肯定了项目化学习的价值。[②] 随着课程改革的推进，关于项目化学习的研究成果和实践探索逐渐增多。[③] 2010 年以后，随着国际教育界，尤其是中国教育领域对学生发展素养的重视，项目化学习作为一种综合性学习方式逐渐进入教育理论研究者的研究视域和基础教育的实践场域。[④]

什么是项目化学习？美国加利福尼亚大学伯克利分校的让·莱夫（Jean Lave）教授和独立研究者爱丁纳·温格（Etienne Wenger）认为，项目化学习是一种基于建构主义理论的情景式学习方式。他们认为当学生理解核心概念并将所学知识运用于真实情境中积极建构他们的理解时，能够加深对学习材料的理解，走向深度学习。[⑤] 美国著名

---

① 吴洪成、彭泽平：《设计教学法在近代中国的实验》，《高等师范教育研究》1998 年第 6 期。

② 杨明全：《核心素养时代的项目式学习：内涵重塑与价值重建》，《课程·教材·教法》2021 年第 2 期。

③ 李志河、张丽梅：《近十年我国项目式学习研究综述》，《中国教育信息化》2017 年第 16 期。

④ 夏雪梅：《从设计教学法到项目化学习：百年变迁重蹈覆辙还是涅槃重生?》，《中国教育学刊》2019 年第 4 期。

⑤ Lave，J.，& Wenher，E.，*Situated learning*：*Legitimate peripheral participation*，Cambridge：Cambridge University Press.，1991，p. 1.

项目化学习研究机构巴克教育研究所（Buck Institute for Education，简称 BIE）将项目化学习的界定为：学生在一段时间内通过研究并应对一个真实的、有吸引力的和复杂的问题、课题或挑战，从而掌握重点知识和技能。项目化学习的重点是学生基于标准的内容以及如批判性思维、问题解决、合作和自我管理等技能的形成。[①] 我国学者夏雪梅认为，项目化学习是指学生在一段时间内对与学科或跨学科有关的驱动性问题进行深入持续的探索，在调动所有知识，能力、品质等创造性的解决新问题、形成公开成果中，对核心知识和学习历程的深刻理解，能够在新情境中进行迁移。[②] 学者们关于项目化学习都强调真实的驱动性问题，在情境中对问题展开探究，用项目的方式学习，运用各种工具和资源促进问题解决，最终产生公开成果。[③] 借鉴学者们研究成果，本研究认为，项目化学习本质上是一种基于建构主义理论的情景式学习方式。具体来说，它是一种指向学生发展核心素养，以学习者高阶思维发展、合作与自我管理能力形成和实际问题解决为目标，通过创设承载核心知识的、真实的驱动性问题，引导学生积极主动地持续探究问题，形成公开产品，实现跨情景迁移的深度学习方式。

按照覆盖的知识范围大小和学科的整合程度，项目化学习可分为三种类型。一是微项目化学习。微项目化学习是指师生共同设计的，利用单元核心知识解决微小型问题的学习任务。二是学科项目化学习。学科项目化学习是指师生协商设计的，利用学科的关键概念或核心知识解决现实问题的学习任务。三是跨学科项目化学习。跨学科项目化学习是指师生合作设计的，利用相关学科的关键概念或核心知识解决现实生活中复合型问题的学习任务。

二 项目化学习的核心要素

作为一种指向学生发展核心素养，以学习者高阶思维发展、合作

---

① PBLWorks. https：//www. pblworks. org/.

② 夏雪梅：《项目化学习设计：学习素养视角下的国际与本土实践》，教育科学出版社 2021 年版，第 10 页。

③ ［美］R. 基思·索耶主编：《剑桥学习科学手册》，徐晓东等译，教育科学出版社 2021 年版，第 285 页。

与自我管理能力形成和实际问题解决为目标的深度学习方式，项目化学习具有独特的核心要素。

国际著名项目化学习研究专家约瑟夫.S. 克拉切克（Krajcik）认为，项目化学习应包括驱动性问题、关注学习目标、参与科学实践、协作、使用技术工具支持学习、创造人工制品六方面特征。[①] 巴克教育研究所（Buck Institute for Education，2016）提出了项目化学习的八个“黄金准则”：（1）重点知识的学习和成功素养的培养；（2）解决一个有挑战性的问题；（3）持续性的探究；（4）项目要有真实性；（5）学生对项目要有发言权及选择权；（6）学生和教师在项目中进行反思；（7）评论与修正；（8）项目化学习成果的公开展示。[②] 夏雪梅认为，项目化学习包括指向核心知识的再建构、创设真实的驱动性问题和成果、用高阶学习带动低阶学习、将素养转化为持续的学习实践四个核心要素。[③] 综合学者们的研究成果，从学习发生的心理机制角度，本书认为，项目化学习应该具备以下六个核心要素。

一是要有明确且清晰的学习目标引领。学习目标是教师依据学生发展核心素养、课程标准、学习内容、学习者的特征等要素制定的教师和学生都必须遵循的原则，它具有明确性、规范性和可操作性三个基本特征，对教与学的活动具有一定的指导和规约作用，无论什么类型的教与学的活动都应该按照学习目标的指导和要求有序进行。作为一种深度学习方式，项目化学习一定要基于核心素养发展的要求，制定明确清晰的、切实可行的学习目标，这样才能引领和规约项目化学习的科学实施。

二是要有能激发学生内在学习动机的驱动性。学习动机是直接推动学生学习的一种动力，它决定了学习者获得学习经验的态度和倾向。积极内在的学习动机是学习者对所参与的学习活动本身感兴趣且

---

① ［美］R. 基思·索耶主编：《剑桥学习科学手册》，徐晓东等译，教育科学出版社 2021 年版，第 281 页。

② Buck Institute for Education：Sample Project：Lost，https：//www. bie. org/object/document/lost，2016.

③ 夏雪梅：《项目化学习设计：学习素养视角下的国际与本土实践》，教育科学出版社 2021 年版，第 32 页。

乐意付诸行动的态度和倾向。[①] 项目化学习的核心要素是创设能够引导学生积极主动探索的驱动性问题，它能使整个项目活动创造性的持续进行。好的驱动性问题应该具备五个特征。（1）真实性。驱动性问题应该扎根于真实世界中的情境，符合日常逻辑[②]。（2）价值性。项目化学习的成果能对自己、他人或周围的世界产生积极意义。（3）趣味性。探究的问题对学生来说应该是有趣且令人兴奋的。（4）可行性。学生能够通过设计并执行研究方案来解决问题。（5）挑战性。驱动性问题应对学生产生一定的认知负荷，同时又在学生的努力和合作下能够解决。（6）伦理性。所探究的问题不能对个人、集体或环境造成危害。

三是驱动性问题必须承载核心知识。项目化学习不是针对学科所有知识，而是指向核心知识。核心知识是反映学科本质的、能促进学生对现实世界的认识和理解的关键知识。与其他知识相比，核心知识具有三方面特点。（1）统摄性。核心知识统摄其他知识，是整个学科知识的母体。（2）本质性。核心知识是对学科所关涉的事物本质和规律的认识。（3）衍生性。核心知识能够衍生其他学科知识。核心知识是建构复杂认知技能必不可少的一部分。项目化学习中的驱动性问题必须承载学科核心知识。因为承载核心知识的驱动性问题一头连接学科本质，一头连接着学生生活的真实世界。学生探索和解决内含核心知识的驱动性问题，不仅可以帮助学生认识和理解学科本质，也能将学生思维引向真实世界。

四是要有支持核心知识学习的相关领域的知识储备。相关领域的知识储备是学生进行深度理解和创造性思考的前提。一个人要想在一个领域有效地思考，就必须知道这个领域的知识，一个人知道得越多就越能有效地思考。没有丰富的背景知识，试图利用策略来编码信息和把它们存储在长时记忆中是极端困难的。没有足够的背景知识，学生只能利用策略来预测无关紧要的事件、概括细节或者仅仅是说大

① ［美］戴尔·H. 申克：《学习理论》，何一希等译，江苏教育出版社 2012 年版，第 373 页。

② KrajcikJ. S，&Czerniak C. M.，*Teaching Science in Elementary and Middle School：a Aroject-based Approach. Fourth Edition*，Taylor and Francis：London，2013.

话，根本无法进行深入而又富有逻辑的分析和思考，当然也不可能得出有价值的推论。① 项目化学习要求学习者在进行核心知识的学习和研究之前必须深入了解和掌握支持核心知识学习和研究的相关知识和信息。只有这样，深度的思考、理性的批判、创造性的建构才可能发生。

五是生成公开成果。学习科学研究表明，学生学习如果能够产生公开成果，学习效果会更好，因为公开成果是学生知识构建的外在表现，是学生调查、分析和解决驱动性问题的衍生结果。学习成果要基于核心知识，回应驱动性问题，体现学生发展与学习目标的相关性并能展现学生对学习目标的理解。学生如果能够创造出可以让让人理解并认可的学习成果，他的学习动机就会得到进一步增强。项目化学习成果不仅包括作品、研究报告等成品，还包括为什么要这样，经历了怎样的过程，遇到了什么样的问题，进行了怎样的思考和调整等反应思维发展过程的成果。

六是要综合运用多种评价方式进行全程评价。项目化学习的特点决定了其评价过程必须是多主体参与的、多种评价方法综合运用的过程。从评价类型上来看，需要综合运用结果性评价和过程性评价。过程性评价主要考查学生的认知策略和实践过程；结果性评价主要考察学生核心知识掌握、运用和跨境迁移的情况。从评价主体和评价结果方面来看，项目化学习评价主体和评价结果都呈现出多样的性特征。教师、同伴、评价专业人员、家长及驱动性问题所涉及的专业人员等都应该成为评价主体。项目化学习的评价结果也不是只有一个等级或分数，而是从学习态度、学习投入、参与程度、认知策略、合作状况、创造能力等多维度来考察学生学习情况。与传统的课堂教学评价相比，项目化学习评价更强调深层次的概念理解和问题解决。

三　当前项目化学习实施中存在的主要问题

从当前基础教育阶段项目化学习的实施现状来看，它融合了多学

① 安富海：《人工智能时代的教学论研究：聚焦深度学习》，《西北师大学报》（社会科学版）2020 年第 5 期。

科内容，为学生提供了丰富多元的课程体验；改变了学与教的方式，提升了学生思考和解决现实问题的能力，在一定程度上促进了学生核心素养的发展。然而，调查也发现项目化学习在目标、内容、实施和评价四个方面还存在一些亟待改进的问题。

（一）目标方面的问题：学习目标不明确，目标对活动的规约不强

一方面，教师无法准确设计项目化学习目标。访谈中，大多数教师都不约而同地提到“项目化学习的综合性太强，目标定位非常困难，不知道如何更好地确定目标”。部分教师虽然围绕学生发展核心素养制定了学习目标，但由于过分强调学习目标之于学生发展核心素养的匹配性，致使学习目标与驱动性问题脱节，最终导致学习目标既无法操作，也无法测评。还有部分教师仍然在按照“知识与技能，过程与方法，情感态度价值观”三个维度确定项目化学习目标。另一方面，学习目标对活动的规约性不够，活动常常游离于目标之外。一些教师在设计和组织学科项目化学习情境新颖、形式多样、活动丰富，整个项目化学习的过程学生非常投入、兴致很高、气氛很好，持续探究的欲望也非常强烈，但由于学习目标不清晰、教师的要求不明确，导致项目化学习活动常常脱离学习目标，最终演化为与学习目标无关的娱乐性活动。

（二）内容方面的问题：问题的“驱动性”不强，相关基础知识对项目的支持不够

一是问题的“驱动性”不强。驱动性问题是项目化学习的核心要素，它不仅承载着学科或跨学科的核心知识，而且承载着学生得好奇心和进一步探究的欲望。基于学生兴趣的、真实的驱动性问题才能激发学生持续探索的欲望和深入学习的动机。然而，调查发现，一些跨学科项目化学习没有问题导向，教师仍然用讲授的方法传递知识，活动的设置存在明显的“为活动而活动”的现象。部分项目中虽然也设计了丰富的活动任务，丰富的活动确实有利于激发学生学习兴趣，但很多活动却没有指向核心知识学学习，存在按部就班走形式的问题。这种丰富有趣的活动不可能引导学生从中获得可迁移的素养。如在部编本八年级上册课文《与朱元思书》微项目化学习中，刚开始上课，教师就将“学习作者描绘景物的手法”作为本节课的驱动性问题抛给

学生，并将学生分成五个不同的小组，明确各小组探究角度和内容。要求学生从观察景物的角度（如俯视、仰视等）；感官的调动角度（如听觉、视觉）和描绘景物的方法（如比喻、夸张）等角度进行合作探究问题。大约 20 分钟后，各小组组长展示本组内的探究成果，然后其他小组同学质疑和补充，最后教师引导学生共同评价和总结。该项目化学习中虽然也有驱动性问题，但由于问题不是来基于学生认知冲突而产生的，所以不会激发学生内在的学习动机，也不会驱动学生持续探究。因此，整节课既没有认识冲突后的持续探究过程，也没有思想交锋中的争鸣，更没有创造性解决问题的惊喜。

二是相关基础知识对项目的支持不够。调查发现，许多教师都强调项目与真实世界的关联，重视核心知识在项目中的统摄作用，主张培养学生应对未知世界的能力。然而，部分教师在项目的选择、过程的设计中，重点关注项目的价值性和趣味性，对项目对学生学习的难度和项目与整个课程体系的关联程度重视不够，忽视了相关基础知识对项目的支持，造成项目与学科课程知识的严重脱节。这样就导致学生无法通过项目获得基础和系统性的学科知识。缺乏相关基础知识的支持，学生无法识别和理解目标概念背后所蕴含的特定领域的表征和方法，学生完成项目的难度增大，不仅影响了学生对项目价值的判断，也影响了学生进一步探究和解决问题的积极性。

（三）实施方面的问题：学习成果中学生的贡献不足，跨学科项目学习中跨学科思维体现不够

一是学习成果中学生的贡献不足。学习成果的呈现是项目化学习的主要组成部分。调查发现，大多数教师开展项目化学习都非常注重学生成果的展现，试图以学生成果的精彩来表明项目化学习的成就。尤其是涉及区域内、集团内或片区内的项目化学习成果展示时，学生的项目化的学习成果真可谓五彩缤纷。然而，深度访谈发现，许多项目化学习成果并非学生自己独立或与同伴合作完成。评选出的优秀学习成果中全部由学生团队独立完成的项目非常少，部分项目主要是靠教师，或更多地依靠家长来完成。许多家长提到项目化学习也是怨声载道。看似优秀的项目化学习成果，却没有承载学生不断尝试、体验失败、合作探究和深入反思的过程。这样的项目化学习成果无论多么

的优秀，也是只能发挥为学校争点荣誉的作用而已，与学生核心素养的提升无关。

二是跨学科项目学习中跨学科思维体现不足。调查发现，相当一部分跨学科项目化学习剥去主题活动的外壳后，并没有体现出不同学科素养的提炼和培养。项目化实施过程虽然也呈现出跨学科特性，但没有体现出真实问题解决中的多学科方式，不同内容之间的合作与联系很大程度上是割裂的、拼盘式的。表面上看似包含多学科，实际上几个学科都浅入浅出、独立存在。如在人教版语文三年级上册《赵州桥》的跨学科项目化学习中，一个上午四节课，三位相关学科的教师都围绕“赵州桥”进行教学。第一节课历史教师引导学生了解中国石拱桥及赵州桥的历史；第二节课语文教师组织学生学习生字词及赵州桥的写作特点；第三节课美术教师将赵州桥的彩色图片呈现在大屏幕上，引导学生观察赵州桥的特点，并要求学生画出赵州桥。表面上来看，教学形式的确发生了较大变化，教师之间的合作也超越了学科界限。观察和访谈也发现，学生课堂学习的热情明显提高，对学习内容的认知程度比以前更加深刻。然而，学生学习方式并没有发生实质性变化，整个教与学的过程都是教师主导下进行的，学生并没有真正经历认知困境、提出问题、协作探究问题，也没有经历创造性思考和解决问题的过程。因此，形式变化的教学方式并没有使学生的学习走向深度，也没有将学生引向真实世界，当然就不可能促进学生高阶思维的发展和实际问题解决能力的提升。

（四）评价方面的问题：对过程性表现关注不够，对多学科素养关照不足

一是对过程性表现关注不够。项目化学习最大的特点就是学生能在参与项目的过程中学习。因此，评价就必须关注，也要重点关注学生参与项目化学习过程的表现。但从当前项目化评价的实施情况看，许多评价往往只针对学生的学习成果或者活动的流程进行评估打分，忽视对项目完成中的思维过程的评价。虽然部分教师也重视过程性评价在项目化学习过程的价值，但是，对于该评价什么尚未形成科学、可操作的标准，时而偏重知识与能力体系，时而偏重项目实施中形成的问题解决策略。虽然这些评价也能够衡量学生的学习状况，但无法

考量学生运用核心知识分析、探究和解决问题的思维过程。

二是对多学科素养观照不足。跨学科项目化学习会涉及多种学科素养，而且每一种学科素养的呈现样态都不一样。这就要求跨学科项目化学习评价的设计必须与子学科相结合，与子学科素养相匹配。然而，研究发现，许多跨学科项目化学习评价并没有针对每一种素养设计量规，大多数评价只是按照项目推进的流程对每个阶段的学习情况进行评价。如在“诗歌创作与展演”的跨学科项目化学习中，有诗歌创作、舞台设计、配装设计、配乐朗诵等环节，至少会涉及语文、音乐、美术三个学科。但在评价过程中教师基本还是按照语文学科对诗歌创作的要求去评价的，如题材新颖、、内容深刻，语句凝练、韵律节奏鲜明，朗诵过程能融入感情，声音抑扬顿挫等。虽然评价时应该以语文学科素养发展为主，但也应该关照学生美术和音乐学科素养的发展状况。

四　改进项目化学习的策略

（一）正确认识项目化学习的价值及实施方式

学习科学研究发现，当学生参与到现实世界中模仿专家所做的真实的、有意义的任务与问题中时，他们对学习材料就会产生自己的理解，引发深度学习①。项目化学习为学生深入真实情景发现问题、探究问题和尝试解决问题创造了条件，搭建了平台。认知神经科学研究也发现，项目化学习能促进学生大脑发育，让学生学习更专注、更主动和更投入，同时会让学生对关键概念的理解更为透彻、持久，更容易在新情境中进行概念迁移。② 因此，我们认为，项目化学习能够提升学生学习效能，促进学生深度学习。应该科学且充分地利用项目化学习为提升学生综合素养服务。同时，也需要理清以下几种关系。

第一，项目化学习和其他学习方式的关系不是取代，而是有益补充。研究发现，许多地方认为项目化学习克服了其他学习方式的弊端，把项目化学习与日常的课堂教学完全对立起来，所有课程都按照

---

① ［美］R. 基思·索耶主编：《剑桥学习科学手册》，徐晓东等译，教育科学出版社 2021 年版，第 287 页。

② Helm J. H. , *Becoming Young Thinkers*: *Deep Project Work in the Classroom*, Columbia: Teachers College Press, 2015.

项目化学习的方式进行，似乎有了项目化学习，传统教学就变得一无是处。这种认识不仅有悖常识，也不符合学生学习的心理机制。项目化学习是一种指向学生发展核心素养的深度学习方式，它能够弥补其他学习方式的一些不足，但它也有对学科基础知识关注不够等方面的缺陷。所以，项目化学习和其他学习方式的关系不是取代，而是有益补充。

第二，项目化学习中“项目”只是形式，“学习”才是核心。项目化学习强调要基于核心知识，用项目的方式引导学生在真实情境中发现问题、探究问题、解决问题，并能在发现问题、探究问题和解决问题的过程中获得积极体验，激发他们进一步学习和探究的兴趣和热情。如果没有经过充分的心智自由的涌动和激荡，就迅速地得出一个解决问题的办法，这样的项目化学习只是哗众取宠，对学生的创造性、批判性思维的培育和素养的形成不会产生太大影响。因此，“项目”只是载体，用项目的形式促进学生深度学习和高阶思维的发展才是核心。

第三，项目化学习应站在学科立场上促进跨学科思维。许多学者都认为，学科课程是割裂的、片面的，只要用项目化学习方式将这些学科整合在一起，就会以整体的方式促进学生核心素养发展。事实并没有我们想象的那样理想。杨振宁先生在清华大学演讲提到，学科之间相互影响是事实，数学和物理有很多交叉的部分，但交叉的部分也只有5%左右。现在的知识总量越来越多，所以我们会感觉到交叉越来越多，实际上不交叉的也越来越多。[①] 跨学科最终还是要回到学科本身。学生只有在深入理解学科知识基础上，才有可能促进学生更高水平的跨学科的学习和跨学科地解决问题。因此，无论是学科项目化学习还是跨学科项目化学习，都应站在学科立场上促进学生的跨学科思维形成。

（二）提升教师驾驭项目化学习的能力

第一，目标确定能力。项目化学习要指向学生发展核心素养，但与学生发展核心素养不是一一对应的关系。项目化学习的目标要具体

① 杨振宁清华演讲，参见 https：//view. inews. qq. com/a/20211115A01NZJ00。

明确，可测量。从大的方面来讲，项目化学习的目标包括四个方面：一是基于真实情景理解核心知识、形成自己的意义建构；二是运用核心知识建立与现实世界的联系；三是在项目中形成团队协作和自我管理的能力；四是提升学生跨情景迁移与创造性解决真实问题的能力。所以项目化学习的目标设计应该围绕这四个方面展开。然而，除了微项目化学习之外，学科项目化学习和跨学科项目化学习都需要几个课时或更长的时间才能完成。所以，在项目化学习目标设计方面，教师不仅应该根据学生发展核心素养、课程标准、学习者的特征等要素，从以上四个方面分阶段确定学习的目标。还应该根据学习进度和项目实施的情况适时调整学习目标。这样不仅能够保证学习目标对学习活动的规约性，也能够确保学习目标对学生学习状况的持续引导。

第二，驱动性问题设计能力。驱动性问题是项目化学习的核心要素，也是学生在整个项目化学习过程中是否能始终保持探究学习状态·的关键。因此，教师一定要引导学生充分重视并设计驱动性问题。可以说，如果驱动性问题设计的好，项目化学习就成功了一半。从表面上看，驱动性问题似乎只是学生乐于探究的有价值的问题，实质上驱动性问题的设计是对教师关于学生发展核心素养的认知情况、学科或跨学科核心知识的理解情况、学科或跨学科核心知识与现实世界关联的认知情况、学生认知水平及特征的把握情况等多种素养的综合考量。因此，教师在引导学生设计驱动性问题时首先应该了解国家对自己所面对的学生群体的核心素养要求是什么，要引导学生学习的学科或跨学科的核心知识是什么，这些核心知识与现实世界如何关联，学生认知发展处在什么层次等。除此之外还要把握这样几个问题。一是学生多该问题有没有兴趣；二是该问题有没有承载学科或跨学科核心知识；三是该问题是否基于学生生活场域的真实问题；四是该问题有没有持续探究的价值；五是该问题对学生有没有挑战；六是学生协作有没有能力探究和解决该问题。

第三，知识整合能力。项目化学习与其说对学习方式产生了的挑战，倒不如说是对教师的教学方式产生了前所未有的挑战。优秀的项目化学习案例和失败的项目化学习案例都充分证明，教师是项目化学习成败的关键。无论是微项目化学习、学科化项目化学习，还是跨学科项目化学习，教师能否在众多知识力畜核心知识，并建立起知识之间的相互联系，直接决定着项目化学习成败和质量。在项目化学习中，教师不能仅仅停留在对知识“点”的理解上，而是要超越原有对知识的“点”式理解，善于基于现实问题从“网”的角度审视知识，这样才能从众多知识中理出“核心知识”，理清各知识点之间的关系。教师只有理出“核心知识”，并建立起核心知识与现实世界之间的联系，才能引导学生科学实施项目化学习并使学生获得应有的素养。

第四，学习评价能力。对于习惯用试卷来判断学生学习成效的教师来说，项目化学习评价的确存在很多挑战。从评价思路方面来看，项目化学习需要进行逆向思考，也就是说在项目化学习实施之前就应该考虑评价的问题。需要理清几个问题：我们希望学生通过项目化学习达到怎样的效果？为了达成预期效果，我们应该如何设计方案？我们如何检测方案实施的有效性和学生是否达到预期学习效果？从评价理念方面来说，教师要树立“过程大于结果”的理念，不是不要结果，而是要更加关注结果产生的过程，这个过程就是学生经历的概念理解、知识建构、讨论争鸣、分工合作、问题解决等深度学习的过程。从评价主体方面来说，应把教师、家长、学生及项目化学习所涉及的其他主体，如社区管理员、防疫人员、交警等都作为项目化学习的评价主体。从评价标准的制定方面来说，项目化学习评价标准不是教师自己决定，而是需要教师和学生在协商的基础上共同制定，评价量规要贯穿于项目化学习的始终。从评价方法方面来说，项目化学习应该综合运用多种评价方法，但主要应该采用关注过程的表现性评价。因为表现性评价不仅仅关注学习结果，更关注学生提出问题、分析问题、探索问题的思路与方法，在团队中的角色和贡献，分工与合作解决问题的策略等。所以，表现性评价能够更加全面地评估学生在项目化学习中的成就。

参考文献

一　中文类

（一）著作

陈琦、刘儒德：《教育心理学》，高等教育出版社 2005 年版。

陈向明：《质的研究方法与社会科学研究》，教育科学出版社 2000 版。

陈永明：《教师教育研究》，华东师范大学出版社 2003 版。

陈佑清：《教学论新编》，人民教育出版社 2011 年版。

陈佑清：《学习中心教学论》，教育科学出版社 2019 年版。

范景中等：《理想与偶像》，上海人民出版社 1989 年版。

冯忠良等：《教育心理学》，人民教育出版社 2015 年版。

高清海等：《人的“类生命”与“类哲学”——走向未来的当代哲学精神》，吉林人民出版社 1998 年版。

高清海：《找回失去的“哲学自我”》，北京师范大学出版社 2004 年版。

高时良：《学记研究》，人民教育出版社 2006 年版。

顾明远主编：《教育大辞典》，上海教育出版社 1991 年版。

胡德海：《教育学原理》，甘肃教育出版社 2001 年版。

李秉德、李定仁：《教学论》，人民教育出版社 2001 年版。

李定仁、徐继存：《教学论研究二十年》，人民教育出版社 2001 年版。

李定仁：《教学思想发展史略》，甘肃教育出版社 2004 年版。

李明洁：《元认知和话语的链接结构》，华东师范大学出版社 2008 年版。

李其维：《皮亚杰结构思想概念》，华东师范大学出版社 1990 年版。

李森：《现代教学论刚要》，人民教育出版社 2005 年版。
李正风：《科学知识生产方式及其演变》，清华大学出版社 2006 年版。
林崇德：《学习与发展——中小学生学习能力发展与培养》，北京师范大学出版社 1999 年版。
刘善循：《快乐学习法——增强情感智力的技巧》，商务印书馆 2000 年版。
南国农：《中国电化教育（教育技术史）》，人民教育出版社 2013 年版。
裴娣娜：《教学论》，教育科学出版社 2007 年版。
裴娣娜：《现代教学论》，人民教育出版社 2005 年版。
钱穆：《中国文化史导论》，商务印书馆 1994 年版。
施良方、崔允漷：《教学理论：课堂教学的原理、策略与研究》，华东师范大学出版社 1999 年版。
施良方：《课程理论——课程的基础原理与问题》，教育科学出版社 1996 年版。
施良方：《学习论》，人民教育出版社 2008 年版。
石中英：《教育学的文化性格》，山西教育出版社 2000 年版。
孙正聿：《哲学通论》，复旦大学出版社 2007 年版。
王策三：《教育论集》，人民教育出版社 2002 年版。
王承绪：《比较教育学史》，人民教育出版社 1999 年版。
王鉴：《课堂研究概论》，人民教育出版社 2007 年版。
王天一等：《外国教育史：上下册》，北京师范大学出版社 1993 年版。
吴康宁：《课堂教学社会学》，南京师范大学出版社 1999 年版。
吴文侃：《当代国外教学论流派 》，福建教育出版社 1991 年版。
夏雪梅：《项目化学习设计：学习素养视角下的国际与本土实践》，教育科学出版社 2021 年版。
熊川武：《反思性教学》，华东师范大学出版社 1999 年版。
徐复观：《中国思想史论集》，上海书店出版社 2005 年版。
徐继存：《教学理论的反思与建设》，甘肃教育出版社 2000 年版。
叶澜：《“新基础教育”论 关于当代中国学校变革的探究与认识》，教育科学出版社 2006 年版。

衣俊卿：《现代化与日常生活批判》，人民出版社 2005 年版。

张楚廷：《教学论纲》，高等教育出版社 1999 年版。

邹诗鹏：《生存论研究》，上海人民出版社 2005 年版。

（二）译作

［苏联］M. H. 斯卡特金：《现代教学论问题》，张天恩译，教育科学出版社 1982 年版。

［美］M. 怀特：《分析的时代——二十世纪的哲学家》，商务印书馆 1981 年版。

［美］R. 基思・索耶主编：《剑桥学习科学手册》，徐晓东等译，教育科学出版社 2021 年版。

［美］保罗・埃根、唐・考查克：《教育心理学》，郑日昌译，北京大学出版社 2009 年版。

［美］艾尔・巴比：《社会研究方法》，邱泽奇译，清华大学出版社 2022 年版。

［法］安德烈・焦尔当：《学习的本质》，杭零译，华东师范大学出版社 2015 年版。

［美］彼得・圣吉：《第五项修炼——学习型组织艺术与实务》，郭进隆译，上海三联书店 1998 年版。

［美］戴尔・H. 申克：《学习理论》，何一希等译，江苏教育出版社 2012 年版。

［美］戴维・H. 乔纳森：《学习环境的理论基础》，郑太年、任友群译，华东师范大学出版社 2002 年版。

［爱尔兰］德斯蒙德・基更：《远程教育基础》，丁新译，上海高教电子音像出版社 2008 年版。

［美］约翰・杜威：《杜威教育论著选》，赵祥麟、王承绪编译，华东师范大学出版社 1981 年版。

［美］约翰・杜威：《我们怎样思维：经验与教育》，姜文闵译，人民教育出版社 2005 年版。

［德］恩格斯：《路德维希・费尔巴哈和德国古典哲学的终结》，人民出版社 1993 年版。

［美］菲利普・库姆斯：《世界教育危机》，赵宝恒等译，人民教育出

版社 1990 年版。

［德］胡塞尔：《哲学作为严格的科学》，倪梁康译，商务印书馆 2007 年版。

［美］华勒斯坦：《开放社会科学》，刘峰译，生活·读书·新知三联书店 1997 年版。

［美］杰瑞·卡普兰：《人工智能时代》，李盼译，浙江人民出版社 2016 年版，第 3 页。

［美］克莱德·M. 伍兹：《文化变迁》，何瑞福译，河北人民出版社 1989 年版。

［捷］夸美纽斯：《大教学论》，任钟印译，人民教育出版社 2018 年版。

［美］罗伯特·J. 马扎诺：《教学的艺术与科学：有效教学的综合框架》，盛群力等译，福建教育出版社 2014 年版。

［美］洛林·W. 安德森：《布卢姆教育目标分类学》（修订版），蒋小平、张琴美、罗晶晶译，外语教学与研究出版社 2009 年版。

［德］马克斯·韦伯：《经济与社会》，林荣远译，商务印书馆 1998 年版。

［美］迈克尔·W. 阿普尔：《文化政治与教育》，阎光才等译，教育科学出版社 2005 年版。

［美］曼瑟尔·奥尔森：《集体行动的逻辑》，陈郁等译，上海人民出版社 2011 年版。

［法］米歇尔·克罗齐耶、埃哈尔·费埃德伯格：《行动者与系统——集体行动的政治学》，张月等译，上海人民出版社 2007 年版。

［苏联］姆·阿·达尼洛夫、勃·朴·叶希波夫：《教学论》，北京师范大学外语系 1955 级学生译，人民教育出版社 1961 年版。

［法］皮埃尔·布迪厄：《实践与反思——反思社会学导引》，李猛译，中央编译出版社 2004 年版。

［英］齐格蒙特·鲍曼：《共同体》，欧阳景译，江苏人民出版社 2003 年版。

［德］斐迪南·滕尼斯：《共同体与社会》，林荣远译，商务印书馆 1999 年版。

［美］小威廉姆·E. 多尔：《后现代课程观》，王红宇译，教育科学出版社 2000 年版。

［德］雅斯贝尔斯：《什么是教育》，邹进译，生活·读书·新知三联书店 1991 年版。

［美］约翰·罗尔斯：《作为公平的正义——正义新论》，姚大志译，中国社会科学出版社 2011 年版。

［日］佐藤学：《静悄悄的革命——创造活动的合作的、反思的综合学习课程》，李季湄译，长春出版社 2003 年版。

［日］佐藤学：《课程与教师》，钟启泉译，教育科学出版社 2003 年版。

［日］佐藤学：《学习的快乐——走向对话》，钟启泉译，教育科学出版社 1999 年版。

（三）论文

安富海、王鉴：《近年来我国课程与教学论研究的回顾与展望》，《教育研究》2016 年第 1 期。

安富海：《促进深度学习的课堂教学策略研究》，《课程·教材·教法》2014 年第 11 期。

安富海：《教学论研究者为什么“走不下去”》，《课程·教材·教法》2012 年第 7 期。

安富海：《教学实践是一种创造性实践》，《高等教育研究》2014 年第 3 期。

安富海：《人工智能时代的教学论研究：聚焦深度学习》，《西北师大学报》（社会科学版）2020 年第 5 期。

安富海：《人工智能时代教学论研究：坚守与变革》，《课程·教材·教法》2019 年第 5 期。

安富海：《我国教学理论知识生产存在的问题及矫正》，《中国教育学刊》2012 年第 9 期。

安富海：《学习空间支持的智力流动：破解民族地区教师交流困境的有效途径》，《电化教育研究》2017 年第 9 期。

安富海：《在线教学：历史回溯、现实审视及价值引领》，《课程·教材·教法》2020 年第 6 期。

安富海:《中国教育学的当下使命》,《国家教育行政学院学报》2009年第7期。

卞金金、徐福荫:《基于智慧课堂的学习模式设计与效果研究》,《中国电化教育》2016年第2期。

蔡英田:《创造性实践和重复性实践》,《吉林大学社会科学学报》1993年第2期。

曾明星:《基于MOOC的翻转课堂教学模式研究》,《中国电化教育》2015年第4期。

曾文婕等:《评估促进学习何以可能——论新兴学本评估的价值论原理》,《教育研究》2015年第12期。

曾文婕、黄甫全:《学本评估:缘起、观点与应用》,《课程·教材·教法》2015年第6期。

陈彩虹等:《基于核心素养的单元教学设计——全国第十届有效教学理论与实践研讨会综述》,《全球教育展望》2016年第1期。

陈殿林:《理论自觉的哲学意蕴》,《河南大学学报》(社会科学版)2009年第1期。

陈桂生:《"教育理论与实践关系问题"的再认识》,《湖南师范大学教育科学学报》2005年第1期。

陈军:《移动终端下在线教育平台支撑技术应用研究》,《中国电化教育》2017年第8期。

陈明选,刘萃:《基于智能手机的交互式学习环境设计》,《中国电化教育》2015年第4期。

陈晓端:《当代教学论框架下的有效教学行动表现》,《当代教育与文化》2015年第7期。

陈佑清、陶涛:《"以学评教"的课堂教学评价指标设计》,《课程·教材·教法》2016年第1期。

陈志刚:《对三维课程目标被误解的反思》,《课程·教材·教法》2012年第8期。

程介明:《教育问:后工业时代的学习与社会》,《北京大学教育评论》2005年第4期。

崔秋锁:《马克思的实践思维方式及其在中国的历史发展》,《攀登》

2002 年第 5 期。
崔淑仙:《打造智慧课堂教学模式》,《中国教育学刊》2017 年第 2 期。
丁钢:《教育叙事研究的方法论》,《全球教育展望》2008 年第 3 期。
丁旭、盛群力:《有效教学新视域——“精准教学框架”述要》,《课程·教材·教法》2017 年第 7 期。
董远骞:《中国近代教学论教材编写史略》,《课程·教材·教法》1994 年第 1 期。
杜娟等:《促进深度学习的信息化教学设计的策略研究》,《中国电化教育》2013 年第 10 期。
方旭:《MOOC 学习行为影响因素研究》,《开放教育研究》2015 年第 3 期。
费孝通:《对文化的历史性和社会性的思考》,《思想战线》2004 年第 2 期。
冯锐、任友群:《学习研究的转向与学习科学的形成》,《电化教育研究》2009 年第 2 期。
付达杰、唐琳:《基于大数据的精准教学模式探究》,《现代教育技术》2017 年第 7 期。
高洁等:《主动性人格与网络学习投入的关系——自我决定动机理论的视角》,《电化教育研究》2015 年第 8 期。
郭道明:《跨世纪的思考——教学论学术研讨会综述》,《教育研究》1995 年第 9 期。
郭华:《带领学生进入历史:“两次倒转”教学机制的理论意义》,《北京大学教育评论》2016 年第 2 期。
郭华:《教学论研究患上了“没感觉”的症状》,《教育科学研究》2004 年第 7 期。
郭绍青:《论信息技术与课程整合》,《电化教育研究》2002 年第 7 期。
郭文良、和学新:《翻转课堂:背景、理念与特征》,《教育理论与实践》2015 年第 11 期。
郝志军:《中小学课堂教学评价的反思与建构》,《教育研究》2015 年第 2 期。
何克抗:《从“翻转课堂”的本质看“翻转课堂”在我国的未来发展》,《电化教育研究》2014 年第 7 期。
何克抗:《如何实现信息技术与教育的“深度融合”》,《课程·教材·教法》2014 年第 2 期。
何克抗:《智慧教室 + 课堂教学结构变革——实现教育信息化宏伟目标的根本途径》,《教育研究》2015 年第 11 期。
胡郁:《人工智能的发展未来与创业》,《中国人工智能学会通讯》2017 年第 1 期。
黄甫全:《试论信息技术与课程整合的基本策略》,《电化教育研究》2002 年第 7 期。
黄光芳等:《泛在学习环境下 SPOC 有效教学的实践与研究》,《电化教育研究》2016 年第 5 期。
黄梅、黄希庭:《知识的加工阶段与教学条件》,《教育研究》2015 年第 7 期。
黄荣怀等:《从数字学习环境到智慧学习环境——学习环境的变革与趋势》,《开放教育研究》2012 年第 1 期。
黄伟、焦强磊:《基于教学关系的课堂教学模式变革》,《课程·教材·教法》2016 年第 3 期。
黄越岭、朱德全:《情境学习理论视阈下的网络学习评价:体系与策略》,《中国电化教育》2015 年第 2 期。
靳玉乐:《中小学生学习效能的现状及提升策略》,《中国教育学刊》2015 年第 8 期。
康淑敏:《基于学科素养培育的深度学习研究》,《教育研究》2016 年第 7 期。
黎加厚:《创造学生和教师的精神生命活动的信息化环境》,《电化教育研究》2002 年第 2 期。
李瑾瑜:《关于师生关系本质的认识》,《教育评论》1998 年第 4 期。
李良侠:《翻转课堂的误区与防止策略》,《教育理论与实践》2015 年第 11 期。
李琦:《审思中国法学:从知识生产到知识生产者》,《北方法学》

2010 年第 5 期。

李强、卢尧选：《学生学习成绩和学习能力影响因素之研究》，《西北师大学报》（社会科学版）2019 年第 3 期。

李青、赵越：《具身学习国外研究及实践现状述评——基于 2009—2015 年的 SSCI 期刊文献》，《远程教育杂志》2016 年第 5 期。

李馨：《翻转课堂的教学质量评价体系研究》，《电化教育研究》2015 年第 3 期。

李修全：《新一轮人工智能发展的三大特征及其展望》，《中国人工智能学会通讯》2017 年第 5 期。

李祎等：《智慧课堂中的智慧生成策略研究》，《电化教育研究》2017 年第 1 期。

李允：《繁荣背后的危机：中小学课堂教学模式同质化》，《课程·教材·教法》2015 年第 9 期。

李志河、张丽梅：《近十年我国项目式学习研究综述》，《中国教育信息化》2017 年第 16 期。

梁林梅：《MOOCs 学习者：分类、特征与坚持性》，《比较教育研究》2015 年第 17 期。

林曾：《从远程教育到在线教育：风险社会中的网络技术会把教育引向何方?》，《远程教育杂志》2010 年第 2 期。

刘邦奇：《“互联网 +”时代智慧课堂教学设计与实施策略研究》，《中国电化教育》2016 年第 10 期。

刘军：《智慧课堂：“互联网 +”时代未来学校课堂发展新路向》，《中国电化教育》2017 年第 7 期。

刘宁、余胜泉：《基于最近发展区的精准教学研究》，《电化教育研究》2020 年第 7 期。

刘铁芳：《试论教育中的交流及其阻隔》，《中国教育学刊》1996 年第 3 期。

刘小玲、曾国屏：《科学研究：在认知导向与组织制约之间》，《科学技术与辩证法》2008 年第 1 期。

刘艳丽：《翻转课堂：应如何实现有效翻转》，《中国高等教育》2015 年第 19 期。

刘要悟、柴楠：《从主体性、主体间性到他者性——教学交往的范式转型》，《教育研究》2015 年第 10 期。

刘哲雨、郝晓鑫：《深度学习的评价模式研究》，《现代教育技术》2017 年第 4 期。

刘志军等：《数字化时代的教学理论与实践——第十四届全国教学论专业委员会学术年会综述》，《课程·教材·教法》2015 年第 10 期。

卢强：《翻转课堂的冷思考：实证与反思》，《电化教育研究》2013 年第 8 期。

鲁洁：《实然与应然两重性：教育学的一种人性假设》，《华东师范大学学报》（教育科学版）1998 年第 4 期。

鹿林：《论实践思维》，《郑州大学学报》（哲学社会科学版）2004 年第 2 期。

罗儒国：《日常化教学及其批判》，《南京师大学报》（社会科学版）2009 年第 3 期。

马勇军：《我们该怎样做研究》，《课程·教材·教法》2011 年第 7 期。

毛齐明、张正琼：《以教师发展为导向的耦合性教学评价：含义、原则与实施》，《课程·教材·教法》2017 年第 1 期。

潘云鹤：《人工智能 2.0 与教育的发展》，《中国远程教育》2017 年第 5 期。

裴娣娜：《中国教学论学科的当代形态及发展路径》，《教育研究》2009 年第 3 期。

裴娣娜：《中国教学论学科的当代形态及发展路径》，《教育研究》2009 年第 3 期。

彭红超、祝智庭：《面向智慧学习的精准教学活动生成性设计》，《电化教育研究》2016 年第 8 期。

彭红超、祝智庭：《以测辅学：智慧教育境域中精准教学的核心机制》，《电化教育研究》2017 年第 3 期。

秦丹、张立新：《问题与优化：课堂精准教学实践的现实审视与反思》，《电化教育研究》2019 年第 11 期。

任友群、顾小清：《教育技术学：学科发展之问与答》，《教育研究》2019 年第 1 期。
容中逵：《教学论学科发展的尴尬境遇及其生存之道》，《课程·教材·教法》2012 年第 7 期。
申继亮、刘加霞：《论教师的教学反思》，《华东师范大学学报》（教育科学版）2004 年第 3 期。
苏春景：《当代中国特色教学流派的生成机制》，《教育研究》2015 年第 9 期。
苏丹兰：《我国教学理论研究主题的变迁：特点、问题与前瞻：基于 1981—2012 年实证研究》，《课程·教材·教法》2013 年第 3 期。
孙曙辉：《在线教学 4.0：“互联网 +”课堂教学》，《中国教育信息化》2016 年第 14 期。
谭铁牛：《人工智能发展的思考》，《中国人工智能学会通讯》2017 年第 1 期。
汤敏：《人工智能与新师徒制》，《华东师范大学学报》（教育科学版）2017 年第 5 期。
田爱丽：《翻转课堂中实施探究式教学的应用研究》，《教育发展研究》2015 年第 20 期。
田心铭：《论马克思主义的理论自觉和理论自信》，《马克思主义研究》2012 年第 10 期
万东升、魏冰：《以当代科学实践为情境的科学教学模式初探》，《课程·教材·教法》2016 年第 12 期。
万明钢、王平：《教学改革中的文化冲突与文化适应问题》，《教育研究》2005 年第 10 期。
王本陆：《教学认识论：被取代还是发展》，《教育研究》1999 年第 1 期。
王本陆：《论中国国情与课程改革》，《北京师范大学学报》（社会科学版）2006 年第 4 期。
王策三：《教学论十年》，《教育研究》1988 年第 11 期。
王会亭：《从“离身”到“具身”：课堂有效教学的“身体”转向》，《课程·教材·教法》2015 年第 12 期。

王慧君、王海丽：《多模态视域下翻转课堂教学模式研究》，《电化教育研究》2015 年第 12 期。

王骥：《论大学知识生产方式的演变：理想类型的方法》，《科学学研究》2011 年第 9 期。

王鉴、安富海：《教学论学科建设 30 年》，《当代教育与文化》2010 年第 1 期。

王鉴、安富海：《知识的普适性与境域性：课程的视角》，《教育研究》2007 年第 8 期。

王鉴：《从“教学论”研究到“教学”研究》，《教育研究与实验》2003 年第 2 期。

王鉴：《高效课堂的建构及其策略》，《教育研究》2015 年第 10 期。

王鉴：《教育与生活》，《华中师范大学学报》2006 年第 3 期。

王鉴：《论翻转课堂的本质》，《高等教育研究》2016 年第 8 期。

王鉴：《论我国教学研究范式的转型》，《高等教育研究》2015 年第 4 期。

王攀峰：《“学习与生活共同体”的建设原则初探》，《课程 · 教材 · 教法》2006 年第 6 期。

王亚飞等：《大数据精准教学技术框架研究》，《现代教育技术》2018 年第 7 期。

王彦明：《本土的抑或本土化的——我国教学理论研究的路径抉择》，《教育发展研究》2010 年第 22 期。

王永固等：《电子书包赋能的精准教学模式有效性研究——以初中数学复习课为例》，《中国电化教育》2019 年第 5 期。

王永雄等：基于创新实践能力培养的精准分层教学，《中国电化教育》2017 年第 12 期。

王玉玺等：《基于电子书包的探究式教学模式设计——以小学科学教学为例》，《中国电化教育》2014 年第 2 期。

翁森勇：《基于微慕学习系统的深度学习认知模型建构》，《现代教育技术》2017 年第 6 期。

吴洪成、彭泽平：《设计教学法在近代中国的实验》，《高等师范教育研究》1998 年第 6 期。

吴康宁：《“有意义的”教育思想从何而来》，《教育研究》2004 年第 5 期。

吴康宁：《教育研究应该研究什么样的“问题”》，《教育研究》2002 年第 11 期。

夏雪梅：《从设计教学法到项目化学习：百年变迁重蹈覆辙还是涅槃重生?》，《中国教育学刊》2019 年第 4 期。

夏雪梅：《向创造性问题解决的项目化学习：一个中国建构的框架》，《教育发展研究》2021 年第 6 期。

向葵花、陈佑清：《聚焦学习行为：教学论研究的视域转换》，《课程·教材·教法》2013 年第 12 期。

谢安邦、朱宇波：《教师素质的范畴和结构探析》，《教师教育研究》2007 年第 2 期。

辛继湘：《教学论研究：理论自觉与实践情怀》，《课程·教材·教法》2012 年第 9 期。

熊和平：《后理性主义的教学观及其教学论意义》，《高等教育研究》2004 年第 4 期。

徐冰鸥：《课堂空间精神性探寻》，《西北师大学报》（社科版）2013 年第 2 期。

徐继存：《教学的技术嵌入及其规约》，《课程·教材·教法》2015 年第 7 期。

徐继存：《教学研究意味什么——兼论教学论研究者的责任与使命》，《课程·教材·教法》2015 年第 2 期。

严文蕃、李娜：《互联网时代的教学创新与深度学习——美国的经验与启示》，《远程教育杂志》2016 年第 2 期。

阎乃胜：《深度学习视野下的课堂情境》，《教育发展研究》2013 年第 12 期

颜炳罡：《从“依傍”走向主体自觉——中国哲学史研究何以回归其自身》，《文史哲》2005 年版第 3 期。

颜晓峰：《创新理论的若干问题》，《上海社会科学院学术季刊》2002 年第 2 期。

燕国材：《我国教育改革不理想的症结》，《探索与争鸣》2006 年第

3 期。
杨桂青：《人工智能时代学生如何学习》，《中国教育报》2018 年 5 月 16 日第 1 版。
杨进中、张剑平：《基于社交网络的个性化学习环境构建研究》，《开放教育研究》2015 年第 2 期。
杨明全：《核心素养时代的项目式学习：内涵重塑与价值重建》，《课程·教材·教法》2021 年第 2 期。
杨现民等：《数据驱动教学：大数据时代教学范式的新走向》，《电化教育研究》2017 年第 12 期。
杨晓彤等：《网络空间支持的中小学创客教学模式研究》，《电化教育研究》2017 年第 1 期。
杨延浦：《论实践方式：创造性实践与重复性实践》，《中共天津市委党校学报》2000 年第 1 期。
杨永其：《远程教育的发展与现状》，《现代远程教育》2020 年第 1 期。
杨勇：《有效教学与有效学习的方法和路径》，《课程·教材·教法》2014 年第 3 期。
叶澜：《课堂教学过程再认识：功夫重在论外》，《课程·教材·教法》2013 年第 5 期。
叶澜：《思维在断裂处穿行——教育理论与教育实践关系的再寻找》，《中国教育学刊》2001 年第 4 期。
叶澜：《重建课堂教学过程观——“新基础教育”课堂教学改革的理论与实践探究之二》，《教育研究》2002 年第 10 期。
殷继海：《论知识主体性》，《延边大学学报》（社会科学版）1986 年第 2 期。
殷明、刘电芝：《身心融合学习：具身认知及其教育意蕴》，《课程·教材·教法》2015 年第 7 期。
余凯等：《深度学习的昨天、今天和明天》，《计算机研究与发展》2013 年第 9 期。
余胜泉：《人工智能教师的未来角色》，《开放教育研究》2018 年第 1 期。

余胜泉：《信息技术与课程整合的目标与策略》，《人民教育》2002 年第 2 期。

俞吾金：《如何理解马克思的实践概念》，《哲学研究》2002 年第 11 期

虞天意等：《基于证据的课程与教学研究范式转型——第十四届上海国际课程论坛综述》，《全球教育展望》2017 年第 2 期。

张斌贤：《从“学科体系时代”到“问题取向时代”——试论我国教育科学研究发展的趋势》，《教育研究》1997 年第 1 期。

张朝珍、束华娜：《论超越表层结构的翻转课堂》，《华东师范大学学报》（教育科学版）2015 年第 1 期。

张广君：《教学的人为与人文：关注当代教学的文化历史使命》，《教育研究》2008 年第 4 期。

张广君：《教学论研究和发展的困境、盲点和误区》，《教育研究》1998 年第 11 期。

张浩、吴秀娟：《深度学习的内涵及认知理论基础探析》，《中国电化教育》2012 年第 10 期。

张华：《论“设计本位学习”》，《教育发展研究》2006 年第 23 期。

张家军、许娇：《翻转课堂在我国基础教育课堂教学中应用的适切性分析》，《教育理论与实践》2015 年第 32 期。

张静、陈佑清：《学习科学视域中面向深度学习的信息化教学方式变革》，《中国电化教育》2013 年第 4 期。

张民选、黄华：《自信・自省・自觉——PISA2012 数学测试与上海数学教育特点》，《教育研究》2016 年第 1 期。

张琼、张广君：《教育叙事研究在中国：成就、问题、影响与突破》，《高等教育研究》2012 年第 4 期。

张琼、张广君：《走向“关系本体论”——对话教学的基础重构与应然取向》，《高等教育研究》2015 年第 2 期。

张忻忻、牟智佳：《数据化学习环境下面向个性化学习的精准教学模式设计研究》，《现代远距离教育》2018 年第 5 期。

郑杭生：《促进中国社会学的“理论自觉”》，《江苏社会科学》2009 年第 9 期。

郑金洲:《中国教育学研究的问题与改进路向》,《教育研究》2004 年第 1 期。

郑志高等:《美国创客教育教学评价案例的分析与启示》,《现代教育技术》2016 年第 12 期。

钟启泉:《学习环境设计:框架与课题》,《教育研究》2015 年第 1 期。

周详、沈德立:《高效率学习的选择性注意研究》,《心理科学》2006 年第 5 期。

朱德全、李鹏:《课堂教学有效性论纲》,《教育研究》2015 年第 10 期。

朱永新:《未来学习中心构想》,《华东师范大学学报》(教育科学版)2017 年第 4 期。

祝智庭等:《翻转课堂国内应用实践与反思》,《电化教育研究》2015 年第 6 期。

祝智庭、管珏琪:《教育变革中的技术力量》,《中国电化教育》2014 年第 1 期。

祝智庭:《智慧教育新发展:从翻转课堂到智慧课堂及智慧学习空间》,《开放教育研究》2016 年第 1 期。

邹诗鹏:《理论自觉与当今中国哲学社会科学研究》,《学术月刊》2011 年第 6 期。

[日] 佐藤学:《转折期的学校改革》,沈晓敏译,《全球教育展望》2005 年第 5 期。

二　外文类

Anderson, C. W and Roth, K. , "Teaching for Meaningful and Self-regulated Learning of Science", *Advances in research on teaching*, No. 1, 1989.

Assessing: A Revision of the Bloom's Taxonomy of Educational Objectives, New York: David McKay Company, Inc. , 2001.

Black P. , William D. , "Assessment and Classroom Learning ", *Assessment in Education: Principles, Policy and Practice*, Vol. 5, No. 1,

1998.

Binder C. , Watkins C. L. , “Precision Teaching and Direct Instmction: Measumbly Supenor hmstmctional Technology in Shools”, *Performance Improvement Quarterly*, Vol. 26, No. 2, 2013.

Chen P. S. D. , Lambert A. D. , Guidry K R. , “Engaging online learners: The impact of Web-based learning technology on college student engagement”, *Computers & Education*, Vol. 54, No. 4, 2010.

Downer A. C. , “The National Literacy Strategy Sight Recognition Programme Implemented by Teaching as Sistants: A Precision Teaching Approach ”, *Educational Psychology in Practice*, Vol. 23, No. 2, 2007.

Frederrick R. , *Applying Cognitive Science to Education: Thinking and Learning in Scientific and Other Complex Domains*, Cambridge: The MIT Press, Massachusetts London, England, 2008.

Griffin C. P. , Murtagh L. , “ Increasing the Sight Vocabulary and Reading Fluency of Children Requiring Reading Support: The Use of a Precision Teaching Approach”, *Educational Psychology in Practice*, Vol. 31, No. 2, 2015.

Hay D. B. , Kehoe C. , Miquel M. E. , et al. , “Measuring the quality of e-learning”, *British Journal of Educational Technology*, Vol. 39, No. 6, 2008.

Helm J. H. , *Becoming Young Thinkers: Deep Project Work in the Classroom*, Columbia: Teachers College Press, 2015.

Hinton G. E. , Osindero S. , Teh Y. W. , “A fast learning algorithm for deep belief nets”, *Neural computation*, Vol. 18, No. 7, 2006.

John Retallick, Barry Cochlin. I. earning Community in Education: Issues, Strategies and Contexts. Routledge, 1999.

Jonassen, D. H. , *Computers in the Classroom: Mind Tools for Critical Thinking*, New Jersey: Englewood Cliffs, 1996.

Krajcik J. S. , & Czerniak C. M. , *Teaching Science in Elementary and Middle School: a Project-based Approach. Fourth Edition*, Taylor and Francis: London, 2013.

Lorin, W. A. , & David, R. K. , *A Taxonomy for Learning and Teaching and Assessing: A Revision of Bloom's Taxonomy of Educational Objectives*, New York: David McKay Company, Inc. , 2001.

Lave, J. , & Wenher, E. , *Situated Learning: Legitimate Peripheral Participation* , Cambridge: Cambridge University Press, 1991.

Marton F. , Säljö R. , "On Qualitative Differences in Learning: I—Outcome and Process", *British Journal of Educational Psychology*, Vol. 46, No. 1, 1976.

Mayer R. E. , Wittrock M. C. , "Problem-solving Transfer. In D. Berliner &R. Calfee (Eds.)", *Handbook of Educational Psychology*, 1996.

Marton F. , Saljo R. , "On Qualitative Difference in Learning: Outcome and Process", *British Journal of Educational Psychology*, Vol. , No. 46, 1976.

Smith T. W. , Colby S. A. , "Teaching for Deep learning", *The Clearing House*, Vol. 80, No. 5, 2007.

Moore M. G. , Kearsley, G. , *Distance Education: A System View* (*2nd ed.*), Belmont: Thompson Wadsworth, 2005.

Smith T. W. , Colby S. A. , "Teaching for Deep Learning", *The Clearing House: A Journal of Educational Strategies, Issues and Ideas*, Vol. 80, No. 5, 2007.

White O. R. , "Precision Teaching-precision Learning", *Exceptional Children*, Vol. 52, No. 6, 1986.